KB069033

여성노동과 페미니즘

보호라는 이름의 차별과 배제의 논리

손승영·박옥주

박영사

PREFACE

　　한국의 여성들은 일을 하지 않고 살아온 시절이 없다고 해도 과언이 아닐 정도로 오랜 기간 노동에 참여해왔고, 21세기 현재에도 많은 여성들이 경제활동에 참여하고 있다. 여성들이 하는 일의 종류나 내용은 매우 다양하며, 일을 하는 이유에 있어서도 차이가 난다. 많은 여성들이 경제적 이유로 임노동에 참여하고 있으나, 경우에 따라서는 전공을 살리기 위해서나 사회참여 자체에 의미를 두고 일을 한다. 개인에 따라 일은 당위성을 띠고 있고, 자율적으로 선택 가능하기도 하지만, 마지못해 제한된 선택지 속에서 지금의 일을 택해야만 했던 여성들도 상당수 있다. 일과 가정의 병행이 힘든 기혼여성들은 자녀 돌봄을 선택하여 경력단절의 길을 걷게 되기도 하고, 아이를 맡길 믿음직스러운 사람이나 괜찮은 기관을 찾고는 출산휴가 후 일터로 복귀하는 경우들도 있다. 한시바삐 고정된 수입이 생기기를 바라는 여성들, 지금의 열악한 일터를 벗어나 더 나은 환경에서 일하기를 희망하는 사람들, 비정규직에서 정규직으로 전환하여 고용 안정성이 보장되기를 바라는 여성 등 다양한 현실에서 각기 다른 희망을 품고 살아가고 있다. 결국 많은 여성들이 바라는 것은 안정된 수입이 보장되고 작업환경이 괜찮은 일자리이다. 하지만 선행연구들에 따르면, 일터에서의 동료관계가 일의 만족도에 미치는 영향이 매우 강하게 나타나고 있다. 직종을 불문하고 함께 일하는 동료와 좋은 관계를 유지할 때는 일의 즐거움이 배가되기도 한다. 매일 단순반복적인 육체노동을 하면서, 일은 힘들지만 동료와 함께 하는 점심시간이 즐거워서 직장생활이 큰 기쁨을 준다고 얘기했던 한 여성과의 오래전 심층면접 내용이 아직도 기억에 생생하다.

　　여성노동과 관련된 이 책을 집필하는 중에 과연 나에게 있어서 일의 의미는 무엇이었는지에 대해 질문하게 되었다. 때로는 일에 치여서 힘들 때도 있었고, 때로는 일과 가정의 병행이 쉽지 않아서 고민이 되었던 순간들도 있었다. 하지만 나에게 있어서 일은 삶과 생활의 균형을 유지해주는 버팀목이자 지지대 역할을 해왔다고 단언할 수 있을 정도로 내 삶의 중요한 부분으로 작용해왔다. 개인적으로 힘든 상황이 있을 때도 일은 열심히 한 만큼 좋은 성과를 나에게 가져다 주고 믿음직스럽게 함께해왔다. 인간관계에 있어서는 때로 예측 불가능한 결과가 발생하기도 하지만, 일을 통해서는 항시 계획한 정도의 결과와 보람을 찾을 수 있었다. 그렇기 때문에 "일은 나를 실망시키지 않는다."는 나름대로의 철학을 지니고 일에 몰입할 수 있었다. 긴 세월 학생들을 가르치고 연구를 하면서 가까운 장래에 내가 해야 할 일의 스케줄을 미리 짜고, 그 목표를 향해 나아가는 생활을 반복했음에도 결코 지루하지 않았다. 하나의 연구가 끝나기도 전에 또 다른 연구를 설계하기 위해 습관적으로 새로운 주제를 탐색하기도 했다. 공동연구를 진행할 때는 동료 연구자들과 의견을 상호교환하면 할수록 더 나은 결과물이 기다리고 있음을 확인하는 것이 기쁨이기도 했다. 또한 제자들을 지도하면서 그들의 연구관심이 나와는 다른 부분이 많은 점을 확인하는 것도 새로운 즐거움 중의 하나였다.

이 책에서는 다양한 일을 하고 있는 여성들에 대해 그 일들의 내용과 특징을 젠더 관점에서 정리하고자 시도하였다. 제1부에서는 갈수록 많은 대졸 여성들이 희망하는 전문직의 특수성과 커리어우먼의 특징에 대해서 다루고자 하였다. 또한 고학력 여성들의 평생직에 대한 강한 열망에도 불구하고 여성들의 상당수가 경력단절을 겪고 있는 원인을 살펴보았고 해결방안에 대해서도 질문하였다. 제2부에서는 1997년 IMF 경제위기 이후 기업이 구사한 노동의 유연화 전략과 2007년 7월부터 시행되고 있는 비정규직법에 대한 기업의 대응전략이 여성노동에 미친 영향에 주목하였다. 이에 대한 일환으로 비정규직 여성들이 대거 종사하고 있는 사무직과 판매서비스직 일의 성격에 대해 구체적으로 파악하고자 했다. 제6장에서는 금융기업의 설립 초기부터 현재까지 여성노동자의 고용형태나 일의 성격이 어떻게 달라져 왔는지를 고찰하였다. 제3부에서는 비정규직 여성의 일 경험에 초점을 맞추어서 대형할인점에서 일하고 있는 파견판촉직 여성, 청소용역노동자, 패션모델을 중심으로 각각 살펴보았다. 또한 많은 여대생들이 하고 있는 아르바이트 일에 대하여 젠더 특성을 정리하였으며, 젊은 여성들이 노동에 임하면서 경험하는 어려운 점을 파악하고 정형적 성역할에 기반을 둔 성별 업무 내용의 차이에 대해서도 주목하였다.

『여성노동과 페미니즘: 보호라는 이름의 차별과 배제의 논리』의 집필을 위해서는 손승영과 박옥주가 공저자로 참여하였는데, 각기 여성노동에 대해 진행해왔던 연구들에 대한 정보와 서로의 관심분야를 공유할 수 있는 기회를 갖게 되었다. 손승영은 서문과 제1장, 2장, 7장, 9장, 10장을 집필하였다. 평소 관심을 가져왔던 고학력 전문직 여성과 평생직을 희망하는 커리어우먼 그리고 여대생 아르바이트에 대해 이번 기회에 다시 정리하는 기회를 가졌다. 제7장 대형할인점 파견판촉직 여성의 일은 판촉노동의 경험이 있는 송다솜의 관심에서 비롯되었다. 2016년에 공동으로 발표했던 20·30대 파견판촉직 여성의 노동경험 연구를 손승영이 수정·보완하여 이 책에 싣게 되었다. 제9장 패션모델에 대한 내용은 여성학을 공부하기 이전에 모델로서 활동했던 정은아의 경험이 중요한 부분을 차지하고 있다. 2010년에 패션모델의 노동경험에 대해 공동 논문을 발표했던 적이 있는데, 그 내용을 손승영이 새롭게 수정하고 재구성하였다. 박옥주는 제3장, 4장, 5장, 6장, 8장을 집필하였는데, 여성노동 전공자로서 비정규직 여성에 대해 지속적으로 연구해왔고 특히 사무직과 판매서비스직 여성의 노동에 대해 관심을 기울여왔다. 제5장 비정규직 노동에 관한 내용은 박옥주의 박사학위논문 "비정규직 보호법과 여성의 노동경험(2010)"의 일부를 활용하여 재구성하였다. 제8장은 한국연구재단의 지원을 받아 수행했던 2013년도 연구를 수정 및 보완한 결과이다.

이 책을 작성하기까지에는 많은 연구자들의 여성노동에 대한 관심과 선행연구가 큰 도움이 되었다. 특히 동덕여대에서 '여성학 공동체'를 이루면서 여성노동에 대해 함께 토론하고 관심을 공유해왔던 대학원생들과 졸업생들에게 감사한다. 굳이 '여성학 공동체'라고 칭하는 이유는 선후배 졸업생들이 함께 만나 학문적 관심을 공유할 뿐만 아니라 사적인 경험에 대한 대화를 나누면서 최근의 관심을 공유하는 정서적 집단으로도 긴 세월 유지되고 있기 때문이다.

이 책의 내용을 정리하고 출판 원고를 마련하기까지에는 미래인력연구원의 도움이 매우 컸다. 손승영은 오랜 기간 미래인력연구원에서 여성학 분야 전문위원으로 활동하면서 여성학 서적들을 출판하는 역할을 맡아왔는데, 이 저서 또한 그 역할의 연장선에서 비롯되었다. 물심양면으로 젠더 관점의 연구

들을 격려해주시고 특히 이 책의 집필을 위한 연구비를 지원해주신 미래인력
연구원 이진규 이사장님과 서재진 원장님께 깊이 감사드린다. 또한 갑작스럽게
연락을 드렸음에도 불구하고 이 책의 출판을 기꺼이 허락해주신 박영사의 안상
준 사장님과 이영조 팀장님께 감사드린다. 마지막으로 이 책의 원고를 꼼꼼히
읽고 교정과 편집에 도움을 주신 최은혜 선생님께도 감사의 마음을 전한다.

2021년 2월 말
저자 대표 **손승영**

CONTENTS

PART
02　기업의 고용제도와 여성노동

한국의 여성노동 관련 쟁점

한국 여성의 지위는 날로 높아지고 있다. 최근에는 각종 고시에 합격하는 여성의 비율이 늘어나 '여풍당당'이라는 기사가 종종 등장할 정도로 여성의 고위직 진출이 용이해지고 노동시장에서의 성차별 또한 줄어든 것처럼 보인다. 하지만 신자유주의시대 노동유연화 전략으로 인해 비정규직 일자리가 급속히 늘어남에 따라 대졸 여성들은 하향취업의 경향을 보이며 노동시장에서 낮은 지위에 집중되어 있거나 체계적으로 배제되는 양상을 띠고 있다. 이 저서에서는 젠더 관점에서 한국 여성의 노동시장에서의 지위를 분석함과 동시에 위계적 젠더 질서의 현황과 원인 및 대안을 모색하는 데 주력하였다. 한국의 여성노동과 관련된 특징은 아래와 같이 정리할 수 있으며, 각 장의 본문 내에서 주요 이슈로 다루고 있다.

─ 01 한국여성의 사회적 지위와 문화지체

21세기 들어 고학력 여성의 비율은 급격히 증가하였고, 특히 2009년부터 여성의 대학 진학률이 남성 진학률을 능가함에도 불구하고 대졸 여성의 취업률은 남성에 비해 훨씬 저조하며 취업을 하더라도 '절하고용'의 형태로 나타나고 있다. 교육받은 여성들은 훌륭한 인적 자원을 소지하고 있으며, 평생직에서 일하고 싶은 바람이 큼에도 불구하고 실제 이들을 기다리고 있는 '괜찮은 일자리(decent job)'는 적은 편이다.

대졸 여성에게 취업의 문턱은 높기만 하다. 남성들이 조직 내 지위가 높고 중책을 맡고 있는 상황에서 여성 근로자에 대해서도 남성 중심적 시각과 가치관이 그대로 반영되고 있는 것이다. 많은 기혼여성들이 조직에 몸담고 있거나 열심히 돈벌이 일을 하고 있음에도 불구하고 여자는 결혼하면 일을 관둘 것이라는 식의 차별적 생각이 여성의 능력을 제대로 평가하지 못하는 원인으로 작용하고 있다. 즉, 많은 여성들이 결혼이나 출산 후에도 지속적으로 일을 하겠다는 의지가 굳건하고 평생직을 강하게 희망하는 오늘날의 변화된 상황에서도 한국의 조직문화는 여전히 '여성의 장소는 가정'이라면서 전통적 성역할을 내세우는 가부장적 시선을 유지하고 있다. 이는 개별 여성의 능력이나 자질에 대한 정당한 평가가 아닌 젠더 고정관념이 작동한 결과로 한국 여성들에게 '통계적 차별'이 지속적으로 작동하고 있음을 알 수 있다.

21세기 한국 사회는 빠른 속도로 변화하고 있고 여성들의 가치관이나 라이프 스타일은 급속히 변화하고 있으나, 여성을 바라보는 관점이나 '문화 이데올로기(ideology)'는 여전히 전통적 사고에 기반하고 있다. 한국 여성은 자신의 능력을 높이 평가하고 있으나 남성 중심의 가치관이 여성의 능력을 있는 그대로 인정하지 않음에 따라, 그 사이의 괴리로 인해 문화지체 현상을 경험하고 있는 것이 한국여성의 현주소이다. 과거 여성의 일은 사치라는 식으로 여성의 일을 규정하던 시선이 변하지 않고 여전히 여성 노동자를 평가하는 부정적 잣대로 작동하고 있는 것이다. 해가 갈수록 여성들은 경제활동에 대한 열망은 강해지고 평생직 갖기를 선호하지만, 사회문화적 차원에서의 성 차별로 인해 자신이 원하는 일자리를 갖기가 어렵고 '실망실업'이나 '좌절실업'을 경험할 가능성이 크다. 오늘날 여성들은 '일은 필수, 결혼은 선택'이라는 신념이 강해서 결혼을 미루고 제대로 된 일자리에 진입하기 위해 온갖 노력을 기울이고 있지만, 대졸 여성 앞에 놓여있는 노동현실은 녹록지 않다. 결국 취업에서 실패한 여성들은 실망하고 결혼을 대안으로 선택함에 따라 '취집'이라는 용어까지 생겨나게 된 것이다.

02 여성노동의 비정규직화

1988년 「남녀고용평등법」이 시행되고 대졸 여성들의 경제활동 참가율이 증가함에 따라 노동시장에는 많은 변화가 있었음에도 불구하고 한국사회의 가부장적 문화 풍토는 21세기인 오늘날에도 상당 부분 지속되고 있다. 남녀고용평등법의 취지나 각 항목의 법 조항이 무색할 정도로 한국여성들은 노동시장 진입에서부터 업무분담, 승진, 교육훈련(OJT: on-the-job-training), 퇴직, 정년 등에 이르기까지 평등한 대우를 받지 못하고 있다. 물론 소수 기업에서는 여성을 차별하지 않는 사례도 늘어나고 있지만, 이들은 주로 여성이 주 고객인 화장품이나 의류 등을 생산하는 업체들이다. 자동차, 석유화학, 건설 등 남성이 주도하는 다수 대기업들에서 여성들의 취업률은 참담할 정도로 낮다. 하지만 사기업에서는 여성 충원 비율을 해마다 고시할 의무가 없으므로 정확한 통계자료조차 찾기 어렵다.

1997년부터 경험한 IMF 외환위기하에서의 인원 감축은 여성의 정규직 감소와 비정규직 증가로 연결되어 여성노동의 비정규직화를 초래했다. 외환위기 때 기혼여성은 남편과 같은 직장에서 일한다는 이유로 '퇴출 0순위'이고 맞벌이를 이유로 '퇴출 1순위'가 될 정도로 직장에서 우선 해고 대상이었다. 가장인 남성들도 일자리를 잃는 마당에, 남편이 있는 아내들은 가정으로의 복귀가 마땅하다는 '산업예비군'으로서의 여성 노동자의 지위를 상기시켜준 것이다. 결과적으로 생계유지자로서의 남성의 지위와 생계보조자로서의 여성의 2차적 지위에 대한 인식이 노동시장에서 재확인된 것이다.

IMF 외환위기 이후 급증했던 비정규직 노동자들의 고용안정과 차별시정을 위해 2007년 7월부터 「비정규직보호법」이 시행되었다. 「비정규직보호법」의 취지는 2년간 일한 비정규직 노동자를 이후에는 '무기계약직'으로 전환하여 정년까지 고용을 보장하고 정규직과의 차별을 해소함으로써 고용안정과 노동조건을 개선하는 것이다. 하지만 "비정규직은 정규직으로 가는 가교가 아니라 함정"이라는 지적처럼, 여성들에게 비정규직에서 정규직으로의 이동은 쉽지 않았다. 남녀 모두에게 정규직 진입이 어렵지만, 그중에서도 여성이면서 나이가 많거나 학력이 낮은 사람들이 정규직으로의 전환에서 배제되는 경향을 보였다. 또한 정규직화되더라도 업무내용이 기간제 시절 때와 유사하고 임금 상승이나 승진도 정규직보다는 제한적이어서 설사 무기계약직으로 전환하더라도 기존의 정규직보다 낮은 지위에 있는 '하위 정규직'일 가능성이 높다. 전지구적 자본주의하에서 여성은 보호받지 못하는 유연한 노동력으로 규정됨과 동시에 미숙련, 저임금, 하위직에 계속 머무를 수 있도록 성별화된 노동시장은 다양한 형태로 유지되고 재생산되어 온 것이다. 「비정규직보호법」에 대한 기업의 성차별적 대응이 성별 직무분리를 심화시켰으며, 고용형태별 직무분리의 심화는 노동시장에서 여성과 남성의 지위 격차와 성별 임금 격차를 증대시키는 원인으로도 작용한다. 노동시장에서 배제되고 차별받는 한국의 여성들은 '빈곤의 여성화' 현상을 경험해왔고 이는 노후의 빈곤으로도 연결되어, 전 생애에 걸쳐 빈곤이 지속되는 특징을 지니고 있다. 젊은 시절 여성들의 1차 노동시장으로부터의 배제와 비정규직화가 노후에도 그대로 이어져 빈곤이 유지·악화됨을 시사한다.

┌─ 03 여성의 낮은 지위: 여성성 강조와 이중 부담

'남성은 공적 영역, 여성은 사적 영역'의 책임자라는 이분법적 사고는 여성의 일을 규정하는 데 있어서도 성역할 고정관념에 의해 영향을 미치고 있다. 일터에서 여성은 돌봄 역할 중심의 감정노동 전문가로 인식되고 있으며, 가정에서는 맞벌이를 하더라도 일과 집안일을 병행해야 하는 사람으로 간주된다.

첫째, 젊은 여성은 업무 배정에 있어서도 남성과는 달리 고객을 상대로 하는 판매·서비스직에 배당이 되는 경향이 있고 젊은 여성일수록 친절하고 상냥하며, 예절을 지킬 것을 요구받는다. 예절과 미소로 특징되는 여성의 일은 '감정노동'으로 대변되며, 특히 젊은 여성 직원을 뽑을 때에는 외모가 중요한 기준으로 작용한다. 감정노동을 하는 여성에게는 늘 상냥한 태도로 손님을 대해야 한다고 요구하므로, 이는 여성에게 일상의 스트레스 원으로 작용하고 있다.

몸과 외모가 매력자본으로 여겨지는 오늘날 한국사회에서 여성들은 이상화된 미의 기준에 도달하도록 요구받고 있다. 결혼을 잘하기 위해서도, 직장에 취직하기 위해서도 여성들은 자신의 외모를 가꿔야 한다는 문화적 압력에 시달리고 있는 것이다. 고객 대상 서비스 업무를 직접적으로 수행하는 젊은 여성 근로자들에게는 종종 치마로 대변되는 타이트한 유니폼을 입게 하고 화장을 요구하는 등 외모에 치중하게끔 만든다. 오늘날 여성의 소비권이 신장됨에 따라 마트나 가게에서 물건을 사는 사람들은 여자가 다수임에도 불구하고 여성들을 남성 중심의 시선과 요구에 맞추도록 하는 성차별적 관행은 여전히 지속되고 있다. 여성들이 모델, 스튜어디스, 아나운서 등의 직업에 도전하기 위해서는 외모가 필수이며, 굳이 외모를 기준으로 삼을 필요가 없는 직장에서조차 여성 노동자의 경우에는 외모에 많은 비중을 두는 것이 관행처럼 되어 있다. 많은 여성들은 소비사회에서 제공되는 갖가지 몸만들기 수단과 외모 관리방식을 수용하게 되었고 '노력하기 나름'이라는 담론들이 유포되면서 여성들은 더욱 더 많은 시간과 자본을 외모 가꾸기에 투자하고 있다. 이와 같은 사회적 분위기 속에서 여성노동은 성적으로 대상화된 노동으로 규정되기도 한다. 여성들 또한 자신이 아름다워야 살아남으며, 일의 세계에서 성공하고 '프로'가 될 수 있다는 생각을 공유한다. 한국의 걸그룹이나 모델 등이 그 대표적인 예이다.

쥐꼬리만 한 월급을 주면서 청년들의 노동력을 착취하는 행태를 비꼬는 신조어로 '열정페이'라는 용어가 사용되기도 하였다. 최근에는 연예인, 모델, 패션 디자인 일 등 공연예술과 디자인 계열에서 자주 발생하는 사례로 젊은 여성들이 대거 몰리는 일들은 경쟁이 치열하다 보니 적은 보수를 제시해도 그 대열에 끼고 싶어 하는 희망자가 많은 결과, 이들을 저임금으로 활용할 목적으로 더욱 폭넓은 임금 착취 구조로 확산되었다. 저임금하에서 열정노동에 참여하게 되는 많은 비정규직 여성들은 고용주와 명백한 '갑과 을' 관계를 형성하게 된다. 다른 한편으로는 고객으로부터도 여성이라는 이유로 무시당하고 막말을 듣고 업무 외의 서빙을 요구하는 등의 이중적인 차별대우를 받고 있다. 여성성을 상품화하고 남성 중심적인 가부장적 분위기를 수용하는 젠더 차별적인 노동환경으로부터 탈피하지 않고는 여성들이 진정한 노동자로서 일의 보람을 느끼기는 매우 어렵다.

둘째, 맞벌이 여성에게만 요구되는 '일과 가정의 병행' 논리 또한 여성의 노동시장 지위를 약화시키는 원인으로 작용하고 있다. 남성은 가정의 생계부 양자이고 여성은 돈을 벌더라도 부차적 생계보조자라는 생각이 팽배해있는 가운데, 남성 중심의 가족임금 논리가 작동하고 있다. 전통적인 성역할에 기초한 이와 같은 생각은 여성의 일에 대해서 남성과는 다른 차별적 사고를 적용시켜왔다. 일과 가정을 병행하는 여성들은 일을 하더라도 시간제나 아르바이트 등 임시적 근무가 바람직하다는 차별적인 생각이 만연해있다. 하지만 현실은 어떠한가? 한국사회에서 늘어나고 있는 독신여성, 돌싱, 한부모 가족의 여성들은 모두 생계부양자로서의 책임을 지고 있다. 노동시장에서 차별받고 있는 여성노동자들은 남녀 임금격차와 비정규직화로 인해 남성노동자에 비해 경제적으로 열악한 형편에 있기 때문에 '여성의 빈곤화'로 직결되고 있는 것이다.

맞벌이의 경우에도 여성의 일에 대한 차별적 사고는 그대로 적용된다. 아이는 엄마가 양육하는 것이 바람직하다는 생각이 강하며, 여성들은 일을 중단해서라도 자녀양육에 전념할 것을 요구받기도 한다. 그 결과, 한국여성의 경제활동참가율은 절반 정도로, 연령에 따른 경제활동 분포는 출산과 자녀양육 시기에 감소하는 형태로 'M자형(쌍봉형)'을 유지하고 있다. 자녀가 학교에 진학한 후 기혼여성들은 서서히 노동시장에 재진입해서 경제활동 참가율은 높아지지만, 이들이 자녀양육 후 택하는 일의 종류나 임금은 미혼시절과 비교할 때 매우 취약하다. 이와 같은 한국 기혼여성의 경제활동참가 형태는 결혼이나 출산과 관계없이 일을 하는 선진국 여성들이 보여주는 역U자 곡선과는 커다란 차이가 있다. 여성에게만 전적으로 육아를 책임지게 하는 한국의 '육아독박' 요구와 가족 문화가 기혼 여성들의 우울증을 유발하고 있다. 자녀양육에 대한 아버지의 참여가 절실한 이유이기도 하다. 또한 한국에서 가사노동은 여전히 여성의 몫으로 남아있다.

남성의 사적 영역이 존중받고 가정에서의 권리가 보장됨과 아울러 여성의 공적 영역에서의 차별이 시정되지 않는 한, 우리나라가 안고 있는 '양성평등 후진국'으로서의 불명예를 회복하기가 힘들다. 또한 젊은 여성이라는 이유로 업무와 무관하게 기대되는 과도한 여성성이나 외모지상주의 및 성차별적 관행에서 조속히 탈피해야 할 것이다.

04 노동시장에서의 보호와 배제

보호와 배제는 노동시장과 관련하여 두 가지 의미로 이해될 수 있다.

첫째, 남성의 영역으로 규정되는 노동시장에서 남성의 보호와 이를 위한 여성의 배제이다. 근대 자본주의 사회에서 남성을 생계책임자로 규정하는 성별분업 이데올로기의 원활한 작동을 위해서는 노동시장에서 남성의 이해를 관철시키는 메커니즘이 필요하다. 즉 노동시장에서 남성의 이해를 보호하고 여성이 노동시장으로 접근하는 것을 원천적으로 배제하는 전략이 필요한 것이다. 이 논리는 근대 초기에 성별분업 이데올로기가 강력하게 작동하던 시기의 것이다.

둘째, 남성보다 약한 존재인 여성들을 위험하고 어렵고 힘든 노동으로부터 보호해야 한다는 미명하에 특정 직종과 직무로부터 여성들을 배제하는 논리가 작동해왔는데, 이는 궁극적으로 남성노동자의 이익을 위한 것이다. 근대 초기에 남성노동자들은 자신들의 낮은 임금과 높은 실업률이 여성 노동자들의 존재로부터 비롯되는 문제라고 보았다. 보호는 사회적 약자를 대상으로 하는 개념이다. 인간을 대표하는 젠더인 남성과 다른 존재이기 때문에 여성은 보호받아야 하는 젠더가 된다. 남성과 다른 임신, 출산 기능을 가진 여성은 사회적 역할과 지위 및 그 평가에 있어 남성의 경우와 다른 기준을 적용받는다. 남성이 평가기준이 되기 때문에 여성의 사회적 역할과 지위는 낮은 것으로 규정된다. 여성은 남성에 미치지 못하는 약한 존재, 열등한 존재로서 남성이 보호해야 하는 대상이 되는 것이다.

보호의 다른 이름은 통제와 배제이다. 사회적 보호를 위해서는 소위 위험한 곳과 능력을 벗어나는 곳에 접근하지 못하도록 통제되어야 한다. 남성보다 육체적으로 약하고, 임신 출산 기능을 가진 여성은 열등한 노동력이기 때문에 남성과 동등한 노동자가 될 수 없다고 보았다. 따라서 남성의 영역인 노동시장으로부터 배제되어야 한다는 것이다. 이로부터 가사 및 양육 담당자로 규정되는 여성들은 노동시장으로부터 체계적으로 배제되고, 접근이 허용될지라도 특정의 남성적 직종과 직무로부터도 배제되는 것이다. 결혼·임신으로 인한 퇴직 관행과 경력단절은 노동시장으로부터의 여성 배제의 대표적인 사례이다. 또한 노동시장에서 여성들의 낮은 지위와 저임금 및 비정규직화도 여성 배제의 결과이다.

　이와 같은 열악한 현실에서 벗어나기 위해서는 무엇보다도 여성 근로자를 '여자'로서가 아니라 근로자로 인정하는 방향으로 인식의 틀을 전환해야 한다. 여성들도 직장에서 공평하게 능력 위주로 업무를 평가받고 자신이 원하는 일을 당당하게 할 수 있도록, '여성의 비정규직화' 현상을 탈피할 수 있게끔 다양한 제도적 보완장치들이 마련되어야 할 것이다. 뿐만 아니라 기업문화가 바뀌지 않으면, 남녀 모두 힘들 수밖에 없다. 21세기를 맞이하면서 발표한 맥켄지 보고서에 따르면, 한국이 선진국으로 나아가기 위해서는 여성노동력에 대한 활용을 높이고 여성들이 더 잘 일할 수 있도록 성 평등한 풍토를 마련해야 한다는 점이 중요하게 부각되었다. 노동시장에서 한국여성들이 경험하는 열악한 현실과 2차적 지위를 극복하기 위해서는 여성 비정규직에 부여되는 역할 분담, 여성성에 대한 기대, 가부장적 기업 문화, 정부 정책 등 광범위한 분석과 이에 대한 변화를 도모함과 아울러, 이를 위반하는 경우에 대한 제재 방안 또한 구체적으로 수립해나가야 할 것이다.

CHAPTER 01

고학력 전문직 여성의 노동 경험

한국사회에서 여성의 학력은 빠른 속도로 증가하여, 2018년 현재 대학졸업 비율에 있어서의 젠더 격차는 좁혀져 왔다. 하지만 여성 고학력화 현상이 지속되고 있는 21세기에도 노동시장에서의 성차별은 지속되고 있어서, 취업여성들이 일터에서 경험하는 애로사항은 상당한 것으로 나타나고 있다.

─ 01 고학력화와 대비되는 저조한 여성 취업률

한국사회에서 여성의 학력이 전반적으로 높아짐에 따라 대졸 이상 고학력자의 비율이 급격히 증가하였다. 1975년에는 여성 중 대졸 이상 비율이 2.4%에 불과했으나, 2015년에는 35.7%로 15배 이상 늘어났다. 1990년에 32.4%에 불과하던 여학생의 대학 진학률은 2005년에는 80.8%로 2배 이상 증가하였다. 2009년에는 여학생의 82.4%가 대학에 진학한 반면, 남학생은 81.6%에 그쳐 여성의 대학 진학률이 남성 비율을 능가하기 시작하였다. 2019년 현재 남학생의 대학 진학률은 66.6%인 반면, 여학생의 진학률은 74.5%로 8%p 정도의 진학률 격차를 보이고 있다(교육부·한국교육개발원, 각 연도). 하지만 2019년의 경우 대학원 진학에 있어서는 여성 6.0%에 비해 남성은 7.4%로 남성의 비율이 더 높았다(주재선 외, 2019). 특히 2016년도 박사학위 취득자 중

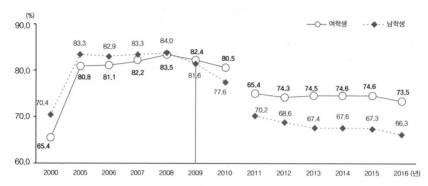

자료: 교육부 · 한국개발원, 『교육통계연보』.

<그림 1> 성별 대학 진학률

여성의 비율은 36.1%로 1/3 정도에 불과하여 대학원 수준에서는 남성의 비율
이 확연히 높게 나타났다(주재선 외, 2016).

　　통계청의 『사회조사』에 따르면, 여성 응답자의 90.2%가 여성의 경제활
동 참여에 찬성하여 '직업을 가지는 것이 좋다'고 응답했다. 반면 여성의
4.7%만이 여성이 '가정 일에 전념하는 것이 더 중요하다'고 생각하여 가정주
부를 희망하는 여성은 일부에 그쳤다. 또한 결혼을 '반드시 해야 한다'는 응답
비율은 지속적으로 줄어들고 있어서 1998년의 33.6%에서 2016년에는 12.5%
로 낮아졌다. 아울러 결혼을 '해도 좋고 하지 않아도 좋다'고 선택사항으로 인
정하는 비율은 지속적으로 높아져서 1998년에는 28.9%였으나, 2018년에는
50.8%에 이르렀다(통계청, 2019). 이와 같이 최근 한국 여성들의 결혼 의사는
약화된 반면, 일에 대한 선호도는 증가하는 경향을 보임으로써 성역할 고정관
념에서 탈피하고 있다.

　　한국에서 고등교육을 받은 여성 비율의 급속한 증가와 더불어, 고학력
여성의 일에 대한 성취 욕구는 높아지고 있다. 대졸 여성의 일에 대한 태도가
변화하는 데 중요한 계기가 된 사건은 1987년 11월에 제정되고 1988년 4월부
터 시작된 「남녀고용평등법」의 시행이다. 「남녀고용평등법」에서는 여성근로
자의 특별보호와 모집, 채용, 승진, 정년, 임금 및 근로조건에 있어서의 부당
한 차별금지를 규정하고 있다. 또한 모성보호 및 근로여성의 직업능력 개발을

통한 복지증진과 지위향상을 도모하는 데 「남녀고용평등법」의 목적이 있다. 「남녀고용평등법」이 시행되기 이전에는 경제활동에 참여하는 여성의 대부분은 저소득층이고 저학력자로 경제적 형편상 수입이 절실한 경우였다. 미혼여성의 노동력 증가는 1960년대와 70년대 우리나라의 주요 수출산업이었던 섬유, 신발, 가발 등 생산에 저연령층 여성들이 대거 투입될 때부터 비롯되었다. 당시의 노동력은 사무직을 포함해서 대부분 중졸이나 고졸 여성들이었고 여러 회사에서 결혼퇴직제나 출산퇴직제가 공공연히 시행되고 있었다. 하지만 「남녀고용평등법」 시행으로 여성에게 행해지던 성차별에 대해 쐐기를 박고 그 부당성에 대해 항의할 수 있는 제도적 장치가 마련된 것이다. 즉, 「남녀고용평등법」은 남성 중심의 노동시장에 대해 문제시하고 성차별을 해소하기 위한 최초의 법적 조치라는 점에서 의의가 있다.

1993년 삼성에서 여대생을 대상으로 여성 전문 인력 공채를 시작해서 그 해에 500명을 선발한 것은 매우 고무적인 변화였다. 여성들을 주요 고객으로 하는 기업들에서는 특히 여성 친화적 이미지가 중요하므로 선진 기업임을 내세우기 위해 여대생 공채는 필요했다. 과거에는 단순사무직이나 비서직에 대졸 여성을 소수 채용하는 정도였고 다수 여성의 공개 채용 사례는 매우 드물었다. 하지만 삼성의 여성 전문 인력 공채는 오래 가지 못해 '열린 채용'으로 명칭을 바꾸고 여성뿐만 아니라 남성 장애인 등 한국에서 불이익을 당하고 있는 집단으로 범주를 넓히게 되었다. 그럼에도 불구하고 이와 같이 대대적으로 홍보된 여성 전문 인력 공채는 고학력 여성 채용에 긍정적으로 기여한 결과, 한국의 50대 그룹에 취업한 여성 대졸자 비율이 1989년에는 1.9%에 불과했으나, 1996년에는 5.2%로 증가하는 성과를 거두었다(김태홍, 1997).

그러나 여성 노동자를 차별적 시각으로 바라보던 사회적 관행은 크게 변화하지 않았다. 1990년대에도 대졸 여성들이 하던 일이나 업무 배치는 여전히 '커피타기, 복사하기(coffee, copy)' 등 허드렛일이 많았고 임금이나 승진에 있어서는 남녀 격차가 크게 나타났다. 또한 여성 노동자를 외모 중심으로 판단하던 관행에서도 크게 벗어나지 못했다. 한국여성민우회의 조사에 따르면, 1994년의 여성 채용 광고에서 '용모단정'을 명시한 기업이 120개 정도였으며, 특히 44개 기업은 키 160cm이상, 몸무게 50kg/55kg 이하 등 신체 조건을 구체적으로 명시하였다. 「남녀고용평등법」을 위반한 이들 기업에 대한 처벌은

미약해서 200만 원의 벌금형에 그쳤다. 이들 기업의 명단이 공개됨에 따라 성차별적 광고는 더 이상 지속되기 힘들어졌다. 하지만 여성을 외모 중심으로 선발해 온 기업체 인사담당자나 임원들의 시선과 관행은 2020년 현재에도 크게 변하지 않은 것으로 나타난다. 구인구직 매칭플랫폼 '사람인'이 372개 기업을 대상으로 외모가 채용 평가에 미치는 영향에 대해 조사한 결과, 절반 이상의 기업에서 영향을 미친다고 응답하였다. 채용 평가에 외모가 영향을 미치는 이유로는 '자기관리를 잘 할 것 같아서', '고객, 거래처와 대면 시 유리할 것 같아서', '대인관계가 원만할 것 같아서', '자신감이 있을 것 같아서', '근무 분위기에 활력을 줄 것 같아서' 순으로 나타났다(월간리크루트, 2020.11.27.).

　　또한 여성들의 돈벌이 일에 대한 높아진 열망과는 달리, 고학력 여성의 취업률은 여전히 저조하며, '절하고용(under-employment)'과 같은 왜곡된 형태로 나타나고 있다. 2019년 한국여성의 경제활동 참가율은 53.5%로 1980년의 42.8%와 비교하면 상승 국면에 놓여있다(통계청, 2019). 우리나라 대졸 여성의 취업률은 90년대 중반 이후 향상되는 기미를 보이지만 선진국과 비교하면 여전히 낮다. 2017년 현재 한국의 대졸 여성의 취업률은 65.7%로 남성의 취업률 87.1%에 비해 큰 격차를 보이고 있다(주재선 외, 2017:2249). 한국의 대졸 여성 취업률은 OECD 국가 중 최하위 수준으로, 우리나라 여성의 높은 학력과 낮은 취업률은 비례 관계에 있지 않다. 한국 여성의 교육 수준은 매우 높은 수준이지만, 취업률이 낮다는 사실은 그만큼 노동시장에서 성차별이 지속하고 있음을 시사한다.

<표 1> 학력 및 성별 경제활동 참가율		경제활동 참가율	(단위: %)
연도	교육정도	여성	남성
1990	전문대졸 대졸이상	66.2 53.1	93.5 93.2
2000	전문대졸 대졸이상	64.4 57.8	91.1 87.3
2010	전문대졸 대졸이상	64.9 62.2	91.9 87.9
2017	전문대졸 대졸이상	68.0 65.7	91.7 87.1

자료: 통계청, 『경제활동인구연보』, 주재선 외, 2017, 229쪽에서 재인용.

여성에 대한 성역할 고정관념은 가부장적 사회의 문화 전통에 기반한다. 전통적 가족가치관이 팽배했던 시절에는 여성이 너무 많이 배우면 결혼하기 힘들고 팔자가 드세진다고 믿어왔다. 그렇기 때문에 여성이 돈을 벌면 남자 형제들의 학비를 조달했던 시절이 있었고 '여자 팔자, 뒤웅박 팔자'라는 말처럼, 여자는 돈 잘 버는 남편 만나 살림하면서 아이 키우는 데 전념하는 것이 가장 행복하다는 생각이 팽배하였었다. 1970년대만 해도 여성의 대학 진학률은 낮았고 대학 졸업 후에도 결혼을 잘하는 것이 여자의 최대 행복이라고 믿는 이가 많았다. '여성의 일은 사치'로 여겨졌고 여성의 높은 학력은 자녀를 훌륭하게 교육시킬 수 있는 '과학적 모성'의 자질을 확보하는 자양분 역할을 하는 것으로 판단되었다.

그러나 IMF 통치하의 외환위기를 겪으면서 기혼여성들은 맞벌이가 줄 수 있는 경제적 안정성에 대해 인식하기 시작했고, 남편 홀로 일하다 퇴출당할 때의 위기에 대처할 필요성을 절감하게 되었다. 신자유주의 노동시장 체제하에서 남성 1인 생계부양자 모델은 더 이상 유지되기 힘들어졌다. 평생 안정된 직장으로 여겨졌던 대기업의 화이트칼라 남성 노동자들이 경제위기로 인해 대거 퇴출되면서, 한국사회에서 평생고용 개념이 더 이상 성립되기 어려워지게 되었다. 하지만 경제위기는 여성들에게 결코 녹록하지 않아서, 여성들의 하향취업은 계속되고 고학력 여성들이 바라던 '괜찮은 일(decent job)'을 찾기는 더욱 어려워졌다. 경제위기하에서는 결혼생활도 안정적이지 않아서, 가정불화가 증가하고 이혼율도 급속히 늘어났다. 미혼여성들은 점차 불확실하고 불안정해지는 결혼 대신 평생직을 선호하지만, 일터에서의 경쟁적 분위기가 가열되면서 여성들은 노동시장에서 살아남기 위해 이전보다 더 치열한 삶을 살 수밖에 없는 현실에 놓이게 된 것이다. 그 결과 상당수의 여성들은 '결혼은 선택, 일은 필수'라는 새로운 가치관을 수용하게 되었다. 많은 여성들은 스펙 쌓기에 열중하여 연애, 결혼을 지연하거나 포기하며 '비혼'의 길에 접어들기도 하였다. 이러한 고학력 여성들의 높아진 일 열망과는 달리 여성들은 일을 찾기 위해 원서를 내고 기다리면서 고용 단계에서부터 좌절감을 맛보곤 한다. 수십, 수백 번 지원서를 제출해도 취업기회가 주어지지 않는 과정에서 무수한 성차별을 경험하면서 일부 여성들은 구직활동을 포기하게 된다. 오지 않는 취업 기회에 좌절한 '실망실업' 상태에서 차선책으로 여기는 결혼에 관심을 돌려 '취집'으로 옮겨 가기도 하였다.

02 고학력 여성의 전반적 지위

1) 노동시장에서의 낮은 지위

대졸 여성인력의 대부분은 전문직과 준전문직, 사무직 그리고 판매·서비스직에 종사하고 있다. 여성은 비정규직 비율이 남성에 비해 월등히 높은 편이며, 2017년 대졸 여성의 임금은 남성 임금의 66.4% 수준으로 매우 낮다(주재선 외, 2019). 2017년의 경우 전 학력에 걸쳐서의 성별 임금 격차가 63.4%였던 점을 감안하면, 대졸에만 국한했을 때 대졸 여성이 대졸 남성 임금의 66.4%라는 사실은 고학력 여성의 경우에도 전 학력에 있어서의 평균 성별 격차와 크게 다르지 않음을 알 수 있다. <표 2>에서 보여주는 바와 같이 대졸 이상 남녀의 경우에도 임금 격차는 지속되어 왔을 뿐만 아니라, 여전히 벌어지고 있다.

여성 전문직 종사자 비율은 계속 늘어나서 1970년에는 여성 취업인구 중 전문직은 2.2%에 불과했으나, 2010년에는 20.5%로 늘어났다. 2017년 현재 전문직 여성 취업자는 23.5%로 전문직 중 여성 비율은 증가 추세에 있다(통계청, 2017). 전문직 여성의 비율이 늘어난 것은 전통적으로 지위가 높은 의사,

<표 2> 성별 월평균 임금 및 격차: 대졸 이상의 경우			(단위: 천 원)
연도	여성	남성	여/남(%)
1995	1,269	1,770	71.7
2000	1,753	2,457	71.3
2000	2,283	3,390	67.3
2010	2,590	3,944	65.7
2015	3,039	4,698	64.7
2017	3,206	4,829	66.4
2018	3,367	4,989	67.5

자료: 고용노동부, 『고용형태별근로실태조사』, 주재선 외, 2019, 295쪽에서 재인용.

법률전문가, 과학자, 대학교수와 같은 구전문직으로의 진출 증대 부분도 있지만, 지식정보사회에서 오랜 기간의 훈련을 거치지 않고도 창의력을 갖고 일할수 있는 소프트웨어 엔지니어, 투자상담사, 유통관리전문가 등 '신종 전문직' 종사자가 늘어난 결과이기도 하다. 또한 구전문직이나 신전문직에 비해 임금이 낮고 자율성이 부족해서 준전문직으로 인식되는 간호사, 교사, 사서 등에 여성이 몰리는 집중 현상과도 관련되어 있다. 교육 준전문가인 학습지 교사, 학원 강사, 유치원 교사 등은 수입이 적고 대부분 불안정한 부문에 취업하고 있으며, 여성은 남성에 비해 계약직이나 임시직 비율이 훨씬 높은 것으로 나타났다(강이수 외, 2015). 최근 여성들이 많이 진출하는 준전문가 직종의 경우 대졸자의 초임 수준이 사무직에 비해 오히려 낮으며, 남성과 비교해서는 임금 격차가 크다. 전문직에서는 상위직일수록 사회적 장벽이 높아서 여성의 진입이 어렵고 여성 배제 논리가 두드러진다. 여성이 IT 벤처기업에 근무하는 경우에도 벤처기업의 '매우 잘 알려진' 개방성과는 달리 대부분의 여성인력은 보상이 적고 경력개발이 한정된 직무에 많이 분포되어 있다.

글로벌 산업자본주의의 확장과정에서 신자유주의 이데올로기와 노동유연화가 가속화됨에 따라 여성들은 유연 생산체계에 친화적인 것으로 규정되었다. 이와 같은 논리로 인해 여성들은 전문 직종 내에서도 남성에 비해 비정

<표 3> 여성 취업인구의 직업별 분포 변화 (단위: %)

연도	1960	1970	1980	1990	2000	2010	2017	전문대졸 이상
전문기술직	2.3	2.2	3.6	7.7	7.0	20.5	23.5	(46.7)
행정관리직	—	—	—	—	0.2	0.5	0.3	(0.7)
사무직	0.5	2.8	8.6	12.8	6.7	17.8	19.5	(30.2)
판매직	9.6	9.6	11.6	16.9	14.6	15.5	13.8	(9.1)
서비스직	9.8	10.8	9.9	16.7	38.4	16.0	16.8	(8.1)
농림수산직	69.6	57.7	46.4	20.3	11.2	5.9	4.0	(0.4)
생산직	6.9	14.7	19.9	25.6	21.8	23.4	22.1	(4.8)

자료: 통계청, 『경제활동인구연보』, 각 연도.
주: 1998년 이후 직종별 분류는 이전 연도와 비교해서 차이가 있음.
　1) 전문기술직: 전문가, 기술공 및 준전문가 포함.
　2) 판매직과 서비스직은 서비스 노동자 및 상점과 시장판매 노동자로 통합.
　3) 생산직은 내부에 기능원, 장치, 기계 조작원, 노무직 노동자로 분류.

규직으로 고용될 가능성이 훨씬 높다. 2019년의 경우 남성은 29.4%가 비정규직인 반면, 여성은 45.0%가 비정규직이었다. 2016년에는 비정규직 중에서도 남성은 24.5%만 시간제 근로자인 반면, 여성은 50.1%가 이에 해당하였다(통계청, 2016). 비정규직이나 시간제 근로자 비중에 있어서 여성이 월등히 많다는 사실은 근대적 노동이 성별 논리를 활용하면서 구성되고 있음을 보여준다. 여성의 비정규직화는 사회적 관계망이 젠더에 따라 다른 방식으로 조직되고 자원화됨을 시사한다(김현미·손승영, 2003). 전문직 여성들의 경우에도 가부장적 조직문화로 인해 입사 전에는 여성 배제의 논리를 무수히 경험하며, 일단 직장에 진입하더라도 남성에 비해 비정규직이거나 계약직일 가능성이 높고 성별 업무 분담에 의해 차별을 경험하기도 한다. 성별 분업 규범이 젠더 역할을 규정하는 사회에서 여성과 남성은 특정한 영역과 사회적 관계에 배치된다. 성별 직무 분리는 고학력 전문직 종사자 경우에도 예외가 아니다. 한국사회에서는 남성 중심적인 가부장적 조직문화로 인해 여성배제 논리가 강해 고학력자들 사이의 남녀 격차는 그대로 유지되는 한편, 여성들 사이의 격차가 더욱 벌어지게 되었다. 즉, 가부장적 조직문화에서의 성별화 경험은 남녀 사이의 젠더 질서를 고착화시킬 뿐만 아니라 여성들 내에서 정규직과 비정규직이라는 위계 구조를 새롭게 창출해내고 있는 것이다.

조직 내 남성 중심주의는 여성에게는 상위 직책이나 책임 있는 위치로 더 이상 승진하지 못하도록 가로막는 '유리천장'으로 다가온다. 유리천장 개념은 1970년대 미국에서 사용하기 시작하였는데, 성차별이나 인종차별 등의 이유로 능력과는 별개로 여성과 소수자들이 고위직에 오르지 못하도록 가로막는 '눈에 보이지 않는 장벽'을 의미한다(강이수 외, 2015). 영국의 경제주간지 『이코노미스트(2018년 2월 15일자)』에 따르면 한국은 OECD 29개국 가운데, 2017년도 '유리천장지수(glass-ceiling index)'에 있어서 꼴찌에 해당된다. <표 4>에서 제시된 바와 같이, 유리천장지수에서 유럽, 북미, 오세아니아 국가들은 모두 50점 이상을 보이고 있는 반면, 터키, 일본, 한국만 50점 미만인 가운데 한국은 최저인 30점으로 최악의 수준임을 알 수 있다.

\<표 4\> OECD 국가의 유리천장지수 비교(2017)		
순위	국가	유리천장지수
1	스웨덴	83
2	노르웨이	82
3	아이슬란드	80
4	핀란드	78
5	프랑스	70
6	덴마크	70
7	폴란드	69
8	벨기에	65
9	헝가리	64
10	캐나다	63
11	포르투갈	63
12	뉴질랜드	62
13	슬로바키아	62
14	이스라엘	62
15	스페인	61
16	호주	60
17	이태리	60
18	오스트리아	60
19	미국	58
20	독일	57
21	아일랜드	56
22	체코	56
23	그리스	56
24	네덜란드	56
25	영국	56
26	스위스	50
27	터키	35
28	일본	35
29	한국	30
	OECD 평균	59

자료: OECD, 2017, *Glass−Ceiling Index.*

2) 낮은 지위와 그 원인

(1) 가부장적 성역할 문화

고학력 여성의 취업을 저해하는 요인 중의 하나는 우리 사회에 널리 퍼져있는 성역할 고정관념과 성차별적 태도이다. 여성들의 전형적 성역할과 관련된 가부장적 문화규범은 고학력 여성들의 전문직으로의 진입동기를 약화시켜왔다(Wenk and Garrett, 1992). 전문직 여성에 관해 비교적 초창기 연구를 진행한 조혜정(1985)은 가정/사회의 양분법에 근거한 성별 역할 관련 기대로 인해 전문직 여성들도 기존의 가치관에 적응하려는 신전통적 특성을 드러내는 등 이중 갈등에 처해있다고 주장하였다. 이와 같은 고학력 여성의 높은 자아정체감과 전통적 성 고정관념 사이에서의 문화지체 현상은 여성들의 교육수준이 현저하게 증가한 오늘날에도 상당 부분 나타나고 있다. 여성들은 일에 대한 열망이 강한 점에서는 변화했지만, 전통적 성역할을 당연시하는 가부장적 태도의 영향을 여전히 받고 있는 것이다. 특히 기혼여성에게는 심각한 차별이 가해지고 있다. 고학력 유배우 여성들의 경우 미혼여성 노동자 집단에게서 나타나는 교육효과를 찾기가 어려울 뿐만 아니라, 가정에서의 역할 수행 기대가 여성 경력단절의 주된 원인으로 작용한다. 최근에는 일을 필수로 여기는 젊은 여성들의 일에 대한 인식이 강화되면서 노동시장이 요구하는 스펙쌓기와 친밀성의 요구 간에 갈등이 발생하게 되었다. 20∼30대 비혼 여성들은 경쟁적이면서도 불안정한 고용 현실로 인해 친밀성의 욕구와 결혼 희망을 지연시키고 있다(박기남, 2011). 여성들은 자조적인 목소리로 자신을 '삼포세대'로 칭하면서 연애, 결혼, 출산을 미루거나 포기하게 된다.

실제 조사들에서 어린 자녀를 둔 기혼여성의 미취업 이유로 가장 큰 비중을 차지한 것은 자녀를 맡길 곳이 없다거나 자녀 양육과 가사를 전담하기 때문이었다. 결혼, 임신, 출산, 육아로 인한 여성의 경력단절 현상은 예나 지금이나 여전하며, M-커브 모양을 띠는 연령별 경제활동 참가율 패턴도 여전히 지속되고 있다. 단지 변화한 것이 있다면 2000년의 경우 최저 경제활동 참여는 30∼34세 여성에게서 주로 나타난 반면, 만혼화가 뚜렷한 2016년에는 35∼39세 여성들에게로 연령이 상향 이동된 점이다(주재선 외, 2016). 2016년의 경우 경력단절 경험자는 15∼54세 기혼여성 취업자의 46.4%에 이르렀다. 대부분의 기혼 여성들은 자녀가 어릴 때는 친정부모, 시부모, 친척, 파출부 등의 도움이 없으면 일과 가정을 병행하기가 어렵다. 상당수의 전문직 워킹맘들은 일이 끝난 후에는 자녀 돌보기나 교육 챙기기에 많은 시간을 투여할 수밖에 없다. 비록 전문직 여성들이 임금이 낮은 직종의 여성들에 비해 가사보조나 협조를 더 많이 받고 있는 형편이지만, 아이가 아프거나 문제가 생길 때는 엄마가 일차적으로 책임져야 하는 상황에 있다. 의사, 법조인, 교수 등 고위 전문직 여성들은 일 특성상 그 직업을 갖기까지 오랜 기간 교육받고 경력을 쌓아야 한다는 이유로 가족이나 친지로부터 일에 대해 인정받고 정서적 지원을 많이 받고 있는 집단이기도 하다. 주위에서 적극적으로 힘을 실어주고 있기 때문에 때로는 일을 포기하지 않도록 주변의 압력을 받기도 한다. 약사나 회계사의 경우에는 자격증이 있어서 언제든지 일에 복귀할 수 있기 때문에 마음 편히 휴직을 결정하기도 한다.

하지만 전문직종의 경우 안정적이고 성차별이 별로 존재하지 않을 것으로 생각하는 일반적 인식과는 달리 여러 방면에서 차별이 진행되어 왔으며, 이러한 현실이 고학력 여성들의 사기를 저하시키는 주된 원인으로 작용하고 있다(박숙자, 1997). 박사학위 취득자조차 적극적으로 전문직에 진출할 수 없는 이유에 대해 한 연구에서는 성차별적 사회통념으로 인해 전문직에 진출하더라도 여성분야에 집중되어 왔고, 가정생활과 직업생활의 이중역할로 인한 부담이 여성들에게 복합적 장애요인으로 작용한다고 결론지었다(유희정·이재경, 1990). 전문직 여성들이 경험하는 성차별적 노동현실은 진입단계나 업무추진 과정에 영향을 미칠 뿐만 아니라 퇴직 후에도 적용된다. 우리나라 고학력 여성은 일단 직장을 그만두면 재취업을 포기해 노동시장에서 영구 퇴출되는 경향을 보였다. 일반적으로 한국의 기혼여성들은 육아를 위해 직장을 관두었다가 아이들이 학교를 갈 때쯤이면 재취업을 함으로써 M자형 취업곡선을 그리는 데 반해, 고학력 여성들은 퇴직 후 노동시장 재진입이 어렵기 때문에 L자형을 이룬다는 것이다(강우란, 2002).

한국에서는 엄마가 어린아이를 직접 양육하는 것이 바람직하다는 '3세 신화'가 여전히 만연해 있으며, 교육 경쟁률이 높아지고 있는 최근에는 초등학교 입학 후 엄마의 자녀교육에 대한 책임이 강조되다 보니 기혼여성의 '교육매니저'로서의 역할이 더욱 중시되고 있다. 또한 한국 남성의 가사노동 시간이 OECD 국가들에 비해 매우 짧으며, 맞벌이 가정에서는 육아를 위해 남편보다 다른 여성들의 도움을 많이 받는다는 점은 한국 가족의 성 불평등한 역할 분담을 그대로 드러낸다. 법적으로 남성의 육아휴직이 보장되어 있지만, 매우 낮은 비율의 한국 남성만이 육아휴직 제도를 활용해오고 있다. 하지만 2005년에 단지 육아휴직자의 1.9%만이 남성이었던 시절과 비교해서 2019년 현재 육아휴직자 중 남성 비율이 21.2%로 상승한 것에 대해서는 긍정적으로 평가하게 된다(한국고용정보원, 2019).

(2) 여성의 과소 대표성과 남성 중심 조직문화

선행연구들에서는 전문직이나 고위 행정직 또는 기업 임원으로 종사하는 여성이 수적으로 소수이기 때문에 직장 내에서 영향력을 행사할 수 없는 상황에 있다고 평가해왔다. 로자베스 칸터(Rosabeth Kanter)는 한 직장에서 여성의 비율이 15% 이하일 경우 여성들은 실질적인 힘을 지니지 못하고 명목적 지위를 형성할 수밖에 없음을 지적하였다(Kanter, 1977). 명목적 지위를 지닌 '표상(token)'으로서 전문직 여성의 생애사에 대해 연구한 조주현(2000)은 여성들이 남성과는 다른 노동경험을 하고 있음을 발견하고, 젠더 특성을 반영하는 방향으로의 정책 수립이 필요하다고 주장하였다. 이와 유사하게 조직 내 여성 비율의 중요성을 강조한 진수희(1999)는 비교적 진보적인 교수사회에서도 성평등이 이루어지지 못하는 커다란 이유 중의 하나가 바로 여교수가 '임계수준의 집단(critical mass)'을 이루지 못하고 있기 때문이라고 지적하였다. 수적으로 여성 비율이 낮을 때는 여성들이 '역할 모델(role model)'이 되지 못하므로 여대생에게 전문직 진출에 대한 동기부여를 할 수 없다고 결론지었다. 실제로 한국에서 국공립대 여교수 채용목표제 20%가 시행된 2002년 이전에는 다수 학과들에서 여교수가 없거나 한 명뿐인 경우가 많았다. 실제로 2002년 여교수 채용목표제 시행 직전에 한국여성정책연구원에서 개최된 공청회 때 서울대학교법대 여학생들이 열 명 이상 참석해서 재학생 중 25% 이상이 여학생이지만, 여교수가 한 명도 없는 현실에 대해 강하게 문제를 제기하였다. 법대에서 여교수를 만날 수 없고 역할 모델이 없기 때문에 여대생들은 자신의 실력을 확실하게 드러낼 수 있는 사법고시를 택해야 했고 교수가 된다는 가능성은 꿈조차 꿀 수 없는 상황임을 밝혔다. 이러한 여대생들의 항변은 국공립대 여교수 채용목표제가 실시된 이후 서울대학교법대에 제1호 여교수 채용이라는 결실로 이어지기도 했다. 미국고용안정국(U.S. Employment Service)의 업무평가문서 분석에서도 여성 비율이 10% 이하일 때는 여성의 업무평가가 남성에 비해 부정적인 것으로 나타났다. 반면 직장 내 여성 비율이 높아질수록 긍정적이어서, 여성이 50% 이상인 경우에는 여성에 대한 업무평가가 남성보다 높게 나타났다. 이는 전문직에서도 마찬가지여서 여성이 소수집단일 때는 업무내용 중심으로 여성의 성과를 객관적으로 평가하기보다는 다수 남성과의 차이점에 주목해서 '성 중립적(gender-neutral)'이지 못한 조직문화가 통용되고 있음을 입증한 것이다(밸리언, 2000).

이들 연구와는 달리, 조직 내 여성이 수적으로 늘어났음에도 불구하고 조직 문화는 여전히 성차별적임을 입증하는 연구들도 있다. 한국에서 여성 변호사를 대상으로 진행한 연구에서는 변호사 자격을 취득한 여성이 크게 늘어났지만, 여성 변호사들은 채용, 승진, 진급 기회에서 여전히 남성들보다 불리하며 강한 성차별을 경험하고 있는 것으로 나타났다(박선영 외, 2012). 2017년의 변호사 시험 합격자 1,600명 중 여성은 724명으로 45.25%에 해당될 정도로 비율이 높아졌다. 하지만 양적으로 여성 변호사들의 비율이 급속히 증가하고 있음에도 불구하고 변호사 직종과 법무 조직이 남성 중심적으로 운영되기 때문에, 여성 변호사들이 경험하는 성차별은 여전히 지속되고 있다(Wallace and Kay, 2012). 고학력자가 늘어남에 따라 한국 여성들은 시험이나 전문교육을 통과하여 과거에는 매우 진입장벽이 높았던 직종에서 일하게 된 숫자가 증가하였다. 하지만 여성들이 남성과 동등하게 사회적 지위가 높은 전문 직종에 진입하더라도 여전히 성차별이 존재한다는 점은 여성의 수적 증가만으로는 젠더 평등이 자연히 이루어질 수 없음을 시사한다. 변호사 직종에 있어서도 여전히 성 고정관념에 의한 역할 기대로 인해 업무에 있어서의 젠더 분리 현상이 존재하며, 진입과 승진 과정 등에서 차별 관행이 지속되고 있는 것이다. 또한 남성 중심으로 공고화된 동료집단의 연결망으로 인해 여성들은 정보 교류나 지원체계에서 체계적으로 배제되고 있다. 조직 차원의 정책, 규범, 문화와 여러 관계적 실천을 통해 젠더 불평등 구조가 생산되고 견고하게 지속되고 있다(권혜원·권현지, 2018:110-111).

여성이 경험하는 성별화된 노동과 차별은 이중노동시장 구조와 긴밀히 연결되어 있다. 남성이 다수인 조직에서는 권력의 남성 집중화가 이루어지고 남성 연결망 중심으로 조직이 형성된다. 대부분의 남성 중심적 조직들이 남성성에 가치를 부여하기 때문에 남성의 경험이 개인의 능력을 결정짓는 기준으로 작용하고 있다. 이러한 상황에서는 고학력 여성의 업적과 일은 낮게 평가될 수밖에 없다는 구조적 제한을 경험하게 된다. 사회적으로 인정받는 괜찮은 일에는 여성의 입직이 어려운 점 외에도, 일터에서 가해지는 업무 차별, 여성을 전문직 종사자로 인정하지 않는 점, 고객에게서 당하는 무시 등은 남성 주도적인 문화와 관행으로부터 기인하는 것이다. 그렇기 때문에 '취업을 위한 최고의 스펙은 남자'라는 자조적인 목소리가 고학력 여성들 사이에서 흘러나오고 있다(박기남, 2011:16). 특히 한국의 남성 중심적 문화가 연결망 강화에 활용되는 전형적 사례로는 회식문화를 들 수 있다. 남성 중심적인 회식문화는 기혼 여성에게는 불편하고 적응하기 힘든 장소이기도 하다. 잦은 술자리를 강요하는 남성 중심의 가부장적 문화는 여성뿐만 아니라 술을 즐겨 마시지 않는 남성에게도 부담을 주게 된다. 반면에 술을 곧잘 마시는 여성들을 2차나 3차에서는 의도적으로 따돌리기도 한다. 특히 기혼여성이 일찍 자리를 뜨지 않으면 가정을 소홀히 하는 여성으로 평가하면서 또 다른 방식의 비난이 가해지기도 한다. 뿐만 아니라 조직과 관련된 중요한 내용들이 업무 중 회의시간에 투명하게 결정되지 않고 남성들만 남은 비공식적 회식 자리에서 결정되기도 하는데, 이 자체가 성차별적이며 여성을 배제하는 조직문화의 단면이다. 이와 같이 비공식적인 술자리 문화가 공식적 기능을 대체하는 한 여성들과 남성들이 동등하게 경쟁하기는 힘들다.

　　최근에는 문학과 영화 등 문화예술계에서 성희롱 문제가 불거지더니, 서지현 검사의 '미투(나도 당했다)' 고백에 이어 정치계, 학계, 연극계, 드라마 제작 종사자들의 성추행과 성폭행 관련 미투 선언이 연이어 터져 나왔다. 이와 같은 사례들은 전문직 여성들도 남성 중심적 조직문화에서 성추행과 성폭행 피해를 종종 경험하고 있음을 드러낸 것이다. 여성들은 다양한 일터에서 단순 보조자로 여겨지거나 성적 대상화 되고 있으며, 능력이 있고 동등한 지위에 있어도 조직 내에 배태된 강한 가부장적 문화로 인해 젠더관계에서는 여전히 남성 우월적인 태도가 팽배해있다.

03 고학력 여성의 노동 경험

　　필자는 이전에 고학력 전문직 여성들의 노동경험에 대해 심층면접을 실시한 적이 있는데(손승영, 2005), 그 내용 중 최근에도 유효하다고 판단되는 내용들을 선별해서 소개하고자 한다. 당시 면접 참여자들은 총 26명의 전문직 여성들로 직업은 공기업 회계사, 변리사, 연구원, 연구실 실장, 연구보조원, 초등학교 교장, 문화부 기자, 변호사, 검사, 기자, 의사, 약사, 교사, 투자회사 이사, 소프트웨어 개발회사 대표, 회사 임원 등 다양하였다. 심층면접에 포함된 전문직 여성들의 연령분포는 20대 3명, 30대 11명, 40대 10명, 50대 이상 2명으로 다수가 30~40대에 속했다. 면접 참여자들의 결혼 상태는 기혼이 20명, 미혼 4명, 이혼 2명이었다. 기혼여성 20명 중에서 자녀가 없는 경우는 한 명도 없었으며, 한 자녀가 11명, 두 자녀가 9명이었다. 조사 당시 일을 하고 있지 않은 여성 4명 중에서 2명은 자녀 양육을 이유로 휴직 중이었다. 휴직 여성 중 1명은 취업 중단 상태이며, 나머지 1명은 학위취득 후 정규직을 구하지 못해서 쉬고 있는 중이었다.

　　이들을 심층 면접한 결과 나타난 의미 있는 내용을 간추려보면 다음과 같다. 첫째, 전문직 여성들은 일에 대한 만족도가 높은 것으로 나타났다. 다른 직종에 비해 전문직에서는 남녀차별이 적다고 인식하는 경향이 있었고 자신의 적성을 반영한 전공 관련 일을 하고 있다는 점에서 자부심이 컸다. 특히 사회적으로 인정받으며, 임금이 높고 성취감이 높다는 점들을 긍정적으로 평가하고 있었다. 또한 자신의 전문지식이 다른 사람들을 돕는 데 유용하게 활용되는 점을 장점으로 들고 있다. 하지만 같은 일을 하더라도 정규직과는 달리 비정규직 종사자들은 자신의 지위와 관련해서 불만이 컸고 일 만족도가 낮게 나타났다. 비정규직이나 계약직 등 절하고용된 형태로 일하고 있는 전문직 여성들은 '상대적 박탈감'을 드러냈다. 정규직이 아니므로 노력에 비해 대가가 적으며, 월급이 열악해서 불만이 많았다. 게다가 때로는 1년 단위 계약도 아니고 몇 개월 단위로 계약이 끝나기 때문에 일 자체의 지속 여부도 매우 불안정한 상태라고 했다. 이들에게 가장 큰 고민은 앞날에 대한 비전이 없다는 점이다. 남성 중심적 조직문화에서 여성들이 쉽게 비정규직화되고 배제되는 현상을 목격하면서 이들 고학력 여성들은 자신의 불투명한 미래에 대해 강한 불안을 드러냈다. 한 생물학 전공자는 정규직을 갖기가 힘들고 보수가 적을 뿐만 아니라, 직업을 못 구한 여자 선배들을 자주 봐 왔다고 한다. 현재 생물학연구실 포닥으로 일하고 있지만, 남자들을 선호하다 보니 정규직은 기대하기 힘들다고 했다. 뿐만 아니라 불안정 취업상태에서 자녀출산과 양육 등으로 인해 공백기가 있을 경우 동일분야 재취업 기회가 매우 제한적이다. 아무리 학력이 높고 능력이 출중하더라도 여성이기 때문에 차별적으로 대우하는 성별화된 노동시장 논리가 일상적으로 작동하고 있음을 당사자들은 깊이 인식하고 있었다. 노동시장의 성차별 구조가 고학력 여성들의 정규직 진입 가능성을 낮추고 있을 뿐만 아니라, 고학력 여성들 내에서도 정규직에 진입한 여성들과 가능성이 낮은 여성들 사이에 격차가 크므로 기회를 찾지 못한 여성들은 심한 상대적 박탈감에 시달리고 있었다.

둘째, 전문직 여성들은 일에 대한 만족도가 높은 반면, 구체적 업무와 관련해서는 부정적인 평가가 더러 있었다. 맡은 업무에 전공 관련성이 높지 않은 경우에는 이직까지도 심각하게 고려하고 있었다. 국책연구소에 재직 중인 부장연구원은 정부 관련 일이나 연구용역비를 끌어올 수 있는 과제에 국한된 연구만을 진행하다 보니 자율성이 부족하고 창의적인 연구는 기대할 수 없는 것이 제한점이라고 했다. 기자의 경우 사회현상에 대해 독창적으로 글을 쓰기보다는 국한된 분야에 치중해야 한다는 점을 한계로 들었다. 요즘 맡은 일이 문화부 미술기자로서 유명 인사들을 인터뷰한 다음 그들의 작품이나 생각을 글로 옮기는 작업인데, 같은 일이 되풀이되다 보니 원래 계획했던 기자의 삶과는 거리가 있어서 불만이었다. 변호사의 경우에도 소신껏 법 정의를 실현하기 위해 노력하기보다는 재판에서 이기는 것이 목적으로 변질되고 있음을 느낀다고 했다. 안과의사는 개인병원을 운영할 때에는 환자 눈곱 닦아주는 일만 되풀이한다고 투덜댔을 정도로 20년 동안 지속적으로 단순 반복적인 일을 하다 보니 회의를 느꼈다고 한다. 그는 돌파구를 찾기 위해 큰 규모의 안과 전문병원으로 옮겨서 수술에도 참여하고 새로운 의술을 배우면서 지루함을 극복했고 비로소 전문의 역할에 대해 자부심을 느끼게 되었다고 한다.

셋째, 면접에 응한 대부분의 전문직 여성들은 과도한 분량의 업무에 시달리고 있어서, 노동 강도가 세고 여가시간을 조정할 수 없다는 점이 불만이었다. 부장연구원의 경우 여러 개의 연구 프로젝트를 동시에 수행하고 있어서 수면시간을 줄일 수밖에 없는 처지였고 변호사인 면접참여자는 주중에 50시간 이상 일을 하고 있었다. 이들 외에도 일주일에 세 번씩 야근하며 주당 80시간 일하고 있다는 검사, 휴가 일정을 원하는 날로 정해본 적이 없다는 산부인과 의사, 화장실에 가거나 식사하는 시간도 맘껏 조절할 수 없다는 약사 등 다수가 노동 시간이 길고 노동 강도가 세서 힘들어했다. 하지만 이들은 전문가로서 일에 대한 자부심이 강했기 때문에, 맡은 일의 단순반복성, 일에 대해 통제가 약한 점, 자율성 결여 등에 대해 이들이 회의하고 갈등하고 있다는 점이 조사 이전에는 짐작하기 어려운 내용이기도 했다.

넷째, 전문직 여성들이 경험하는 차별들 또한 여러 측면에서 드러났다. 신규 채용 시 여성보다 남성을 선호하는 현상은 여러 직종에서 나타났으며, 계약직에서 정규직으로의 전환도 남성에게 더 용이했다. 한 예로 "여자 중에는 인재가 없다거나 같은 조건이면 여자보다는 남자를 더 선호한다."는 얘기는 남성이 다수인 대학의 교수사회에서 흔히 들을 수 있다. 채용되더라도 남성 중심적인 조직문화로 인해 차별적 대우를 경험하게 되는 경우가 종종 있다. 직장 내에서 팀워크를 요구하는 일이나 요직에서는 여성들이 배제되기도 한다. 일이 끝난 후 여성들이 배제된 비공식 모임에서 중요한 의사결정이 이루어지는 점 또한 남성 중심적 조직문화의 일부로 지적되었다. 자주 있는 회식이 남자들 중심으로 이루어지기 때문에 함께 할 때도 못 할 때도 부담으로 작용한다고 했다. 뿐만 아니라 관계 기관에서 업무를 이행할 때 여자이기 때문에 얕보고 막 대하는 경우들이 있고 여자라는 이유로 전문직 종사자가 아니라 심부름하는 사람이나 비서 정도로 여긴다고 했다. 심지어 한참 얘기하고 나서도 자신이 검사인지 모르고 검사님 만나서 한 번 더 이야기하면 안 될지 묻는 참고인들도 있었다고 한다. 공식조직에서의 차별적 대우는 여성들의 이른 퇴직과도 연결되어 있다. 기업에서 일할 때 회사가 어려워졌는데 기혼여성이라는 이유로 일차로 해직된 후 몇 해를 쉬다 연구원으로 일하게 된 면접참여자가 있었고, 신문사에서 사내 커플이라는 이유로 여성만 별도 법인인 스포츠신문으로 좌천되어 직장을 관둔 기자를 예로 들 수 있다.

이상 살펴본 바와 같이 전문직 여성들의 일과 관련된 어려운 점의 상당 부분이 전통적인 성격의 '일과 가정의 병행'이 아니라 자신의 일을 제대로 평가해주지 않는 성차별적 노동시장에 기인하고 있음을 알 수 있었다. 전문직 여성들은 강한 직업 정체성을 지니고 있는 반면, 남성 중심성이 강한 조직은 여성의 능력을 제대로 인정하지 않기 때문에 일 관련 갈등을 느끼는 경우들이 잦다. 이 연구 결과는 기혼여성의 일차적 정체성이 어머니나 아내의 지위에 있다는 일반적 믿음과는 상당히 다르게 나타난 것이다. 즉, 전문직 여성들이 가정과 직장의 양립에 대해 고민하는 부분은 최근에는 약화되고 있다. 과거에는 여성의 장소를 가정이라고 못 박으며 사회참여를 제한하던 현상으로 인해 고학력 여성들이 강한 '문화지체 현상'을 느꼈다면, 오늘날 고학력 전문직 여성들의 고민은 일터나 고객으로부터 자신의 능력이나 노력에 부합하는 평가를 받지 못하는 데에서 기인한다. 전문가인 자신에 대해 여성이라는 이유로 통계적 차별을 가하는 사회 전반의 가부장적 문화 현상으로 인해 '문화지체 현상'을 경험하고 있는 것이다. 이는 '전문인으로서 자신의 업무에 대해 내리는 주관적 평가'와 전문직 종사자보다는 '여성이라는 점에 주목하는 조직에서의 평가' 사이의 괴리가 상당하기 때문이다.

┌─ 04 전문직 여성의 일을 지속가능케 하기 위한 제언

전문직 여성들은 강한 직업의식을 느끼고 있으며, 일에 대한 자긍심이 강하다. 전통적으로 남성의 영역이라고 불리던 의료, 법조계, 회계 등의 분야에 종사하는 여성들은 진입단계에서부터 자신의 역량을 제대로 발휘한 결과 갖게 된 직업에서 일하므로 자신의 능력이나 업무에 대한 평가가 긍정적인 편이다. 이들은 계속 전공을 살리며, 일에 대한 자율성을 유지하며, 자아계발을 실천해나가기를 원하고 있다. 하지만 전문직의 경쟁적인 특성상 업무가 과다하며, 장기간 반복적으로 같은 일을 수행하며, 단순한 기계적 업무를 행하기도 한다. 뿐만 아니라 의료, 법조계 등 고객을 상대로 면담을 갖고 일을 처리해야 하는 업종에서는 감정노동을 수행해야 하는 어려움도 안고 있다.

이상 살펴본 전문직 일의 특수성과 고학력 여성들의 직업의식을 감안하여 일의 지속가능성을 높이기 위해 다음과 같은 제언을 하고자 한다. 첫째,

대부분의 전문직 여성들은 자신의 일을 중요하게 생각할 뿐만 아니라 경제적 독립의 의미를 중시해서 지속적으로 일하기를 희망한다. 그렇기 때문에 어린 자녀를 키울 때 소요되는 양육비 부담과 시간 투자로 인해 힘들더라도 그 시기만 잘 넘기면 평생 커리어를 유지할 수 있다고 믿고 있다. 둘째, 여성들은 일에 대한 소신이 강해서 지속적으로 일하기를 희망할 뿐만 아니라, 실력으로 승부해야 한다고 믿고 있다. 그래야 직장에서 인정도 받고 가부장적 조직사회에서의 성차별도 견뎌낼 수 있다는 것이다. 일부 면접 참여자들은 집에 있는 것보다 회사에서 일하는 것이 육체적으로나 정신적으로 편해서 일을 계속 해야 한다고 생각하고 있었다. 또한 여성들은 가사나 자녀 양육 때문에 일을 제대로 못했다고 핑계 대는 모습을 타인에게 보여주고 싶어 하지 않는다. 셋째, 여성들이 능력을 펼치는 데 걸림돌이 없는 방향으로 성평등하게 조직의 성격을 바꾸는 것이 중요하다고 믿고 있다. 이는 조직에서 전문직 여성들은 수가 적어서 열세를 면치 못한다고 생각하기 때문이다. 따라서 여성의 수를 확대해서 여성들이 조직에서 힘을 갖게 되어야 하며 조직의 문화 또한 여성 친화적으로 바꿀 필요가 있다. 수적으로 여성이 열세인 조직문화에서 남성들은 여성을 동료로 대하거나 상사로 인정하는 데 익숙하지 못하다. 기본적으로 여성 비율이 30%는 넘어야 남성 중심적인 회식문화나 야근풍토 등 기존의 조직문화가 바뀔 수 있을 것이다. 넷째, 여성이 수적으로 늘어나고 있는 직종에서도 성차별이 지속되고 있다는 점은 양적 확대는 기본 사항이며, 더 나아가 기존의 남성 중심적 조직문화와 정책을 성평등하게 고쳐나가는 것이 중요함을 시사한다. 진입 단계에서부터 시작하여, 업무 분리, 승진, 네트워킹 등 다방면으로 고쳐나감과 동시에 전문직 여성의 능력을 제대로 평가할 수 있는 방침이 마련되어야 할 것이다. 다섯째, 여성이 조직생활에서 제대로 힘을 발휘하고 불이익을 당하지 않기 위해서는 기혼남녀 공히 자녀를 위해 탁아시설을 이용할 수 있도록 조직이 운영하는 질 높은 시설이 제공될 필요가 있다. 또한 조직문화나 기업정책이 남녀 모두를 위해 일-가족 양립을 지원하는 방향으로 대폭 변화해야 한다. '유연근무제'나 육아휴직이 여성뿐만 아니라 남성들도 자유롭게 활용할 수 있도록 허용되는 등 다양한 '워라밸(work-life balance)' 정책들이 실행에 옮겨져야 한다.

다수의 전문직 여성들은 성차별적 노동시장에 대해 인식하고 있고, 자신의 업무에 대해서 불평이 있음에도 불구하고 경제적으로 독립해서 살아야 하기 때문에 정년까지 계속 일을 하겠다는 계획을 지니고 있다. 전문직 여성들은 자신의 일에 대해 강한 애착을 느끼고 있으며, 일 속에서 더 큰 보람을 찾을 수 있기를 희망한다. 하지만 긴 세월 같은 일을 계속해서 수행해야 한다는 자체가 부여하는 어려움 때문에 겪는 딜레마들도 있다. 여성으로 하여금 딜레마와 동시에 자긍심을 느끼게 하는 일은 이미 생활의 일부가 되어 평생 함께해야 한다는 인식을 하고 있다. 결국 전문직 여성들에게 일은 떼려야 뗄 수 없는 현실이자 중요한 삶의 일부이다.

❝ 생각해보기 ❞ ⎯⎯⎯⎯⎯⎯⎯⎯⎯⎯⎯⎯⎯⎯⎯⎯⎯⎯⎯⎯ 📖

01 고학력 전문직 여성이 겪는 '통계적 차별'의 사례를 주변 지인이나 신문기사, 영화, 드라마 등에서 찾아보자.

02 맞벌이를 하는 기혼여성들의 공통된 문제는 바로 집안일과 직장일 모두를 책임져야 하는 이중부담이다. 이 문제를 해결하기 위해 어떤 변화들이 필요한지 생각해보자.

03 졸업 후 직장에서 일한다면, 남성 중심적인 조직문화를 변화시키기 위해서 본인이 할 수 있는 효율적 방안들은 무엇일지 생각해보자.

◆ 참고문헌

강우란(2002), "여성 인력과 기업 경쟁력", 『CEO Information』, 334: 1-23.

강이수·신경아·박기남(2015), 『여성과 일: 일터에서 평등을 찾다』, 동녘.

교육부, 한국교육개발원, 『교육통계연보』, 각 연도.

권혜원·권현지(2018), "여성변호사 경력구축 과정에서의 젠더불평등", 『한국여성학』, 제34권 2호, 71~116쪽.

김영옥(2001), "여성 IT인력의 현황과 잠재력 분석", 『한국여성학』, 제17권 2호.

김현미·손승영(2003), "성별화된 시공간적 노동개념과 한국 여성노동의 유연화", 『한국여성학』, 제19권 2호. 63~96쪽.

박기남(2011), "20~30대 비혼 여성의 고용불안 현실과 선택", 『한국여성학』, 제27권 1호, 1~40쪽.

박선영·송요진·강민정 외(2012), 『여성 변호사의 고용환경 개선방안연구』, 한국여성정책연구원, 대한변호사협회 여성변호사 특별위원회.

박숙자(1997), "전문직 여성의 성차별 실태조사", 『전문직에서의 성차별에 관한 세미나』, 한국여성단체협의회.

밸리언, 버지니아(2000), 『여성의 성공 왜 느릴까?』, 김영신 역, 여성신문사.

손승영(2005), "고학력 전문직 여성의 노동경험과 딜레마: 강한 직업정체성과 남성중심적 조직문화", 『한국여성학』, 제21권 3호, 67~97쪽.

월간 리쿠르트(2020. 11. 27), "기업 절반 이상, '지원자의 외모' 채용 평가에 영향 미친다."

유희정·이재경(1990), "고학력 전문직 여성의 지위와 직업생활: 박사학위 소지자를 중심으로", 『여성학논집』, 제7권, 159~182쪽.

조주현(2000), "성, 지식, 권력: 토큰 전문직 여성의 생애사를 중심으로", 『여성 정체성의 정치학』, 또하나의문화.

조혜정(1985), "전문직 여성", 『한국여성과 일』, 이화여자대학교 한국여성연구소 편.

주재선·송치선·박건표(2016), 『2016 한국의 성인지통계』, 한국여성정책연구원.

주재선·이동선·송치선·한진영(2019), 『2019 한국의 성인지통계』, 한국여성정책연구원.

진수희(1999), "전문직 여성의 일과 삶의 질", 손승영 외,『여성의 일과 삶의 질』, 생각의 나무.

통계청(2016),『경제활동인구연보』.

통계청(2019),『2019 통계로 보는 여성의 삶』.

한국고용정보원(2019),『고용보험통계연보』.

Kanter, Rosabeth(1977), *Men and Women of the Corporation*, New York: Basic Books.

OECD(2017), *Glass−Ceiling Index*.

Wallace J. E. and Kay, F. M.(2012), "Tokenism, Organizational Segregation, and Coworker Relations in Law Firms", *Social Problems*, 59(3): 389−410.

Wenk, D. and P. Garrett(1992), "Having a Baby: Some Predictions of Maternal Employment Around Child−birth", *Gender and Society*, 6(1): 49−65.

CHAPTER │ 02 **커리어우먼의 일과 경제력**

한국의 젊은 여성들 중 상당수는 커리어 쌓기를 희망하고 있다. 커리어 우먼에 대한 선망은 비단 젊은 여성에게만 국한되지 않고, 커리어우먼을 아내로 맞이하고 싶은 남자 대학생들이나 예비 시어머니들의 며느리에 대한 희망사항과도 맥을 같이 한다. 다수의 젊은 여성들이 커리어우먼을 선망하는 이유는 안정된 일자리와 경제력 확보를 위해서이다.

한국사회에서 커리어우먼이 가시화되기 시작한 것은 비교적 최근으로, 여성의 고학력화와 더불어 평생직을 추구하는 여성들이 늘어나면서부터이다. 커리어우먼은 똑똑하고 경제적 여유가 있으며, 당당하다는 식의 이미지나 고정관념은 널리 유포되어 있으나 커리어우먼에 대한 정확한 정의나 이들의 삶과 경험에 대한 구체적 연구는 찾기 어렵다. 이 장에서는 "오랜 기간 동안 자신의 일을 수행하고 경력을 쌓음으로써 일을 통해 직업지위를 구축해왔고, 앞으로도 지속적으로 일을 해나가고자 하는 의지가 있는 여성"으로 커리어우먼을 정의하고자 한다.

┌─ 01 **높아지는 평생직에 대한 열망**

커리어우먼과 가장 유사한 주제로 연구된 분야로는 고학력 여성이나 전문직 여성에 대한 연구를 들 수 있다. 전문직 여성에 대한 연구들에서는 소수 여성만이 성공했던 현실을 부각시키고 있다. 하지만 다수 여성들은 자율성이 부족한 전문 보조직에 몰려있거나(강이수 외, 2015), 직장에서 실질적 권력이 약하고 명목적인 '토큰(token)'으로서의 지위를 지닐 뿐(조주현, 2000), 조직에 숫자상 영향을 줄만큼 '임계수준(critical mass)'의 집단을 이루지 못하고 있었다 (진수희, 1999). 또한 성차별적인 조직문화는 남성 중심적 기준으로 구성원의 능력을 평가함에 따라, 고학력 전문직 여성들은 자신의 일이 낮게 평가되는 구조적 제한을 경험해왔다(김현미, 2001; 손승영, 2005).

오늘날 커리어우먼에 대한 논의는 이전과는 사뭇 다르다. 커리어우먼은 일하는 여성들 중에서도 경제적으로 안정되어 있으며 성별 임금 차이가 적으며, 성차별적 요소도 비교적 약할 것으로 이해된다. 출중한 업적을 자랑하는 '알파걸' 이미지나 많은 사람들의 부러움을 산다는 '엄친딸(엄마 친구의 딸)' 등 두각을 나타내는 여성들의 경제력은 때로는 남성들보다도 더 높은 것으로 나타나고 있다. '돈의 파워'가 점점 중시되고 있는 21세기 한국사회에서 경제력 확보의 의미와 결과가 커리어우먼의 삶에 있어서는 어떻게 나타나고 있는지 파악하는 것이 중요하다. 성공담론이 판치고 각종 매뉴얼이 출판되는 가운데, 한국의 커리어우먼들은 스펙 쌓기에 성공해서 그들을 가로막고 있었던 '유리 천장'을 뚫고 날개를 펼 수 있을지에 대한 관심도 일고 있다.

최근 여성들을 대상으로 '자기개발서'가 늘어난다는 사실은 여성들이 성공하기 위해 고심하며, 어떤 방법으로 시간과 돈을 투자해서 목표를 이룰 수 있을지에 대한 고민이 늘어나고 있음을 시사한다. 젊은 여성들은 그 어느 때보다 자신을 위해 투자하고 성공을 위한 경쟁에 뛰어들 준비가 되어 있다. 1970년대만 해도 경제적으로 여유 있는 집안의 딸들만이 대학에 진학했고 그 중에서도 소수만이 평생직을 갖기를 희망했다. 대학을 졸업해도 다수는 전통적 성역할에 준해, 안정된 직업을 가진 남자를 만나 결혼해서 자녀를 낳고 잘 키우는 것이 행복한 여성의 삶이라고 여겼다. 그런 사회적 풍토 속에서 소수의 여성들은 슈퍼우먼 역할을 해내면서 일과 가정을 병행하는 선구자로서의 모습을 보여주었다. 하지만 이들은 여성답지 못하고, 투쟁적이고, 남성다운 성격을 가진 예외적 존재들로 인식되곤 하였다.

이제 21세기 한국사회에서는 다수의 여성들이 대학에 진학하는 시대가

되었다. 젊은 여성의 과반수가 고학력자가 되면서 자아실현에 대한 의지가 그 어느 때보다 높아지고 있다. 많은 여성들이 전공을 살리고 자신이 원하는 삶을 구가하겠다는 의지가 강해졌으며, 사회에서 성공하는 여성들의 숫자도 눈에 띄게 늘어나고 있다. 최근 매스컴에서 자주 등장하는 '여풍당당(女風堂堂)'이라는 용어가 설명하듯이, 여성들의 고위직 진출이 늘어나고 있다. 5급 이상 공무원 합격자 비율만 보더라도 2000년에 비해서도 2배가량 증가하였다. 2016년의 경우, 공무원 시험에 합격한 여성의 비율은 외무고시가 70.7%로 가장 많고, 5급 공채시험 41.4%, 사법고시 36.7%로 증가세를 보이고 있다. 7급 공무원 합격률은 41.7%이고 9급 합격률은 57.6%로 여성 비율이 지속적으로 늘어나고 있다(<표 1>). 또한 2015년의 경우 판사나 검사 등의 법조인 중 여성이 차지하는 비율은 24.1%로 2000년의 3.1%에 비해 8배 정도 증가함으로써 그 변화 속도가 얼마나 빠른지를 확인할 수 있다(통계청, 2017).

여성을 위한 자기개발서에서도 커리어우먼에 대해서는 똑똑한 여자 또는 당찬 여성들로 이해하고 있다. 『성공하는 여자는 당당하게 때론 뻔뻔하게』라는 저서 제목에서 알 수 있듯이 오늘날에도 성공한 여성들은 여전히 일반 여성들과는 다른 성격을 지니고 있다는 식으로 차별화된다. 시대가 달라지고 많은 여성들이 평생직을 선호하며 실천하는 21세기에도 여전히 선입견이 작동하고 있으며, 과거처럼 노골적이지는 않지만 은근히 차별적 시선으로 바라보기도 한다.

커리어는 평생을 통해 형성되기 때문에, 긴 시간 동안의 노동 경험을 통

<표 1> 공무원 채용시험 여성 합격자 비율					(단위: %)
	5급 공채시험[1]	외무고시[2]	사법시험	7급[1]	9급[1]
2000	25.1	20.0	18.9	16.6	37.4
2005	44.0	52.6	32.3	27.7	44.9
2010	47.7	60.0	41.5	37.0	43.3
2015	48.2	64.9	38.6	39.9	52.6
2016	**41.4**	**70.7**	**36.7**	**41.7**	**57.6**

주: 1) 기술직 제외.
   2) 2014년부터는 외교관 후보자 선발 합격자 기준.
자료: 통계청, 『2017년 통계로 보는 여성의 삶』.

해 일의 의미를 구축하고 지위를 만들어가는 전 과정을 의미한다. 일이 개인의 삶의 일부가 되고 일과 삶이 합쳐서 '워라밸'을 만들어간다는 점에서 커리어 형성의 의의가 있다. 여성의 일과 커리어 형성은 단순히 '돈'을 번다는 것 이상의 의미를 지니고 있다. 커리어우먼들은 대부분 일을 한다는 자체에 대해 강한 자긍심을 지니고 있다. 평생 함께할 수 있는 일이 있다는 것이 심리적으로 든든하며, 자신의 삶에서 예상되는 불안 요인을 상당부분 제거하게 된다. 따라서 커리어우먼은 일에 대한 정체성이 강하며, 일의 세계와 관련해서 확고한 가치관을 지니고 있다. 개인의 삶에 있어서 불안정성과 위험요인이 점차 커지는 현대 사회에 계속 수행해나갈 수 있는 안정된 일은 여성들에게 자신을 지탱할 힘을 제공하고 그 자리에 계속 머물 수 있게끔 동기 부여를 해준다. 그렇기 때문에 일을 중단하고 쉬었을 때나 안정된 일이 주어지지 않았을 때, 여성들은 심적으로 힘들어지는 경험을 하게 된다. 커리어우먼들은 집에서 살림만 산다면 다람쥐 쳇바퀴 도는 듯 하는 일상을 탈피하기 힘들 것으로 예상하고 있으며, 가정에서의 좁은 경험에서 벗어나 자신의 능력을 발휘할 수 있다는 점에서 일에 대한 자긍심을 느낀다. 특히 수입이 불규칙한 프리랜서의 경우 안정된 수입이 확보되면 그 바닥에서 살아남았음을 의미하고 앞으로도 계속 일을 할 수 있다는 가능성을 내포하고 있다. 수입 그 자체의 중요성뿐만 아니라 일의 지속성을 보장받는다는 의미에서도 고정수입을 중요하게 받아들이고 있다는 것이다.

1990년대 초반 일하는 젊은 여성들을 위한 의류 브랜드들이 만들어지면서, 새로운 여성상을 강조하는 광고 카피들이 등장하기 시작했다. 첫 직장인 제일기획에서 계속 근무하던 최인아 카피라이터는 1990년대 커리어우먼의 이미지를 강조하는 광고를 탄생시켰고 2007년에는 여성 최초로 삼성의 전무로 승진한 바 있다. 많은 여성들에게 각인되어 커리어우먼 이미지를 대중화시키는 데 기여한 그 광고 카피는 "그녀는 프로다. 프로는 아름답다."였다. 일하는 여성의 프로페셔널리즘이 강조되고 자아실현에 대한 의지가 강해지면서 젊은 여성들은 직장에서나 일에서 프로가 되기를 희망했다. "프로는 아름답다."는 광고 카피가 시사하듯이 평생직을 선망하는 고학력 여성들은 전문성을 인정받아서 프로로 성공하기를 원한다.

한국사회에서 여성들은 평생 직업을 갖기를 희망하는 방향으로의 변화를 보이고 있다. 이와 같은 경향은 일반 여성들의 태도에서도 그대로 드러난다. <표 2>에서 나타난 대로 1988년 가정과 관계없이 취업하는 데 찬성한 여성 비율은 16.7%에 불과했으나, 2017년에는 58.9%의 여성들이 찬성함으로써 3배 이상 증가하였다. 반면 여자는 가정에만 전념해야 한다는 태도를 보인 여성은 같은 기간 동안 17.5%에서 4.7%로 줄어들었다. 또한 남성들의 여성취업에 대한 태도도 급격한 변화를 보여서, 1988년에는 여성이 가정과 관계없이 취업하는 것이 좋다는 남성의 비율은 8.4%에 불과했으나, 2017년에는 55.2%의 남성이 이에 찬성하였다. 결론적으로 21세기 한국사회에서는 남녀를 불문하고 다수가 여성이 평생직을 유지해서 경제적으로 기여하는 것이 바람직하다는 인식을 지니고 있다.

<표 2> 연도별 여성취업에 관한 태도						(단위: %)
(연도) 성별	결혼 전 까지 취업	첫 자녀 출산 전 까지	자녀 성장후 취업	결혼 전과 자녀 성장 후	가정과 관계없이	모르 겠음
(1988) 여성 남성	17.8 28.7	— 	— 	— 	16.7 8.4	—
(1998) 여성 남성	10.3 13.1	6.7 8.4	— 	— 	30.4 23.1	—
(2006) 여성 남성	4.1 5.9	6.0 8.8	11.9 14.3	27.2 27.6	50.8 43.3	4.3 7.4
(2017) 여성 남성	3.0 3.2	4.0 5.5	11.8 14.4	22.4 21.7	58.9 55.2	5.1 8.8

출처: 주재선, 2007, 『여성통계연보』, 한국여성정책연구원.
　　　주재선·송치선·배호중, 2017, 『2017년 한국의 성인지통계』, 한국여성정책연구원, 344쪽.

02 외환위기 이후 중시되는 여성의 일과 '사회적 인정'

21세기에는 한국 여성의 경제력이 중요한 화두로 등장하면서, 중산층 여성이 일을 하는 것에 대한 평가가 점차 긍정적으로 바뀌고 있는 추세이다. 이러한 변화는 우리나라에 갑작스럽게 닥쳐왔던 1997년의 외환위기 때부터 시작되었고, 이후에는 신자유주의시대 성공 가치관에 대한 공감대가 확산되면서 여성의 경제력이 한층 중요하게 인식되고 있다. 한국 사회가 경험했던 IMF 통치하의 외환위기 상황에서 경제적 어려움에 맞닥뜨린 한국 가족들은 씀씀이를 줄이고 새로운 경제상황에 맞춰나가야 했다. 가장이 실직한 가정에서는 심리적 긴장이 고조된 상태에서 심한 가족 스트레스를 경험했고 이혼 가능성이 높아지는 등 가족의 불안정성이 가중되기도 했다(장혜경, 1999). 경제 위기가 고조되자 '집에서 살림 잘하는 것'이 가족을 위하는 최선의 길이라고 믿던 중산층 전업주부들의 신념체계에도 변화가 일었다. 주부의 취업을 사치로 여기던 이전의 부정적 사고로부터 일대 전환을 가져오게 되었고 중산층에서 이탈하지 않기 위해서는 기혼여성들도 돈벌이에 나서야 한다는 공감대가 폭넓게 확산되었다. 남성 중심의 가장이데올로기에 일대 균열이 일어났고 주부도 공히 가정경제를 책임져야 하는 새로운 주체로 부상하기 시작했다. 기혼여성의 경제적 기여와 그 필요성에 대한 인식으로 인해 취업주부와 전업주부 사이의 경계가 허물어지기 시작한 것이다(손승영, 2007). 똑똑한 여성이라면 누구라도 가정경제에 민감해야 하고 경제적 이득을 더 창출하기 위해 노력해야 한다는 생각이 널리 유포되었다. 또한 경제적 성취의 중요성은 기혼여성에게만 국한되지 않고 미혼여성이나 대학생에게도 전파되기 시작했다. 미혼여성들은 결혼 후에도 할 수 있는 일을 찾아 커리어를 쌓기 위한 준비에 주력하고, 대학생들도 아르바이트를 해서 용돈을 벌고 등록금 마련에 보탬이 되어야 한다는 생각을 실천에 옮기게 되었다. 이와 같이 외환위기는 가장이데올로기를 약화시킴과 동시에, 가족구성원이 모두 경제적 책임을 통감하며 자립심을 키우는 데 영향을 미쳤다.

IMF 경제 한파의 찬바람 속에서 높은 경쟁률을 뚫고 어렵게 입사한 여성들은 자신의 새 일자리가 소중하게 여겨져서 더욱 열심히 일했고 높은 강도의 노동도 마다 않고 헌신한 경향이 있다. 경제 위기 전에 입사한 여성들은 면접 후 합격 통보를 받은 몇 군데 기업들 중에서 원하는 곳으로 골라가는 여유도 있었다. 하지만 경제 위기가 터지자 구조조정으로 인해 신입사원의 숫자가 줄어들었고 대졸 여성이 뽑힐 확률도 적어지자, 취업을 하게 되더라도 이전과는 달리 조직 구성원 개개인이 강도 높은 노동을 하지 않을 수 없게 되었다. 실제로 학번에 따라 직업경쟁의 차이가 있었는데, 92학번까지만 해도 IMF 외환위기 이전에 졸업을 했기 때문에 명문대 출신인 경우 3~4군데의 회사에서 오라고 하는 등 취업걱정은 전혀 없었다고 한다. 그랬기 때문에 직장에 들어가고 나서도 남 눈치 보지 않고 어느 정도 편하게 일을 시작했다고 한다. 하지만 94학번의 경우는 전혀 다른 상황이었다. 대학 졸업 전후로 닥친 경제 한파로 인해 취업불안에 시달려야 했으며, 취업이 되고 나서도 회사의 눈치를 보면서 생존방안을 모색하곤 했다고 한다(손승영, 2011).

1995년에 대기업에 입사하여 현재는 민간재단에 과장으로 일하는 한 여성은 자기 세대가 처음으로 스펙 쌓기를 경험했다고 한다. 부서별 평가를 시작하면서 사원들의 능력을 점수화하게 되었는데, 각 부서에서는 평가 점수가 높은 신입사원들을 서로 모셔 가려는 경쟁을 벌였다. 컴퓨터나 OP 정도의 자격증, 소수의 어학연수 경험자 등 스펙을 겸비한 신입사원들도 인기가 좋았다고 한다. 그랬기 때문에 노동시장에서 불이익을 경험하던 여성들이 자격증을 취득함으로써 경쟁체제에서의 반사이익을 노리기도 했다. 또한 자격증만으로는 부족해서 취업 후에 대학원을 다니거나 MBA를 취득함으로써 경쟁력 강화를 위한 노력을 기울이기 시작했다고 한다. 취업 그 자체를 위해서도 학점, 학벌, 토플, 연수경력이 기본으로 요구되었다. 이처럼 기본 스펙을 검증받고 회사에 다니기 시작한 세대들은 앞서 입사한 선배들의 어학실력이 자신들에게 못 미친다는 것을 어렵지 않게 파악할 수 있었다. 하지만 이것은 취업 당시의 요건일 뿐, 취업 후에는 일을 잘하기 위해서 요구되는 과제수행 능력과 문제해결 능력을 갖추기 위해서 끊임없이 노력해야 했던 경험이 있다. 과거 소수 여성들이 일하던 때에는 일하는 것만으로도 타인과 차별화될 수 있었다. 하지만 일하는 여성이 늘어나고 많은 여성들이 커리어를 추구하게 되자, 취업한 후에도 꾸준한 노력과 스펙 쌓기를 통해 직장에서 인정받고 자신의 주가를 올려야 하며 실제로 일을 잘 하는 것이 중요하게 되었다.

경제력은 커리어우먼들이 일을 지속할 수 있는 근거를 제공함과 동시에 주위 사람들로부터 인정받을 수 있는 중요한 기제가 된다. 특히 자본주의 가치가 팽배한 현대 한국사회에서 경제력은 여성의 일에 있어서 필수 개념으로 등장하고 있다. 커리어우먼들은 연봉이 직장에서 자신의 능력을 입증하는 하나의 척도이므로 몸값과 노력 결과를 반영한 액수라고 믿고 있었다. 일터에서의 승진을 위한 노력은 임금과 직결되므로 협상력을 증진시킬 필요가 있다. 따라서 커리어우먼들은 능력에 걸맞은 대우를 받아야 한다는 생각이 강하며, 자신이 한 일은 모두 월급으로 보상되어야 한다고 인식하는 편이다.

여성의 경제력이란 원하는 것을 구매하거나, 투자나 재테크 능력을 증진시킨다는 의미 이상으로 여성의 일에 대해 사회적 인정의 수단을 확보하는 방법이 되었다. 남성에게 일이 필수이고 당연시되는 현실에서 남성들은 월급이 적더라도 일에 대한 정당성이 부여된다. 수입이 적은 일을 하더라도 앞으로 더 벌겠지라는 생각으로 정당화되며, 더 벌기 위해 많은 돈을 투자하는 것이 의문 없이 받아들여지곤 한다. 반면, 여성의 일은 고시를 패스하거나 박사학위를 취득하는 등 확고한 사회적 지위를 수반하지 않는 한 그 의미에 대해 끊임없이 의문시된다. 즉, 커리어우먼들은 직업 지위나 경제력을 이용해서 일의 필요성에 대해 지속적으로 증명해 보일 것을 요구받고 있는 셈이다. 특히 여성의 경우 일은 필수가 아니라 선택 가능한 것으로 여겨지고 있는 풍토에서 돈을 못 벌거나 적게 버는 일을 할 경우에는 전통적 젠더 역할에 회귀할 것을 강요받곤 한다. 미혼여성에게는 일 때문에 결혼 기회를 놓친다고 힐책하고 기혼여성에게는 일 때문에 집안일을 소홀히 한다거나, 아이를 가질 생각조차 안한다고 쉽게 비난한다. 뿐만 아니다. 기혼여성들이 대체노동을 활용할 경우에는 "남한테 쓰는 돈이 아깝다", "그것 밖에 못 벌면서 아예 집에 들어앉아서 살림이나 하는 게 낫지" 등 공격을 퍼붓기도 한다. 즉, 경제력이 결여되어 있거나 지위가 낮은 여성의 일은 전통적 젠더 고정관념에 준해서 끊임없이 손익계산서를 발동시키는 관행에 따라 비난과 공격의 근거가 되기도 한다. 반면, 보수나 직위가 높거나 안정적인 전문직의 경우에는 여성의 일이 훨씬 더 쉽게 수용되고 정당화되며, 가족의 지지도 쉽게 끌어낼 수 있다. 뿐만 아니라 주위에서의 일 중단 압력이 약화되거나 없어지게 됨에 따라 일을 통한 자아실현이 더욱 가능해지고, 걸림돌이 없거나 제거된 상태로 옮겨가기가 용이해진다. 이와 같이 커리어우먼에게 경제력은 일을 지속할 수 있는 중요한 수단이자, 주위 사람들로부터 자신의 일을 인정받게 되는 기제이기도 하다. 즉, 커리어우먼의 경제력이 높거나 지위가 안정적일 때에는 가부장적 가치나 전통적 성역할에 준한 공격이 무화되면서 자신이 원하는 일을 지속적으로 할 수 있는 근거를 강화시킨다. 이는 단순히 돈의 액수에 의한 경제력만을 의미하는 것이 아니라 안정적인 경제적 지위와 연결된 여성의 일에 대한 '사회적 인정'을 의미하며, '일 영역의 불가침성'을 강화시키는 방법이 된다.

03 여성의 경제력과 그 의미

1) 자립과 심리적 든든함을 보장

여성들은 매달 정기적으로 들어오는 수입이 있으면 심리적으로 든든해짐과 동시에 일에 대한 자긍심을 갖게 된다. 커리어우먼은 구비하고 있는 경제력으로 인해 원하는 것을 구매할 수 있는 여유가 생길 뿐만 아니라 미래를 위해서도 대비할 수 있게 된다. 과거에는 경제력 있는 남편을 만나 편안하게 사는 것이 여자의 행복이라는 생각이 강했다. 하지만 오늘날 여성들은 남편이 돈을 잘 버는 경우에도 본인 수입이 필요하다는 신념이 확고하다. "돈 잘 버는 남편이 있는데 편하게 살지!"라는 말을 자주 들어도 남편 돈은 남편 돈일 뿐이라고 생각한다. 오히려 남편의 수입과 비교해서도 기죽지 않고 당당해지고 싶어서 더 많이 벌고 싶다는 의지를 나타내기도 한다. 즉, 남편의 재력과 상관없이 일터에서 능력을 발휘하고 싶으며, 자신의 수입은 능력만큼의 보상이므로 정당한 평가나 안정성을 위해서라도 고정수입이 필요하다는 입장이다. 또한 여성의 일은 봉사일 수 있다고 믿는 생각에 대해서도 저항하는 경향이 강하다. 남자는 일을 해서 수고한 만큼 돈을 버는 것이 당연하고 여자는 무보수로 봉사하는 것이 바람직하다는 사회적 코드나 헌신 요구에 대해 거부하는 태도를 보이고 있다. 여자에게도 높은 임금이 중요하고 돈 버는 만큼 자궁심이 생긴다고 믿는다. 뿐만 아니라 결혼 생활을 하다보면 이것저것 필요한 것이 많기 때문에 여성들도 재테크에 관심을 갖지 않을 수 없다. 미혼 때는 돈에 대해 전혀 개의치 않다가도 결혼을 하고 나면 돈을 모아야 한다는 필요성을 스스로 깨닫게 되기도 한다.

기혼여성들은 고정적인 수입이 있어야 비로소 가족으로부터 독립적인 존재로 인정받게 된다. 부모나 남편으로부터 홀로서기를 할 수 있으며, 때로는 남편에게도 경제적으로 도움을 줄 수 있기 때문이다. 남편을 위한 내조의 방법이나 내용 자체도 많이 바뀌어서 과거에는 아내로서 정서적 도움이나 노동 서비스를 제공하는 것이 내조라고 생각하던 것과는 달리, 이제는 여성의 경제적 기여를 더 중요한 내조로 판단한다. 게다가 이혼율이 높아지는 최근의 추세를 감안하여, 혼인생활이 평생 보장되지 않을 수도 있다는 점을 인식하게 된다. 소위 백년가약을 맺고도 헤어지는 주변의 사례들을 보면서 앞으로 닥칠 위험 요인에 대한 안전장치를 마련해두겠다는 생각이 강하다. 미혼 여성의 경우에는 앞으로도 계속 홀로 살 수도 있기 때문에 경제력이 자신의 노후보장이 된다는 점을 강조한다. 요즘은 결혼에 모든 것을 걸기에는 불안한 시대여서 배우자를 찾는다고 해서 꼭 자기 맘에 드는 사람을 만나기도 어렵거니와 만나더라도 그 결혼이 영구히 지속되리라고 기대하기 어렵다. 이제는 결혼 자체가 불안정한 제도가 되어버렸기 때문에 스스로 돈을 벌고 능력을 키울 수밖에 없다고 생각한다. 그렇기 때문에 자신의 명의로 된 돈은 미래의 불안에 대한 담보물이자 보험 기능을 하고 있다. 특히 정년 연령이 낮은 직장에 다니는 여성은 멀지 않아 다가올 정년을 대비해서 돈을 모아둬야 한다는 생각이 강하다. 커리어우먼들은 고정수입이 있다는 것에 대해 매우 만족하며, 경제력 확보의 필요성을 강하게 내면화하고 있다.

경제력의 의미는 커리어우먼들에게 이중적으로 나타났다. 첫째는 돈에 대한 필요성을 인정하는 부분이다. 둘째는 커리어 유지를 위해서는 일의 안정성 강화가 필요한데, 이를 위해서라도 경제 수준이 뒷받침되어야 한다는 것이다. 안정된 소득이 있다는 것은 커리어우먼에게 심리적 안정을 제공할 뿐만 아니라 든든한 지지대 역할을 한다. 상당한 액수의 고정수입이 있다는 것은 커리어우먼의 자긍심을 고취시키고 일하는 여성으로서의 정체성 확립에 도움을 준다. 특히 일을 하다가 잠시라도 쉬어 본 여성들은 고정수입이 없을 때 느끼는 불안감에 대해서도 잘 알고 있다. 고정수입이 있다가 없어지는 것은 매우 두려운 일이기 때문이다.

2) 경제력으로 인한 자율성 증가

커리어우먼들은 고정수입이 있음으로써 원하는 여가나 소비를 즐길 수 있는 여유가 있음을 중요시했다. 그런데 가장 중시하는 것이 무엇인지에 대해서는 혼인상태별로 차이가 났다. 미혼의 경우에는 술을 마시거나 여행을 가거나 내가 사고 싶은 것을 살 수 있는 여유를 제일 강조한 반면, 기혼여성들은 돌봄 서비스를 대신할 인력에게 대가를 지불할 수 있는 여유를 중시하는 쪽으로 나눠진다. 미혼의 경우는 가족을 위해서보다는 자신을 위해서 주로 지출하며 개인적 취향에 따른 소비, 자기계발, 스트레스 해소 등을 우선시한다. 하지만 자신이 원하던 대로 자유롭게 소비를 하던 미혼여성들도 나이가 들거나 결혼을 하게 되면 목돈 마련의 필요성을 깨닫게 된다.

기혼여성들의 경우에는 대체 인력을 고용하여 가족 돌봄 서비스를 위해 지불할 수 있는 능력을 중요하게 생각한다. 육아도우미를 구할 수 있다거나, 부모님께 자녀를 맡기고 감사 표시로 매달 생활비를 보조해드릴 수 있는 여유를 중요시한다. 기혼여성들은 자신이 번 돈으로 타인을 고용해서 자신이 원하는 방향으로의 가족 가치를 실현하는 경향이 강하다. 자녀를 잘 양육하고 남에게 뒤지지 않도록 교육시키고 싶다는 자신의 욕망을 중시한다. 이들은 자녀를 위한 돌봄이나 교육서비스는 타인에게 맡겨두고 있지만, 결국은 본인들이 직접 챙기고 개입해서 확인해야 하는 점이 많다. 남편과의 관계에서는 생활비를 분담하거나 집을 공동 명의로 하는 등 상당히 성평등한 경향을 보이는 사례들이 많았다. 커리어우먼들 사이에서의 대세는 각자 자신의 돈을 관리하면서 일정 부분 공유하는 것이다. '따로 또 함께' 식의 돈 관리 형태를 보이고 있는데, 함께 모은 생활비는 아내가 주로 관리하고 예금이나 투자는 각자 명의로 하고 있다. 각자의 수입을 둘러싸고 부부는 협조 관계에서 긴장을 유지하는 모습이 나타나기도 한다. 맞벌이 부부에게 경제력은 부부간 협상체계를 구축하기도 하며, 자신의 경제권을 확보하는 수단으로도 활용되고 있다. 하지만 아내가 생활비를 관리하는 경우에도 남편은 돈 씀씀이에 대해 체크하기도 하고, 자신의 월급을 통째 맡겼다가도 계좌를 바꾸는 등 맡긴 돈을 뺏어가기도 한다. 이러한 경우 여성들은 남편으로부터 '위임된 권한'을 일시적으로 행사했을 뿐임을 알 수 있다.

또한 다수의 커리어우먼들은 자신이 번 돈으로 부모에게 효도하고 용돈을 드릴 수 있다는 점이 돈 버는 기쁨 중의 하나로 여기고 있다. 기혼여성의 경제력 확보는 원 가족과의 관계를 원만히 유지하는 데 기여하고 있다. 하지만 이들 중에서는 며느리도 돈을 번다는 이유로 시부모가 돈 받는 것을 당연시하거나 더 많은 돈을 요구해서 심적인 부담을 느끼기도 한다. 여성의 경제력이 가족관계에 있어서의 유연성을 증진시키는 데 기여하고 있지만, 다른 한편으로는 돈 버는 여성에 대한 과다한 기대와 주변인의 경제적 의존성을 강화시키는 부분에 대한 고민도 아울러 지니고 있다(손승영, 2011).

3) 소비력 향상과 생활양식의 변화

최근 들어 드라마나 신문, 광고 등 대중매체를 중심으로 커리어우먼에 대한 사회적 관심이 높아지고 있으며, 특히 이들 매체들은 커리어우먼의 경제력에 주목해왔다. 2007년에는 수입이 높은 미혼 커리어우먼의 소비능력을 강조해서 '골드미스(gold miss)'라고 일컫는 신조어까지 등장했다. 한 잡지에서는 '대졸 이상의 학력, 전문직 종사자, 연봉 4천만 원 이상, 아파트 혹은 개인자산 8천만 원 이상, 취미는 골프나 해외여행'이라고 매우 구체적으로 골드미스의 요건을 소개하기도 했다(레이디경향, 2007년 5월 호). 이에 반해 유사한 일을 하더라도 수입이 적고 직업지위가 낮은 여성들은 '실버미스'로 등급이 매겨지는 등 물상주의 가치가 팽배한 우리사회에서 경제력이 수반되지 않은 일은 가치를 인정받기 힘들다. 골드미스는 멋진 취향과 세련된 생활양식을 갖고 있다고 이상화되어 선망의 대상이 되고 있는데, 이러한 사회적 평가는 신문기사들 제목만 보더라도 쉽게 감지된다. '돈, 외모, 능력 삼박자를 갖춘 완벽 커리어우먼', '돈 잘 벌고 남들에게 인정받는 커리어우먼', '부러울 것 없는 완벽한 커리어우먼' 등으로 소개되어왔다. 오늘날의 소비자본주의 사회에서 광고들은 커리어우먼을 새로운 소비주체로 부각시키고 있으며, 커리어우먼의 높은 경제력을 둘러싸고 새로운 담론들을 쏟아내고 있는 것이다.

소비시장에서는 구매력을 갖춘 커리어우먼을 대상으로 여성우대 공간을 만들고 각종 서비스와 제품을 선보이고 있다. 물질적 취향과 문화적 취향을 두루 갖춘 것으로 인정받는 커리어우먼은 원하는 것을 마음껏 소유할 수 있다는 점에서 사회적 영향력을 과시하고 있다(모현주, 2006). 서구에서 젊은 여성들의 소비수준과 영향력으로 주목되는 '칙릿파워(chick-lit power)'를 한국의 골드미스들도 갖추고 있는 것으로 인정받는다. 커리어우먼을 둘러싼 변화와 담론들은 보드리야르(Baudrillard, 1991)가 지적했던 소비사회의 전형적 모습을 담아내고 있다. 높은 직업 지위를 지닌 커리어우먼들은 타인과 구별되는 기호를 지니고 있을 뿐만 아니라, '구별 짓기' 과정에서 자신의 높은 계층 지위와 연결된 물질적 취향을 드러내고 있는 것으로 특징된다. 상류계층으로서의 지위에 적합한 물질적 여유(베블렌, 1983)뿐 아니라, 취향이나 매너를 드러낼 수 있는 문화자본(부르디외, 1979)까지도 지님으로써 커리어우먼은 자신들만의 차별화된 특징을 드러낸다. 소비자본주의 사회에서 커리어우먼의 이미지 만들기는 실제 모습과는 차이가 있지만, 물상주의 가치가 확산되는 한국 사회에서 구매력과 문화적 취향 중심으로 커리어우먼이 부각되는 과정은 일하는 여성에 대한 평가가 긍정적으로 전환되는 계기가 되기도 했다. 구매력과 취향 중심의 '칙릿파워'가 여성의 일에 대한 사회적 인정이라는 커다란 맥락에서 긍정적 영향을 끼쳐온 것이다.

그러나 여성의 경제력과 구매력 향상이 과연 자율성 증대나 '세력화(empowerment)'에도 긍정적인 영향을 미치는지에 대해서는 학자에 따라 상반된 입장을 보이기도 한다. 여성의 경제력 확보의 필요성을 오래전 제기한 초기 마르크스주의자들은 여성의 임노동 참여와 노동시장에서의 정당한 대우가 여성지위 향상을 위해 필수적이라고 믿었다(Marx, 1967). 또한 아내가 남편으로부터 경제적으로 독립함에 따라 가정 내에서의 남성지배는 약화될 것으로 예상했다. 하지만 후기 사회주의 페미니스트들은 여성의 임노동 참여가 증가하더라도 남성지배는 지속될 것이라는 다소 다른 전망을 내놓았다(스콜로프, 1990). 가정 내에서의 불평등은 약화되더라도 남성 중심으로 조직되어 있는 노동시장에 구축된 가부장적 문화는 유지될 것으로 본 것이다. 뿐만 아니라 여성노동의 착취를 통해 결국 남성들이 더 많은 물질적 이득을 취할 것이라고 예상하기도 했다(Hartmann, 1976). 이와 같이 여성의 경제력 확보에도 불구하고 불평등한 젠더관계가 지속될 것이라는 우려가 제기된 가운데(Zaretsky, 1976), '동일노동 동일임금' 체계가 이루어지면 가정과 사회에서의 여성 지위가 성평등하게 바뀔 것이라는 기대 또한 공존해오고 있다.

여성의 경제력과 소비파워 증대가 여성의 세력화에 미치는 영향에 대해서도 대립되는 입장을 찾아볼 수 있다. 긍정적인 입장에서는 여성의 경제력 향상을 가부장적 젠더 체계를 뒤집을 실탄구축 과정으로 해석한다(Felsky, 1995). 여성들의 경제력이 강화되면 자신이 번 돈으로 남편이나 부모에 의해 통제받지 않는 자유로운 소비와 생활이 가능해서 가부장 질서에 균열을 가하게 된다는 것이다. 반면 부정적으로 바라보는 입장에서는 여성의 소비력 증가가 무엇을 의미하는지에 대해 관심이 있다. 여성의 경제력이 명품백이나 비싼 화장품, 성형수술 등 여성성을 강화하는 상품의 구매에 연결된다면, 커리어우먼은 가부장적 제도에 대해 반기를 들기보다는 오히려 전통적 성역할을 지속시킬 가능성이 있다고 본다. 상업주의가 팽배한 사회에서 여성들의 소비 증가는 가부장적 젠더질서에 대해 진정한 저항을 이끌어내지 못한다는 것이다(이영자, 2000:64-66). 상업주의에 의해 포장된 소비문화는 새로운 유행이나 변화하는 이미지를 만들어내지만, 결국에는 여성의 굴레를 또다시 가중시키게 됨을 지적한다. 이와 같이 여성을 소비 주체화해서 여성의 당당함을 강조하는 시장의 전략에 대해서는 회의적인 측면이 크다. 많은 여성들이 자신이 번 돈으로 소비를 늘린다고 해서 자율성이 증대된다고 해석할 수 있는지에 대해서는 생각해볼 여지가 있다. 여성들이 처해있는 다양한 고민과 불안의 지점들을 소비를 통해서 해소하려는 경향성을 문제 해결력의 증대로만 볼 수 없기 때문이다.

┌ 04 커리어 유지의 어려움과 극복 방안

1) 강도 높은 일과 경쟁 체재

커리어우먼들은 경쟁적인 조직사회의 분위기로 인해 일의 강도가 높고 매달 받는 액수 이상으로 일해야 버틸 수 있다. 끊임없이 일터에서 자신의 능력을 입증해야 하며, 승진을 향한 노력을 경주해야 하는 어려움이 있다. 일의 강도가 높은 직종에서 일하는 커리어우먼들은 수입 때문에 많은 일을 할 때에는 삶의 질을 저해하게 되므로 일의 양을 조절할 필요가 있다. 일을 잔뜩 맡아 놓고 제대로 수행하지 못할 경우에는 자신감이 저하되므로, 너무 많은 돈을 벌기 위해 자신을 희생하는 것은 현명하지 못하다. 일을 하면서 경제력을 강화하고 재테크를 잘해서 돈을 모으는 것은 중요하지만, 많이 벌려고 기를 쓰고 노력할 필요까지는 없다는 것이다. 돈에 매달리면 일에 파묻히게 되어서 삶의 질을 희생하는 원인이 되기 때문이다. 따라서 돈이라는 자체가 커다란 굴레가 되므로 보상과 자기관리 사이에서 수급 조절을 해야 한다.

이는 일의 귀천을 강하게 따지고 직업별로 줄 세우기를 하는 한국 사회의 현실에 대해 비판적인 측면에서 따져볼 필요가 있음을 시사한다. 소위 잘나간다는 여성들은 조직사회 내에서 힘든 생존경쟁과 승진경쟁을 경험하고 있다. 또한 수입에 비례해서 능력이 평가된다는 생각으로 능력을 입증해야 하고 경쟁에서 뒤지지 않기 위해서 커리어우먼은 삶의 질을 희생하기도 한다. 일부 커리어우먼들은 성과 위주로 진행되는 남성 중심적 조직문화를 적극 수용하고 있다. 따라서 일정 수준의 경제력을 확보하기 위해서는 받는 돈 이상으로 열심히 일해야 하므로 힘들다는 생각도 아울러 하고 있었다. 강한 경쟁체제 속에 함몰되어 있기 때문에, 경제적 보상이 능력의 지표라는 믿음을 드러내고 있기도 하다. '보상 극대화' 이면에 감춰진 모순점들은 모두 사장되고 있는 것이다. 주어진 일과 조직문화에 적응하려다 보니 무비판적이 되고 체제에서 살아남는 것에만 급급하기도 하다. 신자유주의시대에 강화된 경쟁체제의 수용은 커리어우먼들로 하여금 자율성을 추구하게끔 돕기보다는 자신을 위한 시간과 바람을 포기하게끔 만드는 측면이 있다.

2) 높은 수입목표와 자기관리 사이에서

다수의 커리어우먼들은 자신의 일에 만족하고 있으며, 대부분 일을 할 수 있는 한 오래 하고 싶다는 의지를 드러내었다. 또한 버는 액수의 중요성에 대한 강조는 '성공신화'를 내면화하면서 결과에 치중하는 한국사회의 전반적 요구와 유사하다. 일 자체는 즐겁지만 수입이 따르지 못하면 그만큼 불만이 쌓이게 된다. 많이 벌면 벌수록 좋다는 논리와 일을 통한 보람, 만족감, 지향성 사이에는 차이가 있다. 커리어우먼들은 열심히 일하고 승진경쟁에서 이기고 또 재테크도 많이 하는 좋은 환경에서 살면서 사회적으로도 인정받겠다는 욕심이 크다. 경제력에 대한 지나친 강조와 집착은 일의 의미를 퇴색시키는 면이 있다. 신자유주의시대 성공논리의 답습은 마치 커리어 스펙이 자신의 밖에 존재하며, 자신의 내적인 성찰과는 거리가 있는 것처럼 보인다. 성공신화 논리의 내면화는 외부의 압력과 사회의 기대치에 더 방점이 찍혀있고 자신 내부의 가치나 의미부여는 약화되는 경향이 있다. 이는 프리랜서의 경우에 더 극명하게 드러난다. 자신이 하는 일의 의미가 큼에도 불구하고 사회적으로 인정받기 위해 더 많은 시도나 노력이 끊임없이 가해져야 한다. 돈을 벌다가 못 벌게 되는 상황이 두렵기 때문이다. 일의 의미가 퇴색되고 '경제력'의 중요성이 강조되는 사회에서는 수입이 중요하므로 종사하는 직종 또는 의미창출은 중요하지 않고 궁극적으로 돈의 액수가 과도하게 평가받는 경향을 보인다. 일을 하는 의미나 과정보다는 돈만 벌면 된다는 목적만이 강조될 때도 있다. '돈이 굴레'라는 얘기가 시사하는 바가 크다. 일과 관련된 개인의 자발적 의사나 자율성은 줄어들고 수입에 매달리게 되는 타율적인 부분이 강화될 우려가 있다.

하지만 돈을 번다는 사실은 여성의 일을 정당화하는 근거가 되기도 한다. 맞벌이를 하지 않으면 자녀를 잘 키우기가 힘들다는 생각이 팽배해있고 샐러리맨인 남성들도 미래에 대해 불안하기 때문에, 일하는 아내를 둬서 자신이 일방적으로 져야 할 경제적 부담의 굴레에서 벗어나고 싶어 한다. 따라서 과거에 통용되던 '여자는 결혼해야 성공적이다'라는 코드에서 한 걸음 더 나아가 여성도 교환할 수 있는 물적 자원이 있어야 결혼도 쉽게 하고 결혼생활의 성공이 보장된다는 기대로 옮겨가고 있다. 즉, 일이 있고 직장이 있어야 결혼에도 성공할 수 있다는 사회적 기대로 인해 경제적으로 자립하고 가족들에게도 내놓을 것이 있는 여성이 더 당당해지고 있는 것이다. 이와 같이 여성의 경제력 구비로 인해 젠더관계에 있어서도 변화가 생겨나고 있다. 이제 여성들은 남편 돈을 쓰면서 사는 것은 불행하고 자존심 상한다는 것을 깨닫기 시작한 것이다. 돈벌이 일을 하는 것이 힘들더라도 스스로 벌고 경제력을 갖추는 것이 떳떳하고 의미 있다는 사실을 자각하고 실천하기 시작하였다.

3) 일과 가족 모두 챙기는 곱빼기 삶

기혼인 커리어우먼들은 일을 중요하게 생각함과 동시에 가족에 대해서도 상당한 책임감을 느끼고 있다. 다중 역할이 요구되는 시대이므로 이들은 엄마로서도 프로페셔널해야 한다는 사회적 압력을 강하게 느끼고 있다. 일하는 엄마들은 일의 세계에서는 나름대로 성공하였지만 자녀를 돌보는 데 있어서나 자녀교육을 담당하는 데 있어서는 뒤처지는 현실을 인식하고 있다. 즉, 기혼여성들은 일과 가정에서 모두 성공하기를 바라는 슈퍼우먼으로서의 성향을 드러내 보인다. 커리어우먼으로서의 소임을 하다가도 자녀 공부 뒷바라지가 부족한 점에 대해서는 갈등이 생기게 된다. 주위에서 초등학교 저학년 때는 엄마가 자녀의 공부 습관을 잘 길러줘야 한다는 얘기들을 자주 듣기 때문에 '교육매니저'로서의 엄마 역할에 대해 고민하는 것이다. 그렇기 때문에 기혼여성들은 자신을 위한 소비보다는 가족을 위한 소비나 가족의 지위 재생산에 도움이 되는 쪽으로의 소비를 더 중시하는 경향을 보이고 있다. 자녀양육을 위해 육아도우미에 투자하거나, 자녀의 질 높은 사교육을 위해 투자하거나, 가족모임을 위해 노동봉사를 할 수 없는 대신 돈으로 푸는 등 경조사 챙기기에도 신경을 쓰고 있다.

이상 살펴본 바와 같이 커리어우먼들은 높은 수입을 바탕으로 자신이 원하는 바를 실천에 옮길 수 있는 여지가 커졌다는 점에서, 경제력은 여성에게 '힘을 실어주는 기제(empowering mechanism)'로 작동하고 있다. 여성들은 자율성이 확대되고 자신의 삶을 당당하게 꾸려나갈 수 있다는 점에서 일에 대해 긍정적으로 평가하고 있다. 커리어우먼들은 이제 단순히 일터에서 '살아남기'나 '버티기'를 넘어서서 남성과도 맞서 경쟁하고 성공하기를 갈망하고 있다. 또한 여성의 경제력은 개인의 능력을 입증하는 성공지표로 간주되고 있을 뿐만 아니라 여성의 자긍심과 자아정체성 형성에도 영향을 미치고 있다. 자신의 일과 수입을 갖겠다는 목표가 강화되고 있으며, 대학 졸업이나 결혼 후에 다른 사람에게 경제적으로 의존하지 않겠다는 주체적인 태도를 보이는 경우들이 늘어나서 일은 커리어우먼의 정체성 확립에 영향을 미치고 있다(Linda Alcoff, 2005).

하지만 대부분의 기혼여성들은 자녀 돌봄에 대해 신경을 쓰고 있으며,

여성 수입의 일부를 돌봄 서비스와 가사노동의 대체비용으로 제하는 계산법은 여전히 작동되고 있다. 사회주의 페미니스트들이 오래전부터 지적해온 바 있는 가부장제와 자본주의 논리의 묘한 결합은 오늘날을 살아가고 있는 커리어우먼의 삶 속에서도 부분적으로 영향력을 행사하고 있다. 커리어우먼들은 경제력의 확보와 함께 일정부분 자율성을 확대해오고 있으나, 부분적으로만 강화된 형태로 나타나고 있다. 강화된 경쟁체제 속에서 일하는 여성으로 인정받고 존중받기 위해서는 일의 세계에 전념해서 더 많은 성과를 만들어낼 것을 강요받음과 동시에, 가족을 위해 돈과 시간을 투자할 것도 요구받고 있다. 여성들은 일을 하더라도 '가족과 아이들 챙기기에 주역을 담당해야 한다고 생각'하는 점에서 곱빼기 근무를 자청하고 있는 셈이다.

따라서 앞으로 커리어우먼들이 여성들의 오래된 문제인 가부장제와 자본주의에 바탕을 둔 문화적 압력에 대해 어떤 방식으로 새로운 해법을 찾아갈 것인지가 중요한 과제로 남아있다. 이 오래된 논리가 여성들의 내부에서도 동시에 작동하는 모순으로부터 고리 끊기, 여성이 경제적 자립을 구가하고 있는 만큼 남편과 자녀들의 가사참여와 협조, 자녀들이 스스로 자신의 일을 알아서 독자적으로 처리할 수 있는 역량 키우기, 엄마 이외에 돌봄 서비스를 제공하는 사람과의 관계 맺기의 중요성을 일찍부터 자녀에게 깨닫게 하는 부분 등이 앞으로의 중요한 실천적 과제로 여겨진다. 또한 일터에서의 협상력 높이기, 가족과 연계되지 않은 나만의 시간을 지속적으로 갖기, 가부장적 환경에 대한 비판적 목소리내기, 여성의 일을 폄하하는 의견에 대해 당당하게 맞서기 등의 구체적인 전략개발로 '부분적으로 강화된 자율성'이 내 삶에 있어서 '진정한 자율성'으로 작동될 수 있도록 만드는 여성주의 사고와 실천적 전략이 요청된다.

01 비혼여성과 기혼여성에게 있어서 일과 경제력이 필요한 이유를 각각 생각해보자.

02 본인의 인생설계에서 경제력이 필요한 이유를 생각해보고 경제력을 갖기 위해 어떤 노력을 해야 할지 고민해보자.

03 장래에 평생직을 유지하면서 살아가고자 할 때, 장단점은 무엇인지 정리해본 다음 예상되는 어려운 점들을 구체적으로 해결할 수 있는 방안은 무엇인지 토론해보자.

◆ 참고문헌

강이수 · 신경아 · 박기남(2015), 『여성과 일』, 도서출판 동녘.

교육인적자원부 · 한국교육개발원, 『교육통계연보』, 각 연도.

김현미(2001), 『여성과 직업』, 부산대학교 여성연구소, 제1장, 시그마프레스.

레이디경향(2007), "올드미스? 골드미스가 세상을 움직인다", 2007년 5월호.

모현주(2006), "20대, 30대 고학력 싱글 직장 여성들의 소비의 정치학", 연세대학교 대학원 사회학과 석사 논문.

베블렌(1983), 『유한계급론』, 정수용 옮김, 동녘.

손승영(2005), "고학력 전문직 여성의 노동경험과 딜레마: 강한 직업 정체성과 남성 중심적 조직문화", 『한국여성학』, 21권 3호, 67~98쪽.

손승영(2007), "IMF 외환위기, 그 10년의 경험: 여성의 삶의 과정과 남녀관계의 변화", 『젠더리뷰』, 5권, 4~13쪽.

스콜로프, 나탈리(1990), 이효재 옮김, 『여성노동시장이론 – 여성의 가사노동과 시장 노동의 변증법』, 이화여자대학교 출판부.

이영자(2000), 『소비자본주의 사회의 여성과 남성』, 나남출판.

장하진(1993), "고학력여성 취업의식연구", 『여성과 사회』, 제4권, 64~101쪽.

장혜경(1999), 『실업에 따른 가족생활과 여성의 역할변화에 관한 연구』, 한국여성개발원.

조주현(2000), "성, 지식, 권력: 토큰 전문직 여성의 생애사를 중심으로", 『여성정체성의 정치학』, 또하나의 문화.

주재선(2007), 『여성통계연보』, 한국여성정책연구원.

주재선 · 송치선 · 배호중(2017), 『2017년 한국의 성인지통계』, 한국여성정책연구원.

진수희(1999), "전문직 여성의 일과 삶의 질", 손승영 외, 『여성의 일과 삶의 질』, 생각의 나무.

통계청(2017), 『2017년 통계로 보는 여성의 삶』.

한국교육개발원(2010), 『취업통계연보』, http://cesi.kedi.re.kr/index.jsp.

Alcoff, L. M.(2005), *Visible Identities,* Oxford.

Baudrillard, Jean(2004), *La societe de consomation ses mythese ses structures,* 쟝 보드리야르(2004), 이상률 옮김, 『소비의 사회: 그 신화와 구조』, 문예출판사.

Bourdieu, Pierre(1979), Le Distiction, 피에르 부르디외(1996), 최종철 옮김. 『구별짓기: 문화와 취향의 사회학』, 상/하, 새물결.

Felsky, Rita(1995). *The Gender of Modernity.* Massachusetts: Harvard University Press. 김영찬·심진경 옮김, 1998, 『근대성과 페미니즘: 페미니즘으로 다시 읽는 근대』, 거름 아카데미.

Hartmann, Heidi(1976), "Capitalism, Patriarchy, and Job Segregation by Sex", *Signs* 1: 137−69.

Marx, Karl(1967). *Capital: A Critique of Political Economy,* Vol. 1. reprint. New York: International.

Zaretsky, Eli(1976), *Capitalism, the Family, and Personal Life,* New York: Harper & Row.

CHAPTER 03 기혼여성이 경험하는 경력단절

한국사회에서 많은 기혼여성들이 경력단절의 아픔을 경험해오고 있으며, 이들은 '경단녀(경력단절여성)'라는 꼬리표를 떼기가 매우 어렵다. 경력단절은 대학 진학률의 상승으로 증가하는 고학력 여성들이 능력을 펼칠 수 있는 기회를 차단하여 사회적으로 개인적으로 많은 손실을 가져오게 된다. 경력단절 이후의 하향 재취업은 노동시장에서 기혼여성의 지위를 더욱 열등하게 만드는 요인으로 작용한다. 경력단절 이후에 기혼여성들이 노동시장에 재진입하게 되더라도 이전과 유사한 수준의 기업에서 일하거나 동등한 지위를 갖는 것이 어렵다. 즉 재취업을 하더라도 '하향' 재취업을 하게 된다. 그렇다면 한국사회에서 기혼여성의 경력단절 비율이 높은 이유는 과연 무엇일까? 노동시장에서 기혼여성들이 '경단녀'가 되고 재취업이 힘든 배경에 깔려있는 장애요인으로는 어떤 것들이 있을까에 대해 질문하게 된다. 특히 대졸여성의 비율이 높은 21세기 한국사회에서 경력단절을 둘러싸고 경험하는 차별을 젠더 관점에서 살펴보고 기혼여성의 고용률과 재취업을 높이기 위한 방안에 대해 고심해야 할 필요가 있다.

01 여성의 낮은 경제활동 참가율

우리나라 여성의 대학진학률[1]은 OECD 국가 중 최고 수준으로 2009년부터는 남성의 대학진학률을 앞지르고 있으며 따라서 고학력 여성이 많이 증가하고 있다. 하지만 여성의 경제활동 참가율은 높아진 학력 수준에 걸맞을 정도로 증가하지 못하고 있다. <표 1>에서 제시한 바와 같이, 2019년 경제활동 참가율은 남성 73.5%와 여성 53.5%로 여성의 경제활동 참가율은 선진국에 비해 낮을 뿐만 아니라[2], 남성에 비해서도 20%p 정도로 격차가 크게 벌어지고 있다.

<표 1> 성별 경제활동 참가율							(단위: %, %p)
구분	1980	1990	2000	2005	2010	2015	2019
계	—	—	61.2	62.2	61.1	62.8	63.3
남	76.4	74.0	74.4	74.8	73.2	74.1	73.5
여	42.8	47.0	48.8	50.3	49.6	51.9	53.5
격차	33.6	27.0	25.6	24.5	23.6	22.2	20.0

자료: 통계청(KOSIS), 『경제활동인구조사』, 각 연도.

여성의 낮은 경제활동 참가율의 주요 원인 중 하나는 기혼여성의 경력단절 때문이다. 여성가족부 조사에 따르면, 2019년에 조사대상인 25~54세 기혼여성 중 경력단절을 경험한 여성은 35.0%였다. 2016년의 40.6%보다는 약간 감소하였으나 여성 3명 중 1명 이상이 여전히 경력단절을 경험하고 있는 것으로 심각한 문제라고 할 수 있다(여성가족부, 2019). 우리나라 여성의 연령별 경제활동 참가율을 살펴보면, 결혼 또는 자녀양육 등의 이유로 20대 후반과 30대 여성의 상당수가 노동시장을 벗어나 비경제활동인구가 되었다가 30대 후반 또는 40대에 재취업하는 전형적인 M자형(쌍봉형) 유형을 보인다. 2019년 여성의 연령별 경제활동 참가율은 25~29세의 경우 76.3%이지만 30~34세에

---

1 2018년 여학생의 대학진학률은 73.8%, 남학생의 대학진학률은 65.9%이다(통계청, 2019).
2 외국의 여성 경제활동참가율은 2016년 기준(통계청) 캐나다 61.3, 독일 64.4, 스웨덴 69.6, 노르웨이 67.7이다.

67.2%, 35~39세에 61.7%로 감소하다가 40~44세에 64.2%, 45~49세 68.8%로 점차 증가하는 M자형에 가깝다. <그림 1>에서 나타난 바와 같이 약 40년 전인 1980년에 비하면 결혼과 출산으로 인해 움푹 파인 취업률의 감소폭이 줄어든 것은 매우 다행이다. 1980년에는 20~24세 여성의 경제활동 참가율이 53.3%에서 25~29세 여성이 32%로 20%p 이상 감소하였다(통계청 KOSIS). 여성의 경제활동 참가 형태를 미국이나 스웨덴 등의 국가와 비교해 보면, 이들 국가의 경우는 종형(鍾型) 또는 역U자 형이거나 수평적인 고원형으로 나타난다. 즉 이들 사회에서는 여성들이 일단 노동시장에 들어오면 결혼이나 임신과 같은 생애주기와 관계없이 계속 취업을 하고 있어서(강이수·신경아·박기남, 2015:121) 남성과 비교하더라도 별반 차이가 나지 않는다.

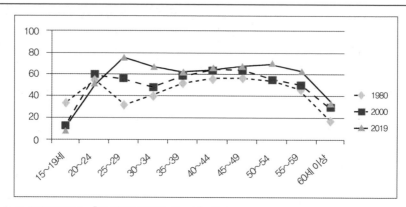

자료: 통계청(KOSIS), 『경제활동인구조사』, 각 연도.

<그림 1>　여성의 연령별 경제활동 참가율

　　2019년 조사에서 여성이 경력단절을 처음 경험하는 연령은 28.4세로 재취업까지 평균 7.8년이 걸렸다. 경력단절 이후에 재취업하는 여성의 고용은 불안정해지고 임금은 낮아지는 경향을 보였다. 경력단절 이전 상용직 비율은 83.4%에서 단절 뒤 55로 감소하는 데 비해 임시직은 7.8%에서 14.6%로, 시간제는 5.4%에서 16.7%로, 1인 자영업자 비율도 4.8%에서 17.5%로 크게 증가하였다. 경력단절 이전에는 대부분 미혼으로 상용직과 정규직 비율이 높은 편이었으나, 경력단절 이후 기혼여성들은 파트타임과 비정규직의 비중이 커

지게 된 것이다. 경력단절 이후 여성노동자의 첫 일자리 임금은 191만 5천 원으로 단절 이전 임금인 218만 5천 원의 87.6% 정도로 나타났다. 또한 임금노동자 중 경력단절 경험이 있는 여성의 평균 임금은 182만 원으로 미경험집단 223.1만 원의 81.6%에 불과하였다(여성가족부, 2019).

경력단절 여성의 재취업 여부를 학력에 따라 살펴보면, 저학력 여성들은 30대 후반과 40대 초반에 적극적으로 노동시장에 참여하는 반면, 고학력 여성들은 청년기에 높은 취업률을 보이나 30대 초반에 노동시장을 이탈한 후 재진입하지 못하는 L자형 패턴을 보여주고 있다. 한국사회의 경우 결혼, 출산 및 육아 등의 문제로 인해 일단 노동시장을 벗어나게 되면 다시 노동시장에 진입하는 것이 매우 어려울 뿐만 아니라 진입에 성공한다 할지라도 하향취업을 하거나 비정규직의 불안정한 일자리로 전락할 가능성이 높다(손기영, 2009:3).

02 경력단절의 주요 원인

1) 일 – 가족 양립의 어려움

취업여성이 일 – 가족 양립에서 어려움을 겪는 이유는 우선 여성의 일차적 책임으로 보는 어머니 역할에 있다. 여성의 경력단절 사유는 육아(38.2%), 결혼(34.4%), 임신 · 출산(22.6%), 가족돌봄(4.4%), 그리고 자녀교육(4.1%) 순이다(통계청, 2020:37). 여성의 취업 지속과 단절은 출산과 육아라는 여성의 생애사건에 의해 크게 영향을 받는데 즉 '자녀 존재 여부', '첫 출산 시기', '자녀 수', '6세 미만 자녀' 등과 같은 요인이 여성의 경력단절에 영향을 미친다(임희정, 2009). 2019년 조사에 따르면, 6세 이하 자녀가 있는 여성의 경력단절 비율은 39.8%로 10명 중 4명이나 되고, 7∼12세 자녀가 있는 여성의 경력단절 비율은 22.3%로 나타났다(통계청, 2020:37). 미취학 자녀가 있을 경우 전일제 직장을 그만두고 전업주부로 취업상태를 변화시킬 확률이 높다는 연구결과는 상당히 일반적이다(한국여성정책연구원, 2011:23). 자녀양육은 여성의 책임이라는 성역할 고정관념과 한국사회에 만연한 '모성'이라는 이름의 사회적 강요는 기혼여성이 경제활동을 포기하고 양육을 담당할 것을 요구하여, 이들이 비자발적으로 노동시장을 이탈하게끔 만든다(임희정, 2009).

일－가족 양립을 어렵게 하는 두 번째 이유는 기업의 장시간 노동 관행에서 찾아볼 수 있다. 2018년 우리나라 임금노동자의 연간 노동시간은 1,986시간으로 2천 시간 아래로 내려간 것이 처음일 정도로 노동시간이 길다(이데일리, 2019.2.27.). 연간 노동시간은 점점 감소하는 추세이지만, OECD 주요국들에 비해서는 여전히 장시간 노동을 하고 있다. 장시간 노동은 "어린 자녀를 둔 여성들에게 일과 가족을 병행하기 어렵게 하는 구조적 요인이 되고 있다"(오은진, 2010:18). 노동자들은 장시간 노동 관행으로 늘 과로상태에 있기 때문에 퇴근 이후 집안일이나 가족 돌봄을 위한 육체적·정신적 에너지가 남아 있지 않으며 시간적 여유도 없다. 장시간 노동문화는 또한 남성들의 가사 및 양육 참여를 현실적으로 불가능하게 하는 메커니즘으로 작동하여 남성의 가사 분담에 대한 인식과 실제 분담 사이에 커다란 괴리를 초래한다. 가사분담에 대해 남성의 57.9%와 여성의 67.0%가 '공평하게 분담'해야 한다는 견해를 가지고 있으나 실제 분담실태에 있어서는 '공평하게 분담'하는 비율은 20.2%(부인 응답)－20.7%(남편 응답)에 불과하고 부인이 주도하는 비율이 75%(부인응답 76.8%, 남편응답 75.7%)를 넘고 있는 것으로 나타나고 있다(통계청, 2020b). 가사 분담에 대한 남성들의 인식과 실천 사이에 괴리가 큰 것이다.

일－가족 양립이 어려운 세 번째 이유는 임신, 출산, 양육기 여성에 대한 기업 내에서의 부정적 시선과 기업문화 때문이다. 장시간 노동을 당연시하는 기업들은 여성들이 자녀양육의 일차적 책임을 지고 있다고 간주하여 기혼여성들을 열등한 노동력으로 규정하는 '통계적 차별'을 범하고 있다. 성역할 고정관념에 기반하여 남성들은 자녀양육의 책임으로부터 자유로운 데다가 아내의 뒷바라지를 받으며 직장일을 할 수 있는 데 비해 기혼여성들은 정반대의 조건 속에 놓여 있다고 가정하는 것이다. 이로 인해 기업들은 임신한 여성, 출산 직후의 여성, 그리고 어린 자녀가 있는 여성들에게 노골적으로 또는 교묘하게 퇴사 압력을 가하기도 한다. 약 20%의 여성이 출산 전에 상사로부터 퇴직 압력을 받았다는 연구결과(장지연, 2010)와 결혼하면 그만두어야 하는 회사 관행 때문에 결혼 당시 직장을 그만두었다는 비율(7.4%, 오은진 외, 2008)도 이러한 사실을 뒷받침한다. 이에 대해 대구 경북 지역 소주 시장에서 점유율

80%가 넘는 한 주류업체의 사례를 들 수 있다. 2011년 사무직으로 입사한 한 여성노동자가 2015년 10월 직장상사에게 '두 달 뒤 결혼한다'고 알렸더니 퇴사 압력을 받았다. 당시 회사관계자는 '창사부터 50년이 넘도록 생산직이 아닌 사무직에 결혼한 여직원은 없다'면서 '회사일을 못해서 나가는 게 아니라 결혼하고 난 후 다니는 여직원이 없기 때문'이라면서 관례를 이유로 여직원에게 퇴사를 종용한 것으로 알려졌다(뉴스포스트, 2016.3.17.). 『2019년 경력단절 여성 등의 경제활동 실태조사』에 의하면, '여성들은 결혼이나 임신을 하면 계속 다니기 어려운 분위기'에 대해 62.3%가 동의했고, '여자들이 아이를 키우면서 직장생활을 할 수 없는 분위기'에 대해 60.3%, '휴가를 자유롭게 사용하기 어려운 분위기'에 대해 59.6%가 그렇다고 답변하였다(여성가족부, 2019).

네 번째 이유는 미흡한 일－가족 양립정책과 있더라도 부족한 실효성 때문이다. 국공립 보육시설의 부족, 육아휴직 사용 시 불이익 등은 기혼여성의 지속적인 취업을 충분히 뒷받침하지 못하기에 여성들은 비자발적인 퇴직이나 경력단절을 선택하게 되는 것이다. 따라서 여성의 경력단절을 예방하기 위해서는 여성의 역할을 가사·양육책임자로 규정하는 성별분업 이데올로기를 해소함과 아울러 장시간 노동 관행의 변화 및 일－가족 양립에 대한 실효성 있는 사회적 지원제도가 필요하다.

2) 여성의 저임금과 불안정한 고용

여성노동자의 퇴사 사유에 대한 분석에 의하면, '비정규직 일자리이기 때문에'와 '자녀를 직접 키우는 것이 더 경제적이어서'의 두 가지 사유가 40%를 넘는 것으로 나타났다(김태홍 외, 2012). 노동시장에서 여성들은 주로 남성에 비해 저임금의 불안정한 일자리에 종사하게 되는데, 그 결과 여성이 일－가족 병행으로 힘든 상황에 처하면 일자리를 포기하게 된다. 특히 고학력 여성일수록 희망임금 수준이 높기 때문에 지금 받고 있는 임금에 만족하지 못하여 일자리 포기의 가능성이 더 높아진다(이택면, 2010:174). 기혼여성의 소득수준은 여성이 취업을 지속적으로 유지하는 데 중요한 역할을 하는데 기혼여성의 근로소득이 높을수록 취업중단 의사는 낮고 취업을 지속하는 경향을 보인다. 배우자의 소득과 비교하여 기혼여성은 자신의 소득이 비교우위를 갖는다면 경제활동을 지속하고 싶은 의향이 강할 것이다. 따라서 전문직이나 준전문직 여성에 비해 직업 안정성이 낮고 평균임금이 적은 사무직, 판매서비스직, 노무직 여성들이 취업을 중단하는 경향이 더 강하다. 또한 판매서비스직, 노무직종에 종사하는 여성의 경우 자녀양육을 대체할만한 물적 자원이 충분하지 않기 때문에, 자녀를 스스로 양육하는 쪽으로 선택하게 되기 때문이다(한국여성정책연구원, 2011:23).

이상 살펴본 바와 같이, 여성들이 경력단절을 겪는 데에는 여성노동의 특성인 '저임금과 불안정한 고용'이 주요 원인으로 작용하는 것을 알 수 있다. 직장생활을 지속하기 위해서는 추가적인 자녀양육비가 필요한데 여성의 임금이 자녀양육비에 거의 모두 소요되는 데다가 고용의 불안정으로 언제 해고될지 모르는 상황, 그리고 직장에서 성공이나 승진의 전망이 없을 때 여성들은 직장일을 포기하게 된다. 여성들은 매우 제한된 선택지 속에서 마지못해 임노동을 포기하는 것이다. 결국 경력단절은 자발적 선택이 아니라 그 외피를 쓴 강제 퇴출에 해당된다.

03 경력단절 여성의 노동시장 재진입 장애요인

1) 노동시장의 장애요인

경력단절 여성이 노동시장에 재진입하고자 할 때 첫 번째 장애요인은 양질의 일자리 부족이다. 경력단절 후 재취업하는 여성들은 일을 쉬기 이전의 직업과 유사한 수준 또는 때로는 더 나은 일자리는 없는지 찾게 된다. 하지만 경력단절 여성의 '괜찮은 일자리'에 대한 욕구와 시장의 수요가 일치하지 않는 것이 노동시장 재진입의 장애요인으로 작용한다. 많은 여성들이 취업 제의가 와도 취업에 응하지 못하는 이유로 '근로조건이 기대수준을 충족시키지 못해서'를 꼽고 있다. 2016년 여성가족부 조사에 의하면, "경력단절 이후 첫 일자리 구직 시 애로사항(2개 응답)"에 대해 '원하는 임금 수준의 일자리 부족(18.5%)'과 '원하는 근로조건 일자리 부족(8.4%)'을 들고 있어(여성가족부, 2016) 본인이 원하는 수준의 일자리 찾기와 근로조건을 충족하는 것이 쉽지 않음을 알 수 있다. 희망임금에 비해 낮은 임금 수준과 근로시간의 경직성이 경력단절 여성의 노동시장 재진입에 장애요인으로 작용하는 것이다. 또한 경력단절 여성 중 일-가족의 병행이 쉬운 일자리를 찾는 여성들은 근로시간 단축제, 탄력적 근무제, 시간제 근무제 등 유연 근로제를 선호한다. 이 경우에도 시간제 근무의 고용 안정성과 지속성이 담보되지 않고 최저임금 수준의 저임금이어서 경력단절 여성들은 아예 재취업을 포기하는 사례들이 발생하게 된다.

또 다른 장애요인은 적합한 취업 교육과 취업 알선의 부재이다. "경력단절 이후 첫 일자리 구직 시 애로사항(2개 응답)"에 대해 '일자리 경험·경력 부족(9.8%)'과 '일자리 정보·취업 알선 부족(9.6%)', '기술 부족(7.9%)'을 들고 있어 취업 교육과 알선(27.3%) 문제가 주요한 장애요인임을 확인할 수 있다(여성가족부, 2016). 경력단절 여성들은 오랜 기간 노동시장을 떠나 있었기 때문에 재취업을 위해서는 적절한 취업 교육이 필요하다. 그런데 여성의 일자리 교육을 전담하는 여성발전센터에서 진행하는 대부분의 취업 교육은 저임금의 불안정한 여성적 일자리와 연계되어 지속적인 고용이 어렵다. 최근 들어 컴퓨터 교육 등을 포함하여 교육 프로그램의 내용이 다양해졌지만, 여전히 전통적으로 여성들이 담당하던 일자리인 미용, 요리, 제과 등에 대한 기술교육이 다수를 차지하고 있다. 또한 고학력 여성을 위한 교육 프로그램은 턱없이 부족하여 이들이 재취업하는 데 직접적으로 도움을 주기가 어렵다.

2) 보육시설 부족과 자녀양육 부담

자녀양육기에 해당되는 30~40대 경력단절 여성의 노동시장 재진입에 자녀양육 부담이 여전히 가장 큰 장애가 되고 있다. 어린 자녀를 믿고 맡길 수 있는 보육시설의 부족은 경력단절뿐만 아니라 노동시장 재진입 어려움의 원인이기도 하다. 많은 가정에서 전적으로 여성에게 맡겨진 자녀양육 책임은 취업여성에게 경력단절의 주요 요인임과 동시에 재취업의 장애요인으로도 작용하고 있다. 그렇기 때문에 여성들에게 보육시설 제공은 매우 절실한 요구이다. 또한 여성들은 단순히 보육서비스의 제공 또는 낮은 보육비용을 요구하는 것이 아니라, 지속적으로 '믿고 맡길 수 있는 좋은 프로그램을 제공하는 보육시설의 부족' 문제를 제기하고 있다.

2019년 여성가족부 조사에 의하면, "경력단절 이후 첫 일자리 구직 시

애로사항"으로는 자녀양육으로 인한 구직활동 시간확보 어려움이 22.8%로 가장 높게 나타난 한편, 경력부족 16.7%, 사회적응에 대한 자신감 부족 12.4%, 기술 부족 9.3%와 같은 개인적인 사유 비중이 상대적으로 높게 나타났다. 연령대별로 다소 차이를 보였는데, 25~29세는 '원하는 근로조건의 부족'이 32.2%로 가장 높게 나타난 반면, 자녀양육 시기인 30대와 40대 초중반 여성의 경우에는 '자녀양육으로 인한 구직활동 시간 확보의 어려움'을 첫 번째 애로사항으로 꼽았다. 연령이 많아질수록 자신감 부족, 경력 및 기술 부족과 같은 이유를 구직 시 애로사항으로 꼽아서 연령에 따른 차이가 뚜렷했다(여성가족부, 2019:214).

경력단절 이후 현재 미취업 상태에 있는 여성들의 취업욕구는 매우 높으며, 이들이 희망하는 임금 수준도 현실적으로 지나치게 높은 수준이라고 볼 수는 없다. 그럼에도 불구하고 이들이 취업하지 못하는 것은 자녀양육의 문제를 해결하는 것이 쉽지 않기 때문이다. 이들은 보육서비스의 질 문제를 제기하고 있으며 따라서 단순히 보육서비스를 제공하는 것이나 비용부담을 낮추어 주는 것으로는 이들이 원하는 수준으로 보육문제를 해결했다고 하기는 어렵다(장지연, 2010:52). 이에 덧붙여 경력단절 여성의 자신감 결여도 노동시장에 재진입하는 데 있어서 장애요인 중 하나로 작용한다. 경력단절 여성들은 취업에 대한 제의가 왔을 때 응하지 못한 이유로 69.1%가 근로조건이 기대수준을 충족시키지 못해서이며 다음이 오랜 경력단절로 노동시장 진입에 대한 자신감 결여(14.6%)라고 하였다(한국여성정책연구원·한국노동연구원, 2009). 오랜 기간의 경력단절로 인해 기혼여성들은 재취업과 직장생활 적응이나 업무 수행에 대한 자신감을 상실하여 재취업을 시도하기도 전에 포기하는 경우들이 생기는 것이다.

04 고학력 경력단절 여성을 위한 방안

4년제 대졸 이상 경력단절 여성들은 경영·회계사무 관련직, 교육 및 연구 관련직, 문화·예술·디자인 관련직, 금융보험 관련직 등 본인의 능력과 전문성을 활용할 수 있는 일자리를 선호한다. 또한 어학 강사, 경리사무원에 대한 선호도가 높다. 이는 대졸 여성은 재취업 시 가장 중요한 고려 조건으로 고용 안정성, 적성, 장래 발전 가능성, 직업의 사회적 위신을 중시하기 때문이다. 대졸 여성들이 원하는 취업조건이 전문대졸 이하와 비교해서 차별화되어 나타나므로 양질의 일자리를 발굴하여 대졸 여성에게 걸맞는 훈련과정을 제공해야 한다(오은진 외, 2008).

1) 유연 근무제의 확대

유연 근무제는 여성들이 일과 자녀양육을 병행할 수 있도록 해주는 수단이 되기도 하지만 주로 어린 자녀가 있는 여성들이 이용함으로써 승진, 평가, 임금, 지위, 그 외 복지혜택 등에서 불이익을 받을 수 있다. 따라서 유연 근무제는 일－가족 양립을 위한 '전략적 선택'이 됨과 동시에 '일자리 질의 하락'의 위험성과 가족 내 불공평한 성별 역할분담을 가중시킬 위험성을 동시에 가지고 있다. 유연 근무제의 양면성에도 불구하고 일－가족 병행이 여성만의 문제가 아닌 남녀 모두의 문제라는 인식을 갖고 제도를 시행한다면 일－가족을 조화롭게 양립하는 데 매우 적절한 제도가 될 것이다. 따라서 유연 근무제 이용으로 인한 불이익 문제를 제도적으로 보완해야 하고, 남성의 사용을 유인하기 위해 현재 시행 중인 가족친화기업 인증제도를 적극적으로 이용할 필요가 있다. 즉 가족친화기업 인증에 남성의 사용률을 반영하는 등의 조치가 필요하다.

우리나라 '남녀고용평등법과 일·가정 양립지원에 관한 법률'에 의하면, 시간제 육아휴직의 일종인 '육아기 근로시간 단축제'를 도입하고 있다. 이 제도는 전일제 육아휴직과 함께 노동자의 상황에 맞춰 육아 방법을 선택할 수 있도록 한 것이다. 제도 도입 초기에는 육아휴직과 육아기 근로시간 단축을 모두 포함해 최대 1년만 사용할 수 있지만, 2019년 10월부터는 육아휴직 1년과 별도로 육아기 근로시간 단축을 1년간 보장하며, 육아휴직을 1년을 채 다 쓰지 않은 경우 미사용 기간만큼 단축근로를 추가로 쓸 수 있게 되었다. 근로시간 단축은 최소 3개월 단위로 횟수 제한 없이 분할 사용이 가능하며 임금이 줄어들지 않는 하루 1시간 단축도 허용되고 있다. 많은 노동자가 육아기 근로시간 단축를 원하고 있는데 장지연(2010:32)에 의하면, 응답자 1,181명 중 '이전 근로시간의 40~60% 수준에서 일하고 싶다'에 24.1%, '이전 근로시간의

70~80% 수준에서 일하고 싶다'에 51.1%가 응답하여, 75% 이상이 육아기 근로시간 단축을 희망하고 있는 것으로 나타났다. 외국의 경우 육아기 단축근무제를 이용한 경험이 스웨덴 18.4%, 영국 11.5%로 나타나고 있는데 한국은 0.9%에 불과한 것으로 나타났다(홍승아, 2010).

법에만 존재하는 육아기 근로시간 단축제를 필요한 시기에 실질적으로 사용할 수 있도록 하기 위해서는 일-가족을 양립해야 하는 남녀 노동자 모두에게 부모의 권리로서 인정해야 한다. 육아기 근로시간 단축제는 전일제 육아휴직이 휴직기간 동안 직장생활과 단절되기 때문에 복귀 후 적응문제나 휴직이 퇴직으로 이어지는 부작용이 발생한다는 점을 보완하는 측면이 있다. 또한 근로관계를 유지하고 업무의 연속성을 가질 수 있으므로 경력단절을 방지할 수 있다는 장점이 있다. 육아기 단축근무제가 활성화되기 위해서는 업무량 조정과 부족한 업무시간에 대한 대체 인력 마련이 필요하다. 그리고 전일제 육아휴직 사용 시와 마찬가지로 사업주의 인식의 변화와 함께 불이익 금지, 급여 감소에 대한 대책과 아울러 남성도 근로시간 단축제를 사용할 수 있도록 성역할 고정관념에 대한 변화가 필요하다.

일반적으로 재택근무제는 인터넷을 통해 회사로부터 일방적으로 업무 지시를 받고 가정에서 처리한 후 결과물을 제출하고 성과물에 따른 임금을 받는 도급 방식으로 일하는 형태이다. 재택근무를 할 때는 직장생활을 통해 갖게 되는 회사에 대한 소속감, 회사 동료와의 유대감, 일과 관련된 인적 관계 형성 및 유지 등을 얻기 어렵다. 코로나 19와 같은 위기 시에는 남녀 모두 재택근무를 해야 하는 회사가 많지만 평상시에는 주로 여성들이 재택근무를 하기 때문에 성역할 고정관념이 오히려 고착화되는 경향이 있다. 따라서 '부분 재택근무제'를 도입하는 것이 좋을 것으로 생각된다. '부분 재택근무제'는 전일제 근무를 하던 남녀 노동자들이 자녀양육 및 가족 간호 등을 위해 주 1~2회 출근해 중요 회의에 참가하거나 필수업무를 처리하고 나머지 업무는 집에서 처리하는 근무제도를 의미한다. 따라서 육아기 이후에는 전일제로의 전환을 자연스럽게 보장받는 근무방식이다. 원격 재택근무제도를 사용한 외국의 사례를 보면 스웨덴 41.2%, 영국 19.0%인데 비해 한국은 1.6%에 불과할 정도로 저조한 상황이다(홍승아, 2010). 부분 재택근무제는 주 1~2회 회사에 출근해 회의에 참석하고 업무를 처리함으로써 회사 및 동료와의 지속적이고 직접적인 관계 유지에 긍정적이며 임금도 기존의 80~90%를 지급받아 임금 감소 부분이 거의 없다는 장점이 있다. 부분 재택근무제를 시행하고 있는 사례기업에는 대웅제약이 있는데 대웅제약은 전체 직원의 30%가 여성이며 과장 이상 관리자급 인력의 10%가 여성으로 구성되어 있다. 재택근무제는 2001년부터 시행되고 있는데, 여성뿐만 아니라 남성도 이용할 수 있으며, 1주일에 1~2회 출근해 회의와 업무보고 등을 하며 급여는 기준 급여의 90%로 연봉제이기 때문에 정상출근 때에 비해 급여가 크게 떨어지는 편이 아니고 인사상 불이익이 없다. 그러나 모든 업무에 부분 재택근무제를 도입하기에는 현실적으로 어려운 부분이 많기 때문에 이 제도에 적절한 업무가 어떤 업무인지 구분하고 또한 업무의 내용을 새롭게 개발할 필요가 있다.

노동패널자료 분석결과에 의하면 육아기에는 모성보호정책에 못지않은 장시간 근무 관행, 불규칙한 시간 외 근무나 휴일근무 등과 같은 근무시간과 근무형태가 퇴직의 주요한 원인이 되고 있으므로 이에 대한 대응으로 탄력적 근무제와 같은 대책이 필요하다(김태홍 외, 2012). 탄력적 근무제는 노동자가 일정한 시간대에서 노동시간의 시작과 종료를 자유롭게 선택하는 것으로 가장 많은 탄력성을 제공해주기 때문에 노동자들에게 인기가 많다. 탄력적 근무제를 시행하는 사례기업으로는 SK텔레콤과 대웅제약을 들 수 있다. SK텔레콤에서는 2011년부터 시행하고 있는데 남녀 노동자들이 자녀양육 또는 자기계발을 위해 출퇴근 시간을 탄력적으로 정하는 제도로, 출근시간을 오전 8시부터 10시까지 30분 단위로 정할 수 있다. 직장 어린이집을 이용할 때도 마찬가지다. 대웅제약은 직원이 육아와 직장생활을 병행할 수 있도록 도입하였는데 자녀를 학교에 보내고 출근할 수 있도록 1시간 내에서 출근시간을 조정 가능하도록 하였다. 정시 출퇴근 시간은 오전 8시 30분과 오후 5시 40분으로 2003년 첫 이용자가 나온 이래 2007년 2월까지 40명이 이용하였으며 남성도 사용 가능하다. 『여성정책수요조사』에 의하면, 남녀 모두 일·가정 조화정책들 중 '유연 근무제 확산'(남성 24.1%, 여성 23.0%)을 '일하는 여성의 보육지원 확대'(남성 24.9%, 여성 33.2%) 다음으로 선호하는 것으로 나타났다(여성가족부, 2012). 그런데 탄력근무제도 사용 경험비율을 보면(홍승아, 2010), 스웨덴 54.2%, 영국 30.8%인데 비해 한국은 3.0%에 불과할 정도로 저조하다.

현행 '근로기준법', '기간제법', '남녀고용평등과 일·가정 양립 지원에 관한 법률' 등에 탄력적, 선택적 근로시간제, 단시간 노동자 전환에 대한 조항이 있으나 모두 단순한 노력의무 규정에 그치거나 사업주 재량으로 규정하여 실효성이 미흡하다. 따라서 탄력적 근로제를 권리로서 인정하여 노동자가 '근로시간 단축 청구권' 행사 시 사업주는 특별한 사유가 없는 한 의무적으로 부여하게 해야 한다. 그리고 사용자가 노동자의 요청을 거부할 수 있는 경우를 법에서 구체적으로 명시하고, 거부 시 대안 제시를 의무화할 필요가 있다.

2) 공보육 서비스의 확대

취업여성의 경력단절과 재취업의 장애요인 중 자녀양육 부담이 가장 큰 비중을 차지하고 있다. 30대 취업여성이 경력 유지를 위해 정부에 바라는 정책으로는 믿을 수 있는 보육시설 확충(50.5%), 장시간 근로문화 개선과 유연근무 확대(48.9%), 모성보호 제도를 사용할 수 있는 문화 조성(35.4%)으로 나타났다(여성가족부, 2016). 선진국의 사례에서 볼 때, 공보육 서비스의 확대는 양육의 사회적 책임을 달성하면서 여성의 경제활동 참가를 지원하는 가장 바람직한 방안이며, 또한 수요자의 요구와 일치하고 있다. 영유아 보육정책들 중에서 가장 우선적으로 추진해야 할 것으로 남성 42.6%, 여성 36.6%로 남녀 모두 국공립 어린이집 확충을 들고 있다(여성가족부, 2012). 민간 보육시설은 시설 운영의 목적이 영리추구에 있어 보육 서비스의 질에서 많은 문제점을 노정하고 있기 때문에 부모들은 보육 서비스의 질을 어느 정도 담보하고 있는 비영리 국·공립 어린이집에 대한 수요가 많은 것이다.

그런데 2019년 우리나라 보육시설의 현황(보건복지부, 2019)을 살펴보면, 영리 목적의 보육시설 비중이 79.4%(민간 어린이집 33.6%, 가정 어린이집 45.8%)로 압도적으로 높고 국·공립의 비중은 11.6%에 불과하여 입소 대기시간이 9.7개월로 매우 길다. 보육·교육기관 입소 전 대기 경험이 있는 부모는 22.6%로, 평균 대기기간은 6.4개월로 나타났으며 입소 대기시간은 국공립 어린이집이 9.7개월로 가장 길고, 공립 단설유치원이 2.4개월로 가장 짧았다(보건복지부, 2012). 따라서 부모들은 국·공립 어린이집 확충을 가장 우선적으로 추진해야 할 영유아 보육정책으로 꼽고 있는 것이다.

취업여성에게 절실히 필요한 것은 0~2세의 영아 보육인데, 영아들을 주로 돌보는 가정보육시설의 수가 적고 환경이 매우 열악하다. 취업여성의 자녀는 전업주부의 자녀보다 저녁 늦게까지 맡아야 한다는 이유로 오히려 어린이 집에서 외면당하고 입소가 어려운 실정이다. 따라서 보육시설에 세금감면, 재정지원, 시간제 보육교사 파견 등 인센티브 제공으로 영아보육을 유도하고 취업여성에게 우선입소 권한을 강력히 보장해 주어야 하며, 다른 연령층보다 보육 서비스의 질 관리에 중점을 두는 방안이 필요하다.

여성들의 경력단절이 많이 발생하는 시기는 자녀의 영아기와 초등학교 입학 시점으로 이분화되는 경향이 있다. 오히려 영·유아기 아이의 보육은 다양한 시설 및 친인척 관계를 통해 해결할 수 있으나, 초등자녀의 방과 후 시간을 책임질 시설이 절대적으로 부족하여 이 시기의 아이를 둔 취업여성은 퇴직이 강제되는 '보육의 사각지대'로 남아있는 실정이다(손기영, 2009:7).

『여성정책수요조사』에 의하면, 가장 우선적으로 추진해야 할 초등학교 이상 자녀의 돌봄지원정책으로 지역아동센터, 청소년아카데미 등 '학교 이외에 돌봄서비스 제공'(34.6%)과 '학교에서 새벽 6시~8시, 방과 후~10시까지 돌봐주는 서비스 제공(22.3%)'을 들고 있다(여성가족부, 2012).

초등학교 자녀 방과 후 돌봄 서비스에 대한 요구 또한 높은 것으로 나타나지만, 이들의 수요를 충족시키지 못하고 있다. 따라서 초등 방과 후 보육교실을 확대할 필요가 있는데, 일정한 지역 내 거점학교를 지정하여 반드시 방과 후 보육교실을 운영하도록 추진할 필요가 있다. '초등 방과 후 보육교실 확대'는 초등학교 저학년 자녀들의 돌봄으로 인한 기혼여성들의 경력단절을 예방하고, 맞벌이 부부 자녀들의 방과 후 보육문제를 해결하며, 보육교사의 고용으로 여성의 일자리 창출에 기여할 수 있다. 또한 초등학생들의 안전사고도 예방하는 효과가 있다. 방과 후 돌봄교실의 모범적인 사례는 경기도 '꿈나무 안심학교'이다. 이것은 2008년 경기도가 최초로 시작한 방과 후 학교 프로그램으로, 2012년 12월 말 학교 수 62개소에 82교실을 운영하는데 1,750여 명의 학생들이 이용한다. 이 중 학교 안에서 운영되는 것이 38개소 51교실이며 학교 밖에서 운영되는 것은 24개소 31교실이다. 학비는 월 10만 원인데, 만족도가 97%일 정도로 높다. 또한 초중생을 위한 '청소년 방과 후 아카데미'가 있는데 이는 여성가족부와 지자체가 지원하는 국가정책 사업이다. 2005년 9월 46개소로 출발해 2013년 7월 전국 200곳에서 나홀로 청소년 8,090명을 돌보고 있다. 아이들의 방과 후 학습은 물론 식사와 안전까지 챙기는데 초등학생의 경우 오후 4시부터 오후 8시까지, 중학생은 9시까지 교과 학습과 특기 적성 활동을 제공한다. 모든 비용은 무료지만 강사들의 시간당 강의료가 2만 5천 원에 불과할 정도로 정부와 지자체의 지원이 현실에 미치지 못하고 있다(한겨레, 2013.7.16).

3) 육아휴직제도의 개선

육아휴직제도의 가장 큰 문제는 여성노동자의 상당수가 실제로 활용하지 못한다는 데 있는데, 문제의 원인은 육아휴직제도가 고용보험에 기초하고 있기 때문이다. 통계청에 의하면, 여성 임금노동자 중 고용보험 미가입자의 비율이 2019년에 만25~29세는 16.2%, 만30~39세는 19.3%에 이를 정도로 고용보험 자체가 여성노동자 전체를 포괄하지 못하고 있다. 게다가 정규직의 고용보험 가입비율이 84.0%인데 비해 비정규직의 경우는 40.2%(김유선, 2019)에 불과하다. 비정규직 비중이 많은 여성노동자는 구조적으로 육아휴직을 사용하기에 어려울 수밖에 없는 실정이다. 따라서 보험료 감면 등을 통하여 고용보험의 사각지대 자체를 줄여나가고 정부가 일정액을 지원하는 방법도 모색해볼 필요가 있으며 동시에 고용보험과 무관하게 육아휴직을 사용할 수 있는 방법도 강구할 필요가 있다.

육아휴직을 사용하지 않는 이유에 대해 정규직은 동료와 상사의 눈치(29.0%)와 소득 감소(18.0%)를, 비정규직은 소득 감소(39.3%)와 주변에 사용하는 사람이 없어서(21.4%)라고 답변하였다. 또한 육아휴직을 사용하는 경우 가장 어려운 점은 소득이 줄어드는 것이라는 답변이 가장 많은데 육아휴직 사용자 중 정규직의 경우 47.5%, 비정규직의 경우 45.5%이다(장지연, 2010). 비정규직의 경우 복직에 대한 우려(18.2%)가 정규직(5.0%)에 비해 훨씬 높아 비정규직의 경력단절로 이어지게 되는 원인이 될 수 있으므로 산전후휴가 및 육아휴직 후 원직 복귀를 기업에게 강제하고 복귀율이 높은 기업에 고용장려금을 지원하는 등 이에 대한 적절한 조치가 필요하다. 고학력 여성이 육아휴직을 할 경우 기업은 대체인력을 확보하기가 쉽지 않다. 따라서 기업이 육아휴직을 허용한 후에도 업무가 원활하게 이루어질 수 있도록 고학력 여성 육아휴직 및 육아기 근로시간 단축 노동자의 대체인력을 사업주가 원활하게 확보할 수 있도록 지역단위(지역고용센터, 새일센터)별로 '대체인력 구인·구직자

DB 및 네트워크'를 확충할 필요가 있다.

남성의 육아휴직 이용은 그동안 매우 저조하였으나 최근 많이 증가하여 2019년 육아휴직 이용자 중 남성이 2만 2천여 명, 비율이 20%를 넘었다(<표 2> 참조). 그러나 성평등 사회로 인정받고 있는 외국과 비교하면 여전히 저조한 수준이다. 이유는 휴직 급여가 너무 적은 것과 성역할 고정관념 때문이다. 남성의 육아휴직은 자녀양육은 여성만의 책임이 아니라 남녀 모두의 책임이라는 인식을 갖게 하고 실제로 부부가 양육을 분담하는 데 매우 필요한 제도이다. 여성뿐만 아니라 남성의 육아휴직 사용을 유도하기 위해서는 적절한 휴직급여가 지급되어야 한다.

<표 2> 성별 육아휴직자*					(단위: 명, %)
연도	전체	여성	여성비율	남성	남성비율
2005	10,700	10,492	98.1	208	1.9
2010	41,733	40,914	98.0	819	2.0
2015	87,339	82,467	94.4	4,872	5.6
2017	90,145	78,102	86.6	12,043	13.4
2019	105,165	82,868	78.8	22,297	21.2

자료: 한국고용정보원, 『고용보험통계현황』 각 연도.
주: * 연도별 신규 육아휴직자 수치(공무원 제외).

우리나라 육아휴직 급여는 제도 시행 초기에는 정액제로 월 20만 원으로 시작하여 2007년에는 월 50만 원으로 점점 증가하였다. 2010년에는 정액제에서 정률제로 변경하여 통상임금의 40%(하한 50만 원, 상한 100만 원)로 개편하였으며, 2019년에는 통상임금의 50%(하한 70만 원, 상한 150만 원)로 높아졌다. 그러나 외국의 경우와 비교하면 매우 낮은 수준이다. 외국에서 저조했던 남성의 육아휴직 사용률이 증가하게 된 계기는 휴직급여 인상이었다. 외국의 임금 보전 수준(김태홍 외, 2012)을 보면, 노르웨이 100%, 스웨덴 80%, 핀란드 75%, 독일 67%, 캐나다 55%이다. 외국의 남성 육아휴직(서울경제, 2013.7.12.)을 보면, 노르웨이는 전체 부모휴직 기간(42주) 중 아버지가 사용할 수 있는 기간이 4주(1993년)에서 12주(2011년)로 증가하였다. 남성 육아휴직 사용률은 시행 초기에 4%에서 2005년에는 80%로 증가하였으며 임금 보전율은 사용기간에 따라 80~100%이다. 스웨덴은 전체 육아휴직자 중 남성의 비중이 44%로 높다.

우리나라도 남성의 육아휴직 사용을 유도하기 위해 휴직급여의 현실화가 필요하다. 정부는 육아휴직 급여를 2017년 9월부터 첫 3개월간 통상임금의 80%(하한 70만 원, 상한 150만 원), 2019년 3월까지는 육아휴직 9개월 이후 휴직급여를 통상임금의 50%(하한 70만 원, 상한 120만 원)로 인상하고, 같은 자녀에 대해 부모가 순차적으로 육아휴직을 사용하는 경우, 두 번째 휴직자의 첫 3개월 급여는 통상임금의 100%(상한액 150만 원)를 지급할 계획이라고 발표하였다. 그러나 통상임금이 낮은 임금체계로 인해 첫 3개월 간 휴직급여를 80~100% 보전한다 하더라도 실제로 휴직급여가 낮을 수밖에 없는데 여기에 상한액까지 정해놓아 여전히 한계가 있다.

다음으로 육아기 근로시간 단축제도를 살펴보면, 이 제도는 육아휴직을 신청할 수 있는 노동자가 육아휴직을 대신해서 근로시간을 단축할 수 있는 것으로 기존에는 만 8세 이하 또는 초등학교 2학년 이하 자녀를 둔 노동자가 육아휴직과 육아기 근로시간 단축을 모두 포함하여 최대 1년 범위 내에서 사용할 수 있었다. 그러나 2019년 「남녀고용평등법」 (제9조의 2) 개정('19.8.27)에 따라 육아휴직 1년과 별도로 육아기 근로시간 단축을 1년간 보장하며, 육아휴직 미사용 기간은 추가로 육아기 근로시간 단축으로 사용할 수 있게 되었다. 즉, 육아기 근로시간 단축만 사용할 경우 최대 2년까지 가능하다. 기존에는 1일 2~5시간까지 근로시간 단축이 가능했으나 개정 이후 1일 1시간 근로시간 단축도 가능하고, 1시간 단축분에 대해서는 통상임금 100%를 지급하고 1시간 단축분(1주 5시간) 이상의 단축분에 대해서는 현행 수준(통상임금의 80%)을 지급하도록 되어 있다. 1일 1시간 단축분에 대한 임금감소분은 기업의 부담을 경감할 수 있도록 정부가 지원하는 것이다. 2011년부터 2018년까지 육아기 근로시간 단축제도 사용현황을 보면(<표 3> 참조), 육아휴직제와 마찬가지로 여성의 이용률이 훨씬 높다.

<표 3> 성별 육아기 근로시간 단축제도 사용자 수							(단위: 명)
구분	2011	2012	2013	2014	2015	2016	2017	2018
계	39	437	736	1,116	2,061	2,761	2,821	3,820
여성	37	415	692	1,032	1,891	2,383	2,500	3,270
남성	2	22	44	84	170	378	321	550

출처: 고용노동부, 『고용보험DB』.

가족돌봄 등 근로시간 단축제도는 장시간 근로 개선, 경력단절 예방 등 노동자의 일·생활 균형을 위해 생애주기에 따라 근로시간 단축을 신청할 수 있는 권리를 부여하기 위해 마련되었다. 「남녀고용평등법」(제22조의 3) 개정('19.8.27)에 따라 도입된 가족돌봄 등 근로시간 단축제도는 노동자가 본인의 필요에 따라 사업주에게 근로시간 단축을 요구할 수 있도록 제도적으로 보장하는 것으로 요건을 충족하는 노동자라면 누구나 신청할 수 있는 제도이다. 근로시간 단축은 그동안 임신·육아 사유로만 가능했으나 노동자의 생애주기에 맞게 가족돌봄이나 본인 건강, 또는 은퇴 준비와 학업을 위해서 근로시간 단축이 가능해졌다. 가족돌봄 등 근로시간 단축제도는 기업 규모에 따라 단계적으로 시행되는데, 먼저 2020년 1월부터 공공기관 및 300인 이상 사업장에서 시행되고, 2022년부터는 30인 미만 사업장에서도 사용 가능하다. 근로시간 단축 후 근로시간은 주당 15~30시간이며 단축기간은 1년 이내, 연장은 총 단축기간 3년(단, 학업은 1년) 범위 내에서 1회 가능하다. 노동자가 근로시간 단축을 신청하면 사업주는 허용해야 하며, 사업주는 근로시간 단축을 이유로 불리한 근로조건, 해고 등 불이익 처우를 해서는 안될 뿐 아니라 노동자의 명시적 청구가 없는 한 연장근로를 시켜서도 안된다. 그리고 근로시간 단축기간이 끝나면 사업주는 해당 노동자를 종전과 동일한 업무나 같은 수준의 임금을 지급하는 직무로 복귀시켜야 한다. 가족돌봄 등 근로시간 단축제도를 활용하는 사업주는 '워라벨일자리 장려금'을 지원받을 수 있다. '워라벨장려금제도'의 지원대상은 노동자가 필요(가족돌봄, 본인건강, 은퇴준비, 학업 등)에 의해 근로시간 단축을 활용할 수 있도록 제도를 도입하고, 소정근로시간 단축을 허용한 사업주이며, 지원요건은 근로시간 단축제도 도입, 근로자 청구에 따라 15~35시간 단축 근로, 단축기간 최소 2주 이상, 단축기간 종료 시 통상 근로로 복귀 보장, 전자·기계적 방법에 의한 근태관리이다. 지원내용은 근로시간을 단축한 근로자의 임금감소액 보전금, 간접노무비, 대체인력지원금 등을 1년간(대체인력 인건비는 1년 2개월) 지원한다. 주 15시간 이상 25시간 근무로 단축시 월 최대 40만 원, 주 25시간 초과 35시간 이하 근무로 단축시 월 최대 24만 원을 지원하는 것이다. 그리고 임신 근로자가 주 15~30시간 근무로 단축 시 월 최대 40만 원을 지원한다(고용노동부, 『근로시간 단축제도 가이드북』, 요약서).

4) 기업의 일-가족 양립 제도 개선과 사회적 책임(CSR)

출산·육아기 여성노동자의 이직 완화 및 경력유지를 위해서는 기업의 모성보호지원 등의 제도 운영이 매우 중요하며 또한 기업의 관행과 문화가 상당한 영향을 주는 것으로 나타나고 있다. 기업은 사회와 분리된 존재가 아니라 사회 속에서 관계를 맺으며 생존해 나가는 존재이다. 기업은 그 존속을 사회에 의존하고 있고, 사회로부터 지원을 받음으로써 그 기능 또는 역할을 수행한다고 할 수 있다. 최근에 기업의 역할은 단순히 소비자로서의 인간의 경제적 욕구만을 충족시켜 주는 데 그치지 않고, 기업윤리와 '기업의 사회적 책임(Corporate Social Responsibility, CSR)'으로까지 확장되고 있다. 이러한 사회적 환경변화와 요구에 적극적으로 대처하기 위해서 기업의 윤리경영과 사회적 책임에 대한 공감대와 사회공헌활동에 대한 관심이 적극적으로 확대되고 있다. 대한상공회의소(2005:1)는 기업의 사회적 책임을 '기업이 자신이 속한 사회에 긍정적인 영향을 주기 위해 경영과정을 어떻게 관리할 것인가' 또는 '어떻게 경영을 해야 이해관계자들을 만족시키고 경제·사회·환경적으로 삶의 질 향상에 기여할 것인가'의 문제라고 정의하고 있다. 이때 기업경영의 이해관계자는 주주, 구성원(임직원), 고객, 사업 파트너, 환경, 정부 그리고 지역사회 영역까지 모두 포괄한다. 기업의 사회적 책임(CSR)이 경제·사회·환경적으로 기업경영의 이해관계자들의 삶의 질을 향상시키는 것이라고 할 때, 일과 가족의 병행으로 직원들이 어려움을 겪고 여성들의 경우 심지어 노동시장을 비자발적으로 퇴장하는 일까지 생기는 것에 대해 적극적으로 대안을 마련하고 실천하는 것이 기업이 사회적 책임을 다하는 것이 될 것이다.

2012년 전국보육실태조사에서 보육시설 유형별 만족도(5점 기준)를 보면 직장보육시설(4.13)이 국공립 보육시설(3.85)과 민간보육시설(3.65)보다 만족도가 더 높게 나타났다(보건복지부, 2012). 또한 이공계 대학 및 연구기관 재직자를 대상으로 실시한 보육 수요 및 직장보육시설 실태조사(대한여성과학기술인회, 2011)에 의하면 '직장보육시설의 설치가 꼭 필요하다'에 79.3%, '향후 직장보육시설이 설치된다면 이용할 의사가 있다'에 74.7%가 응답하여, 직장보육시설이 직장을 가진 부모들이 가장 선호하는 보육시설임을 알 수 있다.

그런데 직장보육시설 설치 현황을 보면, 직장보육시설 설치 의무 이행률

은 2011년 6월에 39.2%에 불과하고, 미이행 비율은 27.4%였다. 그러나 설치
비중은 점점 높아져서 2019년에는 68.3%에 이르고, 미이행 비율도 10% 아래
로 떨어졌다.

<표 4> 직장보육시설 설치 현황

구분	의무사업장 (A=B+C)	이행(B)			미이행(C)
		계	설치	위탁	
2011*	832	604(72.6%)	326(39.2%)	47(5.6%)	228(27.4%)
2013**	1,074	877(81.7%)	534(49.7%)	101(9.4%)	197(18.3%)
2016	1,143	605(52.9%)	578(50.5%)	27(2.3%)	538(47.1%)
2017	1,253	1,086(86.7%)	839(66.9%)	247(19.7%)	167(13.3%)
2019	1,445	1,303(90.2%)	987(68.3%)	316(21.9%)	142(9.8%)

자료: 보건복지부, 『보육실태자료』.
주: * 2011년은 6월 30일 기준이며, 이행사업장(B)에는 수당지급 사업장 231개소(27.8%)가 더
   있음.
   ** 2013년에 이행 사업장(B)에는 수당지급 사업장 242개(22.5%)가 더 있음.

영유아보육법에서는 노동자들의 육아 및 보육부담을 덜어 안정적인 근무
환경을 조성하기 위해 '상시근로자 500인 또는 여성근로자 300인 이상의 사
업장'에 대해 직장보육시설의 의무설치를 규정하고 있다. 남녀 임금근로자 중
상시근로자 500인 이상 사업장에 종사하고 있는 노동자는 14.2%, 여성근로자
중 300인 이상 사업장에 종사하는 비율은 15.7%로 현실적으로 그 혜택을 받
을 수 있는 노동자들은 소수에 불과하다. 따라서 직장보육시설 설치의무 기준
을 현행보다 낮추어 더 많은 노동자들이 직장보육시설을 이용할 수 있도록
해야 할 것이다. 또한 설치 의무 이행 여부에 대한 상벌 규정을 두어 직장보
육시설의 설치를 강제할 필요가 있으며, 시설 설치의 제약요인을 제거하고 지
원할 수 있는 방안도 마련해야 한다. 정부는 2013년 6월 10일 관계부처 합동
으로 '일과 가정의 양립을 위한 직장어린이집 활성화 방안'을 발표하였는데,
기업들이 적극적으로 직장어린이집을 설치할 수 있도록 설치비 지원 한도를
2억 원에서 3억 원으로 인상하고, 보육실 1층 설치, 옥외놀이터 설치, 조리실
별도 설치 원칙 등의 설치기준을 완화하고 건물을 신증축하면서 어린이집을
설치하는 경우 용적률 완화의 인센티브를 부여하기로 하였다. 또한 상대적으
로 여성 비중이 높고 보육수요가 많지만 설치율이 낮았던 중소기업들이 직장

어린이집을 공동설치하거나 어린이집을 신축·매입하는 경우 6억 원까지 지원하며 중소기업 어린이집의 인건비 지원액을 월 100만 원에서 120만 원으로 인상하기로 하였다.

앞에서 살펴본 바와 같이 여성의 경력단절에는 '고용 불안정과 저임금'도 주요 원인으로 작용하고 있다. 따라서 이에 대한 해결이 요구되는데 이를 위해서는 '동일가치노동 동일임금의 원칙'과 '양질의 일자리 제공'이 필요하다. 그런데 이는 정부와 기업의 적극적인 의지와 실천이 요구되는 것이다. 자녀양육을 여전히 여성만의 책임으로 보는 성역할 고정관념을 변화시키기 위한 문화운동 및 교육도 요구된다. 자녀양육을 부부 공동의 책임이자 권리로 여기도록 '아버지 교육'을 정규교육과정에 포함시키고, 기업에서 정기적인 아버지 교육을 의무화하는 것도 좋은 방법이 될 것이다. 양육에 대한 기업과 사회의 인식을 전환하기 위한 교육 및 캠페인도 필요한데, 가족친화기업 인증제도를 활용하는 것, 즉 가족친화기업의 인증에 육아휴직의 남성 사용률을 반영하는 것도 좋은 방법이라 생각된다.

기업들은 '기업의 사회적 책임(CSR)'에 대한 정의에서 기업경영의 이해관계자에 구성원, 즉 임직원을 포함하고 있는데, 이때 임직원의 범위를 정규직으로 한정하고, 비정규직에 대해 고용 안정성, 임금 및 상여금, 승진, 그리고 복지급여 등에서 많은 차별을 하고 있다. 비정규직 노동자들은 기업의 경영활동에 필요한 업무를 담당하고 있기 때문에 당연히 기업의 구성원이며 이해당사자에 해당된다. 따라서 기업은 크게는 기업의 사회적 책임을 다한다는 관점에서 그리고 작게는 고용주로서 임직원에 대한 책임을 다한다는 입장에서 정규직뿐만 아니라 비정규직도 그 대상에 포함해야 한다.

최선의 복지는 '양질의 일자리'이다. 따라서 기업은 비정규직 사용으로 노동빈민층(working poor)을 양산한 이후에 사후적으로 복지비용을 지출하기보다 빈곤층 양산을 사전에 예방하기 위해 저임금의 비정규직 사용을 자제하고 노동자들에게 '양질의 일자리'를 제공해야 할 것이다. 고용 불안정과 저임금 문제가 해결되는 것만으로도 노동자의 빈곤 문제와 교육 불평등 문제, 특히 전체 가구주 3명 중의 1명이 여성 가구주인 현실에서 여성노동자와 그 가족의 빈곤문제를 해결할 수 있을 것이다.

5) 직업 훈련, 취업 알선 서비스 및 사후 관리 프로그램

기업들이 30~40대 기혼여성을 채용할 경우 가장 중요하게 평가하는 요소는 '전문지식이나 기술 여부(35.7%)'와 '철저한 직업의식(24.2%)'으로 나타났다. 따라서 경력단절 여성들의 재취업을 가능하게 하는 수준 높은 직업훈련 프로그램 등이 다양하게 마련되어야 할 것이다(임희정, 2009). 경력단절 여성의 특징은 본인이 하고자 하는 일과 실질적으로 할 수 있는 일의 괴리가 크다는 것이다. 이러한 격차는 일을 지속적으로 하기 힘들게 하며 반복적 경력단절로 이어지는 고질적 문제를 야기한다. 따라서 적절한 직업 교육 및 취업 알선 서비스와 함께 사후 관리 프로그램이 필요하다. 즉 현재 취업지원기관이 취업까지 책임지는 것이었다면 이제는 취업을 넘어서 여성의 지속적 경력개발을 책임지는 것으로 방향을 전환해야 한다. 여성가족부의 '경력단절여성 직업교육훈련' 프로그램에 경력단절 여성의 특성에 맞는 교육과정이나 고학력 여성을 위한 과정이 많이 부족하고, 교육과정의 대부분은 저임금의 불안정한 일자리들이다. 고학력 여성의 전문성을 고려하는 교육 및 취업 알선 프로그램과 이를 전담하는 조직이 필요하다. 대학을 졸업한 후 3~4년이 지난 여성들부터 자녀 출산 후 재취업하려는 고학력 여성들에게 취업 교육과 정보를 제공하고 직업여성으로서의 기본적인 의식개선교육을 하며 구인업체와의 연계 및 사후 관리를 해주는 전담조직이 설치되어야 한다.

또한 각 대학에 존재하는 취업지원센터(취업경력개발원)가 그 대학 출신의 경력단절 여성의 재취업 교육과 취업 알선 서비스를 제공하고 사후 관리까지 맡는 데까지 역할을 증대하는 것이 필요하다. 한 해 고교 졸업자의 70% 정도가 대학에 진학하는 상황에서 모든 대졸여성들을 동질적인 고학력집단으로 보는 것은 무리가 있다. 따라서 출신대학별로 필요한 재취업 프로그램과 취업 알선 서비스를 제공한다면 이러한 문제가 다소 해결될 것이다. 대학의 취업지원센터는 경력단절 여성의 재취업 프로그램을 평생교육원과 연계해서 제공하고, 취업 지원 기간은 졸업 후 10년까지로 하면 적절할 것이라 생각된다.

고학력 여성의 고용률을 높이기 위해서는 경영자들의 협조 또한 필요하다. 한국사회의 경제적 도약을 위한 정부의 고용률 제고 정책은 기업의 협조가 없이는 달성하기 어려운 과제이다. 특정 능력과 경험을 갖춘 경력단절 여성을 필요로 하는 기업과 적임의 여성을 연결해주기 위해서는 경영자조직과 손을 잡는 것이 효율적이다. 앞에서 언급한 여성가족부 산하 담당 부서는 경총과 손을 잡고, 지방에서는 지방경총과 '새일센터' 등이 지역별로 재취업 프로그램과 취업 연계 서비스를 제공하는 것이 필요하다.

2009년부터 여성가족부가 해온 경력단절여성 취업지원 사업은 취업성공이 가장 큰 목표였으며 현재의 여성 경제활동 참가율을 OECD 평균 수준으로 높이는 것을 사업의 중심에 두었다 해도 과언이 아니다. 이런 정책의 방향에 따라 경력단절 여성들이 비정기적이며 한시적 일자리에 대거 진출하게 되어 취업의 연계건수는 많지만 전체적인 경제활동 참가율 상승으로 이어지지는 못했다. 따라서 취업지원서비스 기관이 재취업한 여성들의 취업상황을 지속적으로 모니터링하면서, 필요한 여성들에게 고충상담프로그램을 개발·제공하거나 개별적으로 컨설턴트를 파견하여 상담을 하는 기능을 추가할 필요가 있다. 더불어 여성들이 자조모임을 갖도록 하여 이를 지원하는 시스템을 개별 '새일센터'별로 개발하도록 재정적 지원을 하는 것도 요구된다.

경력단절 여성이 구직활동을 하지 못하는 이유로 오랜 경력단절로 노동시장 진입에 대한 자신감 부족이 12.4%로 나타났는데, 30~34세 14.4%, 45~49세 11.7%, 50~54세 17.0%로 높아지는 경향을 보이고 있다(여성가족부, 2019:214). 이것은 10여 년 전과 크게 다르지 않은데, 한 연구(한국여성정책연구원·한국노동연구원, 2009)에서도 경력단절 여성들이 취업에 대한 제의가 와도 그에 응하지 못한 이유로 69.1%가 근로조건이 기대수준을 충족시키지 못해서이며 그 다음으로 14.6%가 오랜 경력단절로 노동시장 진입에 대한 자신감 결여로 나타났다. 특히 학력이 높을수록 이 현상이 심한 것으로 나타났으며, 직업교육을 희망하는 이유 가운데서도 '자신감 회복'에 대한 요구가 직업설계, 기술습득, 취업연계 등의 요구보다 높게 나타났다. 따라서 취업에 대한 자신감을 제고할 수 있는 교육 프로그램을 개발하고 여성들의 접근성이 높은 교육훈련시설에서 운영하도록 해야 한다.

취업여성의 경력단절은 우선 일-가족 양립의 어려움 때문이다. 우리 사회는 남성은 생계책임자, 여성은 양육책임자라는 성별분업 이데올로기가 여전히 지배적이며 장시간 일하는 노동문화를 갖고 있다. 이러한 문화 속에서 여성 노동자들은 실제로 일과 가족을 병행하는 것이 매우 어려워진다. 게다가 우리 사회에서 자녀양육 책임을 갖고 있는 여성은 열등한 노동력으로 인식되기 때문에 기업은 임신, 출산, 양육기에 있는 여성들을 부정적 시선으로 보면서 퇴사 압력을 가한다.

여성의 저임금과 불안정 고용도 경력단절의 원인으로 작용한다. 노동시장에서 여성들은 남성에 비해 저임금의 불안정한 일자리에 종사하므로 취업기회비용이 남성에 비해 적기 때문에 일－가족 병행으로 힘든 상황에 처하게 되면 직장일을 포기하게 되는 것이다. 따라서 여성의 경력단절을 방지하고 고용률을 제고하기 위해서는 양질의 일자리 창출과 함께 일－가족 양립지원 정책의 강화와 여성의 저임금 및 고용불안 해소 정책이 요구된다. 일－가족 양립정책이 소기의 목적을 달성하기 위해서는 이 정책이 여성만을 위한 것이 아니라 남녀 모두를 위한 정책이라는 인식을 우리 사회가 공유해야 한다. 그런 다음 실효성 있는 정책이 되기 위해 수반되어야 할 사항들을 구체적으로 고려해야 한다. 고학력 여성의 고용률 제고는 저출산·고령화 시대에 고급 인력 유휴화 문제와 노동력 부족 문제를 해결하여 지속적이고 안정적인 성장과 발전을 위해서 해결해야 하는 과제이다. 또한 여성의 노동권 보장을 위해서도 반드시 풀어야 할 과제이다.

01 가사, 자녀양육 및 돌봄노동의 대부분을 여성이 무급으로 담당하고 있다. 이것이
    여성의 경제활동을 어떻게 제약하는지, 또한 노동시장에서 여성의 직종/직무와 노
    동조건에 어떠한 영향을 주는지 알아보자.

02 일 - 가족 양립정책과 워라밸(Work and Life Balance)의 차이점이 무엇인지, 워라밸
    의 실현을 위해 무엇이 필요한지 알아보자.

03 맞벌이를 하고 있는 기혼여성들의 공통된 문제는 바로 가족영역과 직장영역을 모
    두 책임져야 하는 이중부담이다. 이 문제를 풀기 위한 해결책 중의 하나는 부부가
    공평하게 분담하는 것이다. 가사와 자녀양육 그리고 돌봄노동을 부부가 공평하게
    분담하는 방식에는 어떤 것들이 있을지 생각해보자.

◆ 참고문헌

강이수·신경아·박기남(2015), 『여성과 일』, 동녘.

고용노동부, 「고용보험 DB」.

_____, "근로시간 단축제도 가이드북" 요약서.

김유선(2019), "비정규직 규모와 실태(2019년 8월)", 이슈페이퍼 2019-17, 한국노동사회연구소

김태홍·양인숙·배호중·금재호·이상준(2012), 『경제성장 전략과 여성일자리(Ⅲ)』, 한국여성정책연구원.

대한상공회의소(2005), "기업의 사회적 책임(CSR): 국제적 동향과 대응과제".

보건복지부(2019), 「2019년 보육통계」.

_____(2012), 보도자료 「2012년 보육실태조사 결과발표」(2012. 5. 10.).

_____, 「보육실태자료」.

손기영(2009), "취업여성을 위한 경력단절 예방 지원책", 이슈브리프 12호(2009.4), 경기도가족여성연구원.

여성가족부(2019), 「2019년 경력단절 여성 등의 경제활동실태조사」.

_____(2016), 「2016년 경력단절 여성 등의 경제활동실태조사」.

_____(2012), 「2012년 여성정책수요조사」.

오은진(2010), "여성의 경력단절과 향후 과제", 서울경제.

오은진·김종숙·김난주·이상돈·김지현(2008), 『고학력 경력단절여성의 일자리 창출을 위한 정책과제』, 한국여성정책연구원.

이택면(2010), "한국 노동시장의 성불평등과 청년층 여성의 경력단절", 『청년연구』 제1호, 159~175쪽, 한국청년정책연구원.

임희정(2009), "경력단절 여성의 재취업과 기업의 인사관리에 관한 탐색적 연구", 여성부.

장지연(2010), "여성의 경력단절 현황과 돌봄노동 사회화정책의 방향성", 『여성 경력단절 실태를 통해 본 일·가정 양립과 저출산 대안 모색 토론회』 자료집, 한국여성노동자회; 서울여성노동자회 주최.

통계청(2020a), 「2020 통계로 보는 여성의 삶」

_____(2020b), 「사회조사」

_____(2019), 「2019 통계로 보는 여성의 삶」

_____, 「경제활동인구조사」 각 연도.

한국고용정보원, 「고용보험통계현황」 각 연도.

한국여성정책연구원(2011), 『저출산 극복을 위한 공생발전 현안과 대책』, 고용노동부.

한국여성정책연구원·한국노동연구원(2009), 『경력단절여성등의 경제활동촉진 기본
　　계획 수립을 위한 기초조사』, 여성부.

홍승아(2010), "일가족양립정책의 국제비교연구: 스웨덴, 영국, 한국을 중심으로", 『젠
　　더리뷰』 no.16(2010년 봄), 한국여성정책연구원.

〈신문 기사〉

뉴스포스트(2016.3.17.), "금복주 퇴사 강요 논란 '결혼이 퇴직 사유?' 사과내용 없는
　　사과문".

서울경제(2013.7.12.), "'먹고 살만하니까 남성 육아휴직' 그릇된 인식부터 바꿔라".

이데일리(2019.2.27.), "'52시간제＋워라밸'… 작년 연간 근로시간 28.2시간 줄어".

한겨레(2013.7.16.), "학습에서 식사, 안전까지 돌보는 '학교밖 담임'".

PART
02

기업의 고용제도와 여성노동

CHAPTER 04

노동 유연화와 기업의 대응 방식

    무한 경쟁과 효율 극대화를 추구하는 신자유주의 경제질서하에서 그리고 특히 1997년 IMF 외환위기를 맞아 기업들은 노동 유연화 전략을 구사하여 경제위기를 극복하고자 하였다. 이와 같은 효율 극대화 추세는 전 지구적 차원에서 진행되었고 이러한 변화가 비정규직 노동의 급증을 초래하였다. 과도한 비정규직 규모와 비정규직의 열악한 노동조건을 개선하기 위해 드디어 2007년 7월부터 소위 「비정규직법」이 시행되었다. 첫째, 비정규직법이 담고 있는 주된 내용은 무엇이며 비정규직법에 대해 기업들이 어떠한 방식으로 대응들을 했는지 둘째, 비정규직법이 과연 여성노동자에게 어떠한 영향을 주었는지 젠더 관점에서 생각해볼 필요가 있다. 셋째, 비정규직법을 둘러싸고 발생했던 문제점을 정리하고 이들을 어떤 방식으로 해결해나가야 여성노동자의 삶이 향상될 수 있는지 그 방안에 대해 심도있게 고찰해보고자 한다.

01 노동의 유연화 전략과 여성 노동

1) 노동의 유연화 전략

    최근 한국이 겪는 심각한 경제 위기의 원인으로는 신자유주의적 세계화가 자리잡고 있다. 신자유주의 경제의 핵심은 국가 개입을 최소화하면서 개인의 자유를 극대화하고 시장 메커니즘에 의해 자원을 효율적으로 배분하는 데 있다. 신자유주의는 흔히 공공부문의 민영화, 시장 개방, 기업과 시장에 대한 탈규제, 사회복지 정책의 축소, 금융화 등으로 설명되기도 한다. 신자유주의로 인해 자본 이동이 이전에 비해 자유로워졌다. 특히 금융과 생산의 지구화로 국가 간에 경쟁적 환율 조정이 가능해졌을 뿐만 아니라 자본은 국경을 자유롭게 넘나들며 케인즈식 재정 및 통화 정책과 각종 사회적 규제를 무력화하게 되었다. 이와 같은 금융자본의 자유로운 이동과 외환시장의 투기 공격은 때때로 해당 국가에 금융 및 외환위기를 일으키고 경제에 심각한 피해를 주는 부정적 결과를 초래하기도 한다(강이수 외, 2015:128).

전 지구적 차원에서 이루어지는 무한 경쟁과 효율 극대화의 논리 앞에서 기업은 고용의 구조조정을 통한 인건비의 절감을 추구하게 된다. 여기서 등장하는 것이 노동의 유연화 전략이다. 노동의 유연화는 '수량적 유연성' 증대와 '기능적 유연성' 증대를 위한 전략으로 나뉜다. '수량적 유연성'이란 노동력 공급을 유연하게 하는 것으로 두 가지 방법에 의해 가능하다. 첫째, 노동력 수요 변화에 따라 노동력 공급을 쉽게 조절할 수 있도록 고용 관계를 확대하는 것이다. 임시직이나 시간제, 또는 파견직 노동자의 수를 늘릴 경우, 기업은 정규직 노동자에 비해 노동력의 충원과 퇴출 면에서 유연성을 증대시킬 수 있다. 둘째, 하청에 의한 외부화 전략으로 생산과정의 일부 또는 전부를 기업이 외부의 조직이나 노동자에게 이전시키는 방식이다. 하청이나 재하청, 가내노동 등의 방식을 적절히 사용할 경우 기업은 시장의 수요 변동을 감안하여 상품 생산량을 조절할 수 있다. 이에 비해 '기능적 유연성' 증대는 노동자가 지닌 숙련의 내용을 다양화함으로써 생산기술의 변화에 신속하게 적응할 수 있도록 대처하는 것이다. 1997년 외환위기 이후 직업훈련과 평생교육이나 지속적인 자기계발의 중요성에 대한 인식이 커지고 있는 이면에는 이러한 기능적 유연화의 필요성이 내재해 있다(강이수 외, 2015:238 - 240).

신자유주의적 경제질서를 구현하기 위한 노동시장의 유연화는 비정규직의 확대로 인해 노동자에게 고용불안의 심화와 함께 임금, 노동조건, 수당, 휴가, 고용과 해고에 관한 정당한 절차, 의료보험과 사회보장 등 각종 혜택에 있어서의 불이익이나 포기를 의미하게 되었다(강이수 외, 2015:129). 기업의 입장에서 볼 때 '수량적 유연성' 증대는 노동력 수급을 원활히 하고 경쟁 원리를 도입해 급변하는 경제환경에 효율적으로 대처할 수 있는 논리와 일맥상통한다. 그러나 노동자의 입장에서 보면 이러한 정책은 고용의 안정성을 붕괴시키고 임금 등 노동조건 전반을 악화시키는 현상으로 해석된다. 임시직과 파견직, 실업 등 고용을 불안정하게 하는 여러 요인들이 노동의 유연화와 함께 확대되고 있기 때문이다. 불안정한 노동환경문제는 한국사회에서 1980년대 후반부터 집중적으로 나타났으며 1997년 외환위기 이후 더욱 빠르게 확산되고 있다. 특히 세계화 추세는 과거 한 국가 내에서 이루어지던 경쟁을 전 세계적 차원으로 확대시킴으로써 노동의 유연화를 촉진하는 결과를 가져오고 있다 (강이수 외, 2015:240).

2) 여성노동의 비정규직화

노동의 유연화 전략은 성별에 따라 다른 방식으로 작용함으로써 새로운 형태로 '노동시장의 이중화'를 초래한다. 기능적 유연성을 제공하는 핵심노동자 집단과 수량적 유연화의 대상인 주변부 집단에 상이한 영향을 미쳐서 노동시장을 양분하는 것이다. 즉, '기능적 유연화' 전략에 따라 고도의 기술 훈련을 습득하여 변화된 생산과정에 대한 적응력을 높인 남성노동자들은 핵심노동자층으로 발전하는 데 비해 대부분의 여성노동자들은 '수량적 유연화'를 통해 탈숙련된 주변 노동자 집단으로 남게 된다. 주변 노동자들에 대해서 임의적으로 노동자의 규모를 조절하는 전략으로 자본이 선호하는 수량적 유연화의 주요 대상이 바로 여성들인 것이다. 이것은 노동시간이나 노동력 수요 공급의 조절이 쉬운 유연한 노동력을 필요로 하는 기업들이 가사 및 양육 전담자인 여성들의 조건을 이용하기 때문이다(박옥주, 2010:3).

한국사회가 경험했던 1997년 IMF 통치하의 경제 위기 이후 기업들이 적극적으로 노동 유연화 전략을 활용함에 따라 비정규직 노동자 비율이 급속히 증가하였다. 비정규직은 정규직으로 가는 가교(bridge)라기보다는 함정(trap)이라는 지적과 같이(한준·장지연, 2000:50), 정규직과 비정규직 간에는 이동이 쉽지 않다. OECD의 『비정규직 이동성 국가별 비교(2013)』 자료에 의하면, 우리나라는 비정규직 가운데 11.1%만이 1년 뒤 정규직으로 일하고, 69.4%는 비정규직에 머물렀으며, 19.5%는 실직 등으로 일을 하지 않는 것으로 조사됐다. 3년 뒤에도 상황은 별로 나아지지 않아 비정규직 중 22.4%만이 정규직이 됐고, 50.9%는 여전히 비정규직, 26.7%는 일을 하지 않고 있었다. 반면 단시간(파트타임) 노동자들이 많은 네덜란드를 보면, 현재 비정규직이던 노동자가 1년 뒤 49.1%, 3년 뒤에는 69.9%가 정규직으로 일하고 있었다. 비정규직이 3년 뒤 정규직으로 옮겨간 비율은 영국 63.4%, 독일 60.0%, 프랑스 45.3%이며 일본은 24.9%로 한국(22.4%)과 비슷한 상황이다(한겨레, 2014.10.6.). 일단 비정규직 노동자는 정규직 진입이 어려우며, 빈곤층에 속하게 될 가능성이 상대적으로 높고 사회보험의 수혜자가 되기도 어렵다(장지연·양수경, 2007:19). 특히 비정규직의 함정 속에서 사회적 배제의 위험에 빠질 가능성이 높은 사람들은 주로 여성이며 나이가 많고 학력이 낮은 사람들로, 여성 우선 해고는 IMF 외환위기 시 대대적으로 이루어진 구조조정 과정에서도 볼 수 있었다. 자본주의 산업화 이래 여성은 경제위기 때마다 위기의 안전판 역할을 해왔으나, 한 가족의 생계책임자는 남성이라는 믿음에 기초한 가족임금 이데올로기는 이러한 사실을 은폐하는 기제로 사용되어 왔다(조순경, 2000:297). 그 사례를 보면, 1998년 8월에 현대자동차에서 잉여인력이 전혀 아닌 후생복지팀의 여성노동자들을 해고하고 이들이 하던 식당업무를 하청화하였다. 이들의 평균 나이는 47세로 이들 중 70% 이상이 실질적인 생계책임자의 역할을 하고 있었다. 또한 중소기업협동조합은 1998년 6월에 여성이 99%를 차지하던 서무 직종을 폐지하였다. 금융권의 경우에는 여성들 중심으로 희망퇴직을 거의 강제적으로 받았는데, 강원은행의 경우 여성 행원 전체의 70%가 신청했으며, 조흥은행의 경우 1998년 6월말 현재 2,600여 명 가운데 1,245명의 신청을 받았다. 농협은 명예퇴직자 선정에서 '상대적 생활 안정자'라는 명분 아래 사내 부부가 1차적인 대상이 되어 전체 762쌍 가운데 752쌍이 명예퇴직을 하였는데 이들 중 688명이 여성이었다(조순경, 2000:303−310).

IMF 경제위기 시에 이루어진 인원 감축은 여성 정규직의 감소와 비정규직의 증가로 여성노동의 비정규직화를 초래하였다. 1990년대 후반에 확산되고 있는 노동의 비정규직화는 시장 메커니즘뿐만 아니라 노동시장 밖의 생산 및 재생산에서의 성역할 분업, 남녀차별에 의해서 영향을 받았다(이영자, 2004). 한국 여성노동시장은 경제위기의 충격과 세계화에 따른 여성노동의 재구조화 속에서 급격한 변화를 경험하고 있는 바, 노동력의 여성화와 비정규직화가 빠른 속도로 진행되어온 것이다. 전지구적 자본주의하에서 여성은 보호받지 못하는 '유연한' 노동력으로 활용되어 미숙련, 저임금, 하위직에 계속 머물고 있으며 성별화된 노동시장은 다양한 형태로 유지 및 재생산되고 있다(김현미·손승영, 2003:91). 가부장적 노동시장에서 여성노동자들은 남성에 비해 채용, 업무배치, 임금과 승진 등에서 많은 차별을 받아왔다. 성별분업 이데올로기에 의해 노동의 위계상 낮은 지위의 직무에 종사하고 있는 여성노동자들은 가정에서도 가사 및 자녀양육에 대한 일차적 책임자로 인식됨에 따라 노동시장 참여가 불연속적이고 경력단절을 빈번하게 경험하게 되므로 임시직으로나 비정규직으로의 하향 재취업 경험 또한 자주 나타나고 있다. 이러한 요인들이 노동의 유연화 전략과 맞물려 결국 여성노동의 비정규직화를 가속화하게 되는데, 실제로 기업의 구조조정에서 여성 우선 해고와 정규직의 비정규직으로의 대체에 의해 여성 비정규직의 비율은 2001년 8월에 70.9%까지 증가하였다. 조사 기간 내내 고용형태에 있어서 남성노동자의 경우는 정규직이, 여성노동자의 경우는 비정규직이 더 많은 비중을 차지할 정도로 여성은 주로 임시직의 불안정한 비정규직으로 일해 왔음을 알 수 있다.

여성노동자 중 비정규직이 절반을 넘는 것이 문제가 되는 것은 우선 낮은 임금 때문이다. 2019년 8월 기준 남성노동자의 경우 정규직의 월평균 임금은 369만 원, 비정규직은 210만 원, 여성노동자의 경우 정규직의 월평균 임금은 266만 원, 비정규직은 139만 원이다. 정규직 남성노동자의 임금을 100이라 하면 비정규직 남성은 56.7, 정규직 여성은 72.1, 비정규직 여성은 37.7이다(김유선, 2019). 뿐만 아니라 남성 정규직 임금을 기준으로 한 남성 비정규직의 임금은 비정규직법 시행 초기인 2007년 8월 51.0에 비해 2019년에는

<표 1> 성별 비정규직 비율(매년 8월 기준)　　　　　　　　　　　　　　(단위: %)

	2001	2003	2005	2007	2009	2011	2013	2015	2017	2019
여성	70.9	69.5	69.5	66.3	65.6	61.8	57.3	55.4	52.4	50.8
남성	45.5	45.4	46.5	45.5	41.8	40.2	37.3	36.8	34.4	34.3
전체	55.7	55.4	56.1	54.2	51.9	49.4	45.9	45.0	42.4	41.6

자료: 김유선(2018), 『비정규직 규모와 실태－통계청, '경제활동인구조사 부가조사'(2018.8.) 결과－』, p.2와 p.6 그림 재구성, 이슈페이퍼 제101호(2018－16호), 한국노동사회연구소. 김유선(2019), 『비정규직 규모와 실태(2019. 8.)』, 이슈페이퍼(2019－17), 한국노동사회연구소.

56.7로 약간 증가한 반면, 여성 비정규직의 임금은 같은 기간에 39.0에서 37.7로 오히려 감소하였다. 남성 정규직 대비 여성 비정규직의 임금 격차 증대는 여성 비정규직 노동자의 임금이 상대적으로 더 열악해진 데에 기인한 것으로, 남성보다 여성에게 비정규직법의 차별 시정 효과가 더 적게 나타나고 있음을 시사한다. 비정규직 여성노동자가 전체 여성노동자의 약 절반을 차지하고 이들의 평균 임금이 정규직 남성 대비 37.7%에 불과한 것은 여성노동자가 경제적으로 힘든 상황에 있음을 보여준다. 더욱이 향후 여성가구주 비율이 더 증가할 것으로 예상되는 상황에서 비정규직 여성노동자와 그 가족을 빈곤의 나락으로 떨어뜨리게 되는 심각한 문제라고 할 수 있다.

─ 02 비정규직 법에 대한 기업의 대응

1) 비정규직 법의 내용과 한계

정규직은 계약기간을 정하지 않고 사용자에게 직접 고용되어 특별한 사유가 없는 한 고용이 보장되며 법으로 정한 소정 근로시간에 따라 전일제로 근무하는 노동자를 의미하는 반면 비정규직은 보통 '정규직이 아닌 노동자'로 정규직에 대비되는 개념으로 사용된다(정이환, 2003:73). 비정규 노동의 규모는 비정규 노동의 범위를 무엇으로 정하는가에 따라 달라진다. 1990년대 말 이래 고용이 불안정한 노동자들이 급증하면서 비정규직이 사회문제로 대두되자 2002년 7월 노사정위원회에서 '비정규 근로자 대책 관련 노사정 합의문'을 발표하고 비정규 근로자의 개념과 통계 산출방법을 제시하였다. 여기서 비정규 고용은 고용계약기간, 근로제공의 방식, 고용의 지속성, 근로시간 등 국제적 기준과 아울러 한국적 특성을 고려하는 다차원적인 기준에 의거하여 파악되어야 한다는 점을 명시하면서, 비정규 근로자를 고용 형태에 의해 정의하였다. 이에 따라 비정규 근로자는 한시적 또는 기간제 근로자, 단시간 근로자, 파견·용역·호출 등의 형태로 종사하는 비전형 근로자로 규정되었다. 통계청의 경제활동인구조사에서는 비정규 노동의 정의를 위해 노동자를 종사상 지위에 따라 상용직, 임시직, 일용직으로 분류한다.

2007년 7월 1일부터 시행된 비정규직법은 직접고용관계를 규율하는 '기간제 및 단시간 근로자의 보호 등에 관한 법률'(이하 '기간제법'이라 함)과 간접고용관계를 규율하는 '파견근로자 보호 등에 관한 법률'로, 핵심 내용은 비정규직 노동자의 '사용기간 2년 제한'과 '불합리한 차별적 처우 금지'이다. 비정규직법 시행의 목적은 비정규직 노동자의 고용을 안정화하고 임금 등 노동조건을 개선하는 데 있다.

비정규직법에는 노동계가 요구한 비정규직의 사용사유 제한이 포함되어 있지 않다. 사용사유 제한 없이 사용기간만 제한하는 것은 상시업무에 대한 기간제 노동자의 남용을 유발할 가능성이 높기 때문에, 이에 대해서는 입법과정에서도 여러 차례 지적되었다. 파견 노동자의 경우 차별 금지 주체는 파견사업주와 사용사업주 모두가 포함되지만, 차별적 처우의 비교대상은 직접 고용관계에 있는 정규직뿐만 아니라 비정규직 노동자를 포함하여 '동종 또는 유사한 업무'에 종사하는 모든 노동자들이다. 하지만 '동종의 업무에 종사하는 노동자'는 그나마 쉽게 판단할 수 있으나, '유사한 업무'를 어떻게 결정할 것인지에 대해서는 구체적인 기준이 없으므로 문제가 생긴다. 뿐만 아니라, 비정규직법이 금지하는 것은 합리적인 이유가 없는 차별이므로, '합리적인 이유'로 인정될 수 있는 사유가 어떤 것인지에 대해서도 따져볼 필요가 있다(최영우, 2007:48-49).

이와 같이 비정규직법이 지니는 문제점과 애매함으로 인해 정규직과 비정규직 사이의 차이를 어디까지 차별로 해석할지는 분명하지 않다. 통계청의 2019년 8월 경제활동인구 부가조사에 의하면, 비정규직(171만 원)은 정규직 임금(331만 원)의 51.8%에 불과한 임금을 받고 있다. 또한 정규직의 사회보험 가입률은 국민연금 94.9%, 건강보험 98.8%, 고용보험 84.0%인데 반해, 비정규직의 경우에는 국민연금 33.8%, 건강보험 43.3%, 고용보험 40.2%에 불과하다(김유선, 2019). 임금 격차나 사회보험 가입률 외에도 근로관계의 여러 영역에서 발생할 수 있는 차별이 비정규직법의 차별금지 대상이 될 수 있음에도 불구하고 '합리적인 이유'라며 제재를 받지 않을 가능성이 크다.

2) 기업들의 다양한 대응 방식

기업들은 종종 업무처리와 관리 비용, 그리고 복지급여와 같은 고용비용을 줄이기 위해 비정규직 노동자들을 고용한다. 한국사회에서 기업들이 비정규직 노동자를 사용하는 이유는 노동의 유연성 확보에 있다기보다는 일차적으로 비용 절감에 있다. 노동자 사용에 대한 전체 보상비용 중 복지급여가 30~40%를 차지할 정도로 많으므로 복지급여 제한이 기업에게는 상당한 비용절감 효과가 있기 때문이다. 비정규직 노동자의 고용안정 확보와 노동조건 개선이라는 비정규직법의 목적은 기업들이 실제로 이 법에 대해 어떻게 대응하느냐에 따라 입법 취지의 성과가 결정된다. 아무리 훌륭한 법이나 정책일지라도 실천 주체인 기업이 소극적이거나 회피적이라면 소기의 목적을 달성할 수 없는 것이다.

비정규직 노동자의 고용 안정과 차별 해소를 목적으로 하는 비정규직법의 효과는 기업들의 대응방식에 따라 상이하게 나타난다. 우선 '사용기간 제한' 조항에 대해서는 기업의 직종과 업무 특성에 따라 대처 방식이 다르게 나타났다. 비교적 단순한 업무일 경우에는 2년마다 신규채용하거나 외주용역화하기 방식을 따랐다. 기간제 노동자의 경우 일반적으로 1년 단위로 고용계약을 하는데 만일 2년을 초과하여 고용을 할 경우 「기간제법」에 의해 고용을 정년까지 보장받는 노동자로 본다. 따라서 기업은 특정 기간제 노동자를 2년까지만 사용하고 다른 노동자를 기간제로 신규채용하는 방식을 취하는 것이다. 외주용역화 방식은 특정 업무 전체를 외부 용역업체에게 떠맡겨 해결하는 것으로 청소와 경비업무 등이 이에 해당된다. 청소나 경비노동자의 고용기간이나 임금 등에 대해 사용업체는 신경을 쓸 필요가 없는 것이다. 일정 정도의 숙련을 요구하는 업무일 경우에는 무기계약직으로 전환하기, 기존의 일반 정규직 밑에 하위단계를 만들어 정규직 체계로 흡수하기, 일반 정규직으로 전환하기 등의 방식을 택했다. '차별금지' 조항에 대해서는 차별 여부를 판단하는 데 필요한 비교대상을 없애기 위해 동일하거나 유사한 업무 자체를 없앰으로써 정규직과 비정규직의 업무를 철저하게 분리시키는 방식으로 대응하였다. 그 결과, 전국 사업체 기간제 실태조사 분석결과에 의하면, 법 시행 이후 근속 기간 2년 이상인 자로서 2009년 7월 중 계약기간 만료자 가운데 계약종료

비율이 높아서 37.0%로 나타났고 무기계약직을 포함한 정규직 전환은 36.8%에 불과했다(한국노동연구원, 2009:1).

비정규직법이 시행되기 시작한 2007년 7월을 전후로 하여 금융권의 대부분은 무기계약직화 방식으로, 유통업체의 대부분은 외주화 또는 무기계약직화 방식으로 대응한 경향이 있다. 은행권에서는 우리은행이 처음으로 개인금융서비스, 사무지원, 콜센터업무를 별도 직군으로 분리하고 이들 직군에 포함된 3,076명을 무기계약화 하였다. 이들 무기계약직은 59세까지 정년이 보장되고 복지후생도 정규직과 동일하게 적용받게 되었다. 그러나 임금은 별도의 체계가 적용되어 정규직과 차이가 있으며, 승진도 기존 정규직보다 승진년수가 길고 차장까지만 승진이 가능하게끔 규정을 정했다. 부산은행은 기존의 정규직 직급 맨 아래에 직급(7급)을 신설해 606명을 정규직화해서 정년보장 및 복지후생 부분의 차별을 개선했고 외환은행도 영업점 직무분리와 함께 1천 명을 무기계약화 하였다. 그런데, 하나은행은 1년 이상 된 141명의 기간제 노동자를 정규직화했으나, 기존 비정규직 직원의 정규직 전환으로 공석이 된 자리에 기간제를 새로 채용하는 대신 인력파견업체인 유니에스로부터 21명을 아웃소싱 했고 앞으로도 계약기간이 만료되는 사무직원 자리에 용역직원으로 채운다는 계획을 발표하였다(연합뉴스, 2007.7.9.). 홈에버는 비정규직 계산원 1,100여 명 중 2년 이상 근무한 521명에 대해 직무급 전환을 시도하였고, 비정규직 350명은 재계약을 하지 않았다. 뉴코아도 계산원 320여 명 중 정규직 100명을 다른 업무로 배치하고 비정규직 223명은 외주로 전환하였다. 롯데호텔도 40여 명에 대해 외주화를 추진하고, 세이브존은 230명이 일하는 계산업무를 외주화하였다. 현대백화점은 정규직 계산원을 전환배치하고 비정규직 계산원 125명을 외주화하였다. 금융권에서 무기계약화 방식이 주로 선택되는 반면, 유통서비스 부문에서 계약해지, 외주용역, 무기계약화 등의 다양한 방식이 선택되는 이유는 금융업무가 유통서비스업무보다 더 숙련을 요구하는 것으로 인식되기 때문이다. 은행의 텔러업무는 보통 2년 정도의 숙련을 요구하는 일이므로 2년 주기의 대체 신규채용 방식은 업무 차질을 빚어 수익성이 악화될 우려가 있다. 그러나 유통업의 계산직이나 판매직은 단기 교육으로 충분한 저숙련직으로 인식되기 때문에, 기업의 입장에서 보면 굳이 무기계약화 방식을 택하지 않아도 무방하다. 하지만 판매직이나 계산직은 대고객서비스

업무이기 때문에 서비스 제공자의 노동의욕 및 헌신성이 중요하다. 그런데 만일 2년마다 인력을 대체한다면 노동자들의 사기는 떨어지고 2년 기간 만료가 다가올수록 업무 집중도와 대고객서비스의 질이 저하할 수밖에 없다는 이유로 유통업체 중 일부에서 무기계약화 방식을 선택하게 된 것이다.

업무의 숙련도 및 지속성과 대고객서비스의 질을 요구하지 않고 주변적인 업무로 규정되는 서무, 비서, 사무보조 업무의 경우 2년 주기로 신규 채용하는 방식이 채택되었다. 이러한 방식을 채택할 경우 서무, 비서, 사무보조업무가 다른 업무를 보조하는 것으로 젊은 여성에게 적합한 업무로 규정되어 여성노동자들을 노동시장에서 조기에 퇴출하게 만든다. 또한 2년 사용기간 제한과 차별금지 조항 모두를 회피하기 위해 외주용역화 방식을 채택하기도 하였다.

비정규직법 시행 이후 기업들의 다양한 대응방식과 결과를 유형별로 정리하면 다음과 같다. 첫째, 외주화 방식을 들 수 있는데 외주화 방식은 직접고용의 기간제 노동자를 파견, 용역, 하청 등 간접고용으로 전환하여 사용기간 제한과 차별금지 조항을 모두 피해가는 것이다. 외주화의 특성상 고용은 여전히 불안정하고 임금과 복지 수준은 오히려 떨어진다. 둘째, 2년을 주기로 고용 재계약 거부 및 대체 신규 채용을 하여 사용기간 제한 조항을 피해 가는 방식으로 고용계약이 2년을 주기로 해지되기 때문에 노동자의 입장에서 보면 고용이 매우 불안정해진다. 셋째, 무기계약화 방식은 2년 이상 사용한 기간제 노동자의 고용을 기간의 정함이 없는 무기계약으로 전환하는 것으로, 무기계약직은 비정규직이 아니라 정규직으로 간주된다. 이 방식은 기업에 따라 임금, 승진, 복지 급여에서의 개선 정도가 매우 다양하게 나타나지만, 임금과 승진은 기간제와 별반 다르지 않으며 상여금과 복지급여는 개선되는 측면이 있다. 넷째, 하위직급 정규직화 방식은 기존의 일반 정규직 직급체계 밑에 하위직급을 신설하여 기간제 노동자를 그 하위직급으로 전환하는 방식으로 신설 하위직급에서 일정한 근무기간 경과 후 기존의 일반 정규직 승진체계의 적용을 받게 된다. 마지막으로 기존의 일반 정규직으로 전환하는 완전 정규직화 방식으로 고용, 임금, 승진, 복지 급여에서 일반 정규직과의 차별이 완전 해소되기 때문에 노동자의 입장에서 가장 선호하는 방식이다. 그러나 기업의 입장에서는 많은 비용을 부담해야 하고 기존의 정규직 노동자의 반발이 심한 이유로 이러한 사례는 소수에 불과하다.

　　노동조합의 태도도 기업의 대응방식에 중요한 영향을 미치는 것으로 나타났다. 이랜드그룹의 뉴코아는 2007년 7월 비정규직 법 시행을 앞두고 계산업무를 담당하는 정규직 100여 명을 다른 부서로 배치하고 그 밖의 계산직 220여 명을 용역으로 전환했다. 또한 이랜드 홈에버가 전국 32개 매장에서 보안 및 시설 담당 직원 600여 명을 감원하고 계산업무 담당 비정규직 350명의 계약을 해지했을 때, 노동조합은 계약해지 및 외주화 반대와 선별적 직무급제 반대를 외치며 파업을 시작하였다. 이랜드 파업은 계산직군 외주화 중단에 대한 노사간 합의가 타결되고 510일 만에 종결되었다. 한편, 현대백화점은 2007년 6월 비정규직 법안에 대응하여 정규직 계산원을 다른 부서로 전환 배치하고 계산직 및 식품담당 업무를 외주화하였다. 이러한 내용은 현대백화점 노사가 합의한 것이었다. 현대백화점은 IMF 이후 과장급을 대상으로 한 상시적인 구조조정이 진행되었으며, 신규 점포 인수나 매장 직원들이 퇴사할 경우 신규 사원을 충원하지 않고 그 자리를 비정규직으로 대체하였다. 현대백화점 노동조합은 현장에서 일상적인 고용불안을 느끼고 있는 정규직 조합원들의 정서를 고려해서 합의에 응하였다. 현대백화점 노동조합의 선택은 항시적인 구조조정의 압박 속에서 정규직 조합원들을 보호하기 위해 비정규직 외주화에 합의하고, 직접고용 비정규직에 대한 처우개선에 노조가 개입할 수 있는 여지를 남기는 선에서 타협한 것이다. 비정규직법에 대한 대응으로 비정규직 노동자들을 외주화하려는 두 회사의 방침에 있어서 각 노동조합은 상반되는 태도를 보여주었고 그 결과도 상이하게 나타났다. 비정규직법에 대한 기업의 대응방식은 직종별, 기업규모별, 그리고 노동조합과 노동자들의 대응 정도에 따라 상이하게 나타난다. 그러나 기업들 중에서 기간제법의 취지를 살려 비정규직 노동자들을 전원 정규직으로 또는 무기계약직으로 전환시키는 사례는 극소수였다. "대다수의 비정규직 노동자들에게 기간제법은 '대량 해고법'으로 기능하고 있다"(조성혜, 2007:138 - 139)는 비판이 일 정도로 비정규직법의 취지와는 달리 고용 불안정과 열악한 노동조건의 문제는 지속되고 있다.

03 기업의 성차별적 관행

1) '무기계약직화' 과정에서 발생하는 성차별

기업들이 비정규직법에 대한 대응으로 무기계약직화 방식을 도입하는 과정에서도 남성에 비해 여성이 불이익을 당하는 성차별이 자주 발생하였다. 남성 집중 직무만을 무기계약직이나 분리직군으로 전환하여 고용 안정성과 임금 수준을 개선하고 여성 집중 직무는 전환대상에 포함시키지 않는 사례들이 종종 발견되었다. 남성 집중 직무는 기존의 일반 정규직으로 전환하고, 여성 집중 직무는 임금과 승진에 있어서 불리한 직군이나 무기계약직으로 전환하거나 외주화하는 식으로 차등을 두기도 한다. 또한 무기계약직만으로 전환할 때는 여성보다는 남성에게 현저하게 높은 비율을 적용하는 방식의 성차별이 발생하였다. 실제로 L마트에서는 2007년에 매장관리업무를 하는 비정규직 4,900명 중 정규직과 동종·유사한 업무를 수행하는 500명은 정규직으로 전환하였고, 계산원인 단시간 기간제 노동자 4,500명은 무기계약직으로 전환하였다. 그런데 남성이 대부분인 매장관리직은 2007년 이전에도 우수자를 대상으로 근속 1년 후 시험을 거쳐 5급 정규직으로 전환하는 제도를 운영해오고 있었다. 반면 대부분이 여성인 계산원은 별도 직군으로 분리되어 시급제를 적용하였다. L마트 계산직 대부분이 여성이고 매장관리직 대부분이 남성으로 구성되어 있다는 점을 고려하면, 결국 L마트는 "유통업 내부 노동시장의 성차별적인 이질화 전략" 활용사례(김종진, 2007:116)로서 기존의 성차별적 고용형태가 무기계약직 전환 이후에도 그대로 유지되고 있음을 입증하는 대표적인 사례인 셈이다. 성차별적 사례는 금융 부분에서도 찾아볼 수 있다. 비정규직법 시행을 앞두고 분리직군제를 채택한 W은행에서는 기간제 은행원들을 매스마케팅 직군, 고객만족 직군, 사무지원 직군 등의 정규직으로 전환시키고자 하였다. 그러나 그 내용을 구체적으로 살펴보면 고용은 보장하면서 임금을 정규직의 50~60% 수준으로 지급하고, 승진을 제한하는 것으로 기존의 정규직과 구분해서 차별을 하고 있었다. 직군별 성비를 보면 남녀분리가 뚜렷하게 나타났는데, 기존의 정규직 업무에서는 90% 이상을 남성들이 차지한 반면 비정규직에서 전환된 분리직군에서는 여성들이 90% 이상을 차지하고 있었다.

비정규직법에 대한 기업의 대응이 성차별을 야기하거나 기존의 성차별을 유지·온존하는 방식에는 소위 여성적 직무와 여성노동력에 대한 평가절하가 자리하고 있다. 앞에서 사례로 든 L마트의 경우 기업 측은 자신들의 대응방식이 젠더 구분에 따른 것이 아니라 직무 기준이므로 성차별이 아니라고 주장하지만, 기업이 이러한 결정을 내리게 된 근저에는 분명히 매장 관리자는 대부분 남성들이고 계산원은 주로 여성들이라는 인식이 깔려 있다. 소위 핵심적인 숙련 업무를 담당하는 남성들과 그렇지 않은 여성들에게 다른 방식을 차별적으로 적용하는 것이 기업들에게는 자연스러운 일로 받아들여지고 있다. 비정규직법을 남성과 여성에게 공정하게 적용하는 방식은 소위 남성적 직무와 여성적 직무에 종사하는 노동자들 중 일정 비율 또는 일정한 자격을 갖춘 자들을 정규직이나 무기계약직으로 전환하는 것이다. 비정규직법 시행 전에는 동일한 사업장에서 남성과 여성이 모두 비정규직으로 종사하였지만, 시행 후 남성만을 정규직화 또는 무기계약직화하고 여성은 무기계약화 또는 외주용역화하는 방식을 차등적으로 적용해오고 있다. 비정규직법에 대해 많은 기업들이 여성과 남성에게 서로 다른 방식으로 대응하는 이면에는 성차별적인 문화, 관행, 통념 그리고 가치관 등이 개입되어 있다. 게다가 기업의 주장처럼 젠더 구분이 아니라 '직무'를 기준으로 다른 방식을 적용했다는 것을 인정할지라도, 결과적으로 어느 한쪽 성에게 불리하게 작용하였을 경우 이것은 간접차별에 해당된다. 한 사례로 W은행의 분리직군제는 고용 안정성을 보장하고 여성 비정규직을 내부화하고 있지만, 핵심인력과는 철저히 분리된 보조적 인력으로 구분해서 그 효과를 제한하고 있으므로, '제한적 내부화' 또한 간접차별로 해석된다(조순경, 2007:150 – 151).

2) '외주용역화' 과정에서 발생하는 성차별

비정규직법 시행을 계기로 특히 문제가 되고 있는 것은 사내하도급이다. 사내하도급은 1960년부터 조선산업 부문에서 활용되다가 1980년대 중반 이후 철강, 전자, 자동차 등 제조업을 중심으로 확산되었으며, 1997년 이후에는 공공부문, 소프트웨어 등 IT산업, 유통 및 서비스업으로도 확대되었다. 사내하도급은 지속적인 불법파견 시비가 일어나는 원인이 되었고 비정규직법을 회피하는 수단으로 활용되는 것으로 지적받아 왔다. 특히 여성 집중 일자리인 호텔 룸메이드, 청소업무, 유통산업의 계산원 및 사무직에 사내하도급이 확장되면서 사내하도급 형태로 일하는 여성 용역노동자들이 늘어나고 있다(신경아·김혜경, 2007:107).

외주 용역노동자들의 증가는 비정규직 입법 논의가 진행되던 시기부터 시작되었다. 비정규직법 시행 직후인 2007년 7월 말에 이루어진 노동부 조사에서 기업의 30% 이상이 외주용역 전환 의사가 있다고 응답했고 6월에 시행된 9개 사업장 대상의 한국노총 조사에서도 20%의 기업이 비정규직 업무의 일부를 외주용역으로 전환했다고 응답하였다(신경아·김혜경, 2007:117). 기업의 여성에 대한 차별은 실제로 외주용역화 과정에서도 나타난다. 여성 미화원만 용역도급화한 (주)한국항공과 여성적 업무 중심으로 외주화하려는 KBS의 사례를 통해 비정규직법 시행 이후 기업들은 남성노동자 또는 남성적 직무보다 여성노동자 또는 여성적 직무에 대해 더 많이 외주화하고 있음을 알 수 있다. 한국항공은 2007년 7월부터 시행되는 비정규직법에 대한 대응으로 2006년 4월 말경에 김포공항 기내청소 미화원들을 하도급회사인 엑토피아로 용역 도급화하였다. 이 여성들은 정규직으로 20~30년간 일해 왔는데 회사는 2,500여 명의 직원 여성 미화원만 용역화하였다(전국민주노동총연맹, 2007). 2009년 7월 KBS에서 10년 동안 근무한 홍미라(35세)씨는 2년 전 이랜드 여성노동자들처럼 똑같이 외주화돼 해고될 위기에 처했다. KBS기간제사원협회에 따르면 현재 계약 해지 위험에 놓인 기간제 노동자 420여 명 중 60%가 여성이다. 그 중 시청자서비스, 전화상담 등의 업무를 하고 있는 여성 기간제 노동자 30명에게 해당업무를 8월 10일자로 도급업체에 이관하겠다며 전직동의서에 서명을 강요했다(여성신문, 2009.7.10.). 한국항공과 KBS의 사례 등은 간접차별로의 해석도 가능하다. 여성노동자만을 외주화하거나 외주화된 여성의 비율이 남성에 비해 압도적으로 높은 것은 소위 여성적 직무를 중심으로 외주화했기 때문이다. 따라서 이들 조직이 성 중립적인 기준을 적용하였을지라도 여성 노동자에게 현저하게 불리한 결과를 초래했으므로 간접차별의 혐의로부터 자유로울 수 없을 것이다. 외주용역 노동자들의 임금은 외주화 과정에서 그리고 사용업체와 용역업체의 재계약이나 타(他) 용역업체와 입찰과정에서 임금이 하락하는 일이 자주 발생한다. 사용업체가 업무를 외주용역화하거나 용역업체를 바꾸는 가장 큰 이유는 최저단가 경쟁입찰 방식에 따라 비용을 절감하기 위해서이다. 용역업체에서 비용절감은 곧 '임금 저하'를 의미하기 때문에 노동자들이 계속적으로 일하기를 원하는 경우에는 임금 삭감이나 복지 축소 등 근로조건의 악화를 감수하도록 강요되고 있다. 다른 업체보다 최저가를 제시하여 사용업체와의 계약에 성공한 용역업체는 노동자의 임금을 인상시켜 줄 여유가 없으며 오히려 임금비용을 줄이기 위해 임금을 삭감하거나 동결하게 되는 것이다. 또는 임금이 인상된다 하더라도 물가상승률을 고려할 때 미미한 수준으로 실질임금은 오히려 감소한다. 실제로 L호텔에서 객실청소를 하던 룸메이드의 경우 용역회사 소속의 계약직 노동자로 전환된 이후 3년간 임금이 동결되었으며, 2005년도에는 용역입찰계약을 이유로 1년에 50만 원이었던 복지수당이 삭감되었다. 또한 한 지방대학에서 청소노동자의 경우 1985연도에 임금이 42만 원이었는데 중간에 용역으로 전환되면서 13년 동안 임금 인상은 3만 원에 불과하였다.

3) 성별 직무분리의 지속과 심화

비정규직법 시행 이후 기업의 성차별적 대응방식은 고용형태에 따라 성별 직무분리를 지속하거나 심화하는 경향을 보인다. 남성적 직무를 정규직으로 전환할 때 여성적 직무는 무기계약직으로 전환하거나, 남성적 직무를 무기계약직으로 전환할 때 여성적 직무는 외주용역으로 전환하는 형식을 주로 취해 왔다. 여성적 직무보다 남성적 직무에 대해 더 나은 방식으로 대응해왔으므로 성별 직무분리와 고용형태별 직무분리의 심화 현상은 중첩되어 나타났다. 남성들이 주로 담당하던 매장관리업무를 정규직화하고 여성들이 주로 담당하던 계산업무를 무기계약직화한 L마트의 사례가 이에 속한다. 이전에는 비정규직 남성과 여성이 각각 담당하던 매장관리업무와 계산업무가 이제는 '정규직 남성의 업무'와 '무기계약직 여성의 업무'로 분리된 것이다. 즉 전에는 모두 비정규직이 담당했으나, 이제는 정규직 업무와 무기계약직 업무로 나뉨으로써 성별 고용형태별 직무분리가 중첩되어 나타나고 있는 것이다. 성별 고용형태별 직무분리의 심화는 금융권에서도 그 사례를 볼 수 있다. 분리직군제를 선택한 W은행의 경우 기존 정규직 업무에서 남성의 비율은 90% 이상인 반면, 기간제에서 분리직군의 무기계약직으로 전환된 직무들에서 여성 비율이 90% 이상으로 심지어 100%로 나타난 직무도 있다. 비정규직법 시행 전후 대부분 정규직 직무에 종사한 남성들과는 달리 여성들은 법 시행 전에는 소수만 정규직이고 다수가 기간제 직무에 종사하다가 법 시행 이후에는 정규직, 무기계약직, 기간제 직무로 세분되었다.

기업이 비정규직법 시행에 대한 대응으로 채택한 외주용역화 방식도 성별 직무분리를 고착화할 가능성이 크다. 기업의 업무가 핵심 업무와 주변 업무로 분리되어 있는 상황에서 여성들이 주로 배치되어 있는 주변 업무가 외주용역화의 대상이 될 가능성이 더 크기 때문이다. 게다가 다수 남성이 상위직을 차지하는 상황에서 기업의 인사관리가 남성 중심적으로 운영되고 여성들이나 여성 직종이 우선적으로 외주화의 대상에 선정될 가능성이 크기 때문이다(신경아·김혜경, 2007:126). 유통업의 계산직 업무는 여성의 일로 규정되어 사무직의 주변 업무로 판단되어서 외주화할 가능성이 가장 높은 직무로 평가되었다. 유통업체에서 계산업무는 원래 정규직·기간제·파트타임 등 다양한 형태로 운영되고 있었으며, 그 중 기간제나 파트타임과 같은 비정규직은 애초에는 정규직의 병가나 출산휴가를 대체하기 위해 사용되었다. 유통업에서 정규직 남성의 매장관리나 구매부문 직무 담당과 비정규직 여성의 판매, 판촉, 계산업무라는 성별 직무분리의 결과 여성은 간접고용 비정규직으로 내몰리게 된 것이다. 이와 같이 핵심 업무와 주변 업무의 구분은 성별 직무분리를 정당화하는 중요한 수단으로 작동하였다.

비정규직법 시행을 전후로 유통업에서 나타난 고용형태의 변화를 살펴보면, 외주화나 무기계약으로 전환된 계산 및 판촉·판매 등 업무의 대부분은 여성지배적인 직무와 중립적 직무로 확인되었다(김종진, 2008:58－59). 예를 들어 H백화점은 비정규직법 시행 후 정규직 노동자 계산원을 다른 부서로 전환 배치하고, 현재의 계산직 및 식품담당 업무를 외주화했다. 2007년 상반기 경인지역 2개 매장과 지방 1개 매장의 계산직을 외주화했으며, 식품 작업장의 경우 특정 지점들을 중심으로 정규직과 비정규직을 분리운영하기로 결정했다(조선희, 2008:43). 비정규직법 시행 전에 이미 핵심 업무와 주변 업무로 그리고 남성적 업무와 여성적 업무로 인식된 상황에서, 비정규직법의 시행을 계기로 일부 기업은 특히 여성적 직무인 주변 업무를 외주용역화하여 비정규직 여성 노동자들의 노동조건을 악화시켰다.

04 비정규직 여성의 고용안정을 위한 제언

2007년 7월부터 시행되고 있는 비정규직법의 취지는 비정규직 노동자들의 고용안정과 노동조건 개선에 있다. 이러한 입법 목적이 효율적으로 실현되기 위해서는 기업들의 협조와 변화가 매우 중요하다. 하지만 비정규직법에 대한 기업들의 대응방식들은 기존의 성차별적 관행으로 인해 여성노동자에게는 괄목할만한 긍정적인 효과를 만들어내지는 못했다. 비정규직법 시행 이후 하위직급 정규직이나 무기계약직으로 전환되어 고용 안정성이 향상되고 기업복지의 혜택을 받는 사례들도 생겨났으나, 이들은 전체 비정규직 여성노동자들 중 일부에 불과하다. 정규직이나 무기계약직으로 전환되지 못한 대부분의 기간제 여성 노동자들은 2년을 주기로 철새처럼 직장을 여기저기로 옮겨 다녀야 할 뿐만 아니라, 30대에 퇴출당하는 경우가 많다. 이들의 업무가 주로 은행의 텔러, 비서, 회계와 서무, 사무보조 등이어서 30대가 되면 새 직장을 구하기가 쉽지 않기 때문이다. 또한 기존의 기간제 직무가 파견이나 용역으로 전환될 경우 고용상황과 노동조건은 더 악화된다.

비정규직 여성노동자들의 심각한 고용 불안정, 그리고 성별과 고용형태에 의한 이중적 차별이 비정규직법 시행 이후에도 별로 개선되지 않은 이유는 너무나 많은 요인들이 복잡하게 얽혀 있어 비정규직법의 시행만으로는 해소하기가 어렵기 때문이다. 우리 사회에서 여성들이 주로 비정규직 노동력으로 활용되는 데에는 성별분업 이데올로기, 성차별적인 노동시장, 기업의 고용전략, 법과 제도의 실효성 부족 등이 서로 얽혀 영향을 주고 있다. 따라서 여러 가지 요인들이 복합적으로 작용해서 발생하는 비정규직 여성노동 문제들은 다차원적인 처방에 의해서만 해결이 가능할 것으로 판단된다.

첫째, 비정규직 노동자를 보호하기 위해 제정된 비정규직법이 입법 목적을 제대로 달성하지 못하는 것은 법의 한계 때문이다. 현행 비정규직법은 비정규직의 사용 사유를 제한하지 않았기 때문에 비정규직 노동자의 규모를 줄이는 데 실패하였다. 따라서 비정규직법을 개정하여 비정규직의 사용 사유를 제한함으로써 상시업무에는 정규직 고용을 원칙으로 할 것을 제안한다. 현재 한국의 기업들은 비(非)상시업무는 물론 여성들이 많이 종사하는 판매 및 계산업무, 은행의 텔러업무, 대기업의 비서 및 서무업무 등 상시업무에도 비정규직 노동을 사용하고 있다. 하지만 일본은 최근에 기업 경쟁력 강화를 위해 추진한 비정규 고용 확대 정책이 오히려 생산성 정체를 초래했다고 판단해서 장기고용으로 노동정책 방향을 바꾸고 있다. 또한 유럽의 여러 나라들 경우에는 파견노동에 사용사유 제한을 두고 있다. 벨기에는 일감이 일시적으로 급증하거나 비일상적인 작업 수행이나 무기고용된 정규 노동자의 대체 등의 경우에만 파견노동을 허용하고, 스페인, 이탈리아, 프랑스 등에서도 일시적인 업무에만 허용하고 있다(노동부, 2006:10).

둘째, '2년 사용기간 제한' 조항은 오히려 기업들로 하여금 비정규직을 2년 동안은 마음대로 사용할 수 있게 하는 요인으로 작용해 왔다. 하지만 노동자들 자신이 2년 후에는 다른 직장으로 옮겨야 한다고 생각하는 한 노동자들의 업무 몰입도와 회사에 대한 애착심은 현저히 떨어질 수밖에 없으므로 기업 입장에서도 이로운 점이 별로 없을 것이다. 또한 신규 채용자가 그 업무를 익힐 때까지는 업무수행에 지장을 초래하게 되며, 때로는 전임자와 후임자 간의 원활한 인수인계가 이루어지지 않아서 업무 공백이 생길 수도 있다. 따라서 기간제와 파견직 노동자들이 수행하는 업무에 대해 2년 주기로 노동자들을 신규채용하는 것보다는 단계적으로 무기계약직으로 전환하는 것이 더 나을 것이다.

셋째, 상시업무에 대해 정규직 노동자를 사용하기 위해서는 직무가치에 따른 임금지급제도를 도입할 필요가 있다. 소위 주변 업무를 정규직화하는 데 기업들이 주저하는 이유는 높은 비용 부담에 있다. 부가가치가 적은 업무에 대해 기존의 정규직과 같은 임금체계를 적용하는 것은 기업 경영활동에 무리가 되기 때문이다. 따라서 직무가치에 따른 임금을 지불할 수 있도록 준비하는 것이 동시적으로 이루어져야 하며, 동일가치노동 동일임금의 원칙을 비정규직법 또는 노동 관련법에 적시하고 현실에 적용할 수 있도록 해야 한다. 이를 위해서는 노동자들과 기업 측이 모두 동의할 수 있는 직무분석표와 이에 기반한 표준임금체계가 마련되어야 한다.

넷째, 일부 기업들은 비정규직 법에 대해 남성과 여성에게 다른 방식으로, 즉 여성에게 더 불리한 방식으로 대응하고 있으므로 간접차별에 대한 규제가 필요하다. 소위 남성적 직무를 일반 정규직으로 전환하는 데 비해 여성적 직무는 무기계약직 및 외주로 전환하거나, 서로 다른 전환비율을 적용하여 여성에게 불리한 결과를 초래하는 경우가 종종 발생하고 있다. 이는 직무를 중심으로 전환하는 방식이라 할지라도 결과적으로 여성에게 불리하므로 간접 차별에 해당되는 것이다. 따라서 간접차별금지를 비정규직법 또는 고용평등 법에 구체적으로 명시하고, 그 처벌 기준을 강화하여 간접차별의 발생을 억제 해야 할 것이다.

다섯째, 비정규직 여성노동자를 사용할 때 연령 제한의 철폐가 필요하다 고 본다. 현재 사무직에서 기간제와 파견직 여성노동자가 담당하는 업무는 주 로 비서, 서무, 사무보조 등이다. 이들 업무는 다른 업무를 보조하는 것이기 때문에 기업들은 이들 업무에 20대 젊은 여성을 선호한다. 비정규직법이 시 행되면서 2년 주기로 회사를 옮겨 다니며 동일한 업무를 수행하는 여성들은 30대가 되면 직장 구하기가 어려워진다. 비서, 서무 등이 주변적인 단순업무 로 분류된다 하더라도 그 일에 몇 년간 근무했던 여성노동자들은 어느 정도 숙련된 노동자라고 볼 수 있다. 따라서 이들을 노동시장에서 원천적으로 퇴출 시키는 것은 기업 차원에서도 사회적 차원에서도 손실이라고 생각된다.

여섯째, 우리 사회에서는 IMF 경제 위기를 겪으면서 기업의 사회적 책임 (CSR)에 대한 관심이 급증하고 있는데, 기업들은 사회적 책임을 다한다는 관 점에서 비정규직 여성노동자에 대한 차별 해소를 위해 노력해야 할 것이다. 또한 기업들이 비정규직법의 취지를 살려 비정규직 노동자들의 고용을 안정 화하고 노동조건을 개선하는 데 도움이 되는 방식으로 대응할 수 있도록 정 부는 필요한 대책을 강구해야 할 것이다.

일곱째, 정부는 기업의 대응방식에 따라 적절한 보상을 하거나 제재를 가할 필요가 있다. 비정규직법의 입법 취지를 살려 비정규직 노동자들의 고용 안정과 노동조건 개선에 도움을 주는 방식을 채택하는 기업들을 '좋은 기업' 으로 선정하고, 이러한 대응 방식의 채택으로 인한 비용을 상쇄시켜주기 위해 일정기간 동안 세금 감면이나 금전적 지원을 해 주는 것이 필요하다. 반면 성 차별적으로 대응하는 기업들에게는 제재가 필요하다. 여성노동자들을 남성과 평등하게 대우하는 기업들을 '평등 기업'으로 선정하고, 세금감면이나 금전적 지원 등을 통해 기업들로 하여금 평등기업이 되기 위한 노력을 경주하도록 촉구해야 할 것이다.

    비정규직법이 여성과 남성에게 다른 결과를 유발하는 이유는 노동시장이 성별과 고용형태별로 중첩되어 분절되어 있기 때문이다. 여성을 1차적인 양육자로 규정하는 성별분업 이데올로기로 인해 오래전부터 존재해 온 성별 직종/직무분리는 고용형태별 직무분리와 결합하여 남성적 직무는 주로 정규직, 여성적 직무는 주로 비정규직으로 나타나고 있다. 비정규직법 시행은 기업들로 하여금 비용상승을 유발하는데 이것을 최소화하거나 상쇄하기 위해 기업들은 비정규직 남성과 여성에게 다르게 대응해 온 것이다. 비정규직법의 개정이나 기업의 성평등한 대응은 저절로 또는 쉽게 이루어지는 것이 아니다. 비정규직 여성노동 문제의 당사자인 여성노동자의 주체적인 노력이 필요하다. 비정규직 여성노동 문제를 해결하기 위해서는 기업에게 성차별적인 고용전략을 폐기할 것을 요구하고, 정부가 실효성 있는 적절한 법·제도를 마련하도록 적극적으로 제안해야 한다. 이를 위해서는 여성노동자 개인적인 차원의 노력보다는 집단적인 노력이 더 필요하고 효과적이다. 비정규직 법 시행 전후로 몇 년 동안 KTX 여승무원과 이랜드 계산원들의 장기적인 파업농성 등 비정규직 여성노동자들이 적극적으로 문제해결에 나서는 모습이 보이기도 했지만 전반적으로 볼 때 문제해결의 주체인 비정규직 여성노동자들의 모습은 소극적이었다. 성별과 고용형태에 의한 이중적 차별을 받고 있는 비정규직 여성노동 문제를 해결하기 위해서는 비정규직 여성노동문제의 주체인 여성노동자들이 적극적으로 대처해야 할 필요가 있다.

01 비정규직 노동자의 노동조건 개선과 차별금지를 위해 2007년 7월부터 시행되고 있는 「비정규직 관련법」이 과연 법 제정의 취지대로 비정규직 노동자의 노동조건을 개선하고 정규직과의 차별을 완화하고 있는지 사례를 들어 파악해보자.

02 1997년 IMF 경제위기 시 기업들은 구조조정을 통해 위기를 극복하려고 하였는데 이때 해고 1순위는 여성노동자였고, 코로나19 팬데믹 현상으로 경제가 어려워졌을 때도 일시 휴직자와 해고자 중 약 2/3가 여성이었다. 그 이유가 무엇인지 생각해보자.

03 인공지능(AI), 사물인터넷(IoT), 로봇기술, 드론, 자율주행차, 가상현실(VR) 등이 주도하는 차세대 산업혁명을 4차 산업혁명이라고 말한다. 이 용어는 2016년 6월 스위스에서 열린 다보스 포럼(Davos Forum)에서 포럼의 의장이었던 클라우스 슈밥(Klaus Schwab)이 처음으로 사용하면서 이슈화되었다. 4차 산업혁명이 노동시장에 어떠한 변화를 가져올지 그리고 여성노동자의 지위와 역할에 어떠한 영향을 줄지 토론해 보자.

◆ 참고문헌

김유선(2019), "비정규직 규모와 실태(2019. 8.)", 이슈페이퍼(2019 - 17), 한국노동
    사회 연구소.
_____(2018), "비정규직 규모와 실태 - 통계청, '경제활동인구조사 부가조사'(2018.8.)
    결과", 이슈페이퍼 제101호(2018 - 16호), 한국노동사회연구소.
김종진(2008), "간접고용 비정규직 실태와 문제점, 해결 과제", 『노동사회』 137호:
    54 - 67.
_____(2007), "비정규직 시행 전후 유통업 비정규직 전환 유형과 사례, 인권상황
    실태조사", 『유통업 여성 비정규직 차별 및 노동권 실태조사 보고서』.
김현미 · 손승영(2003), "성별화된 시공간적 노동 개념과 한국 여성노동의 유연화", 『한
    국여성학』 19(2).
노동부(2006), "EU 국가의 파견근로 현황".
박옥주(2010), 『비정규직 보호법과 여성의 노동 경험』, 동덕여자대학교 대학원 박사
    학위 논문.
신경아 · 김혜경(2007), "간접고용으로의 전환과 여성 비정규직", 『2007 전기 사회학
    대회 비정규직 입법과 여성노동의 최근 전망』, 한국사회학회 사회학대회 논문집
    45 - 58.
이영자(2004), "신자유주의 노동시장과 여성노동자성: 노동의 유연화에 따른 여성노
    동자성의 변화", 『한국여성학』 20(3): 99 - 136.
장지연 · 양수경(2007), "사회적 배제 시각으로 본 비정규 고용", 『노동정책연구』
    7(1).
정이환(2003), "비정규노동의 개념정의 및 규모추정에 대한 하나의 접근", 『산업노
    동연구』 9(1): 71 - 105.
조선희(2008), "유통서비스산업 비정규직 근로 실태에 관한 연구", 고려대 노동대학
    원 석사학위 논문.
조성혜(2007), "기간제근로계약의 무기계약 전환, 무엇이 문제인가? - 우리나라와 독
    일법제의 비교를 중심으로", 『노동법학』 25호.

조순경(2007), "여성직종의 외주화와 간접차별: KTX 승무원 간접고용을 통해 본 철도공사의 체계적 성차별", 『한국여성학』 23(2): 143−174.

_____(2000) "경제위기와 고용 평등의 조건", 『노동과 페미니즘』. 이화여자대학교 출판부, 297−325.

최영우(2007), "비정규직법의 시행과 주요쟁점", 『노동교육』 56호.

한국노동연구원(2009), "전국 사업체 기간제 실태조사 분석결과".

한 준·장지연(2000), "정규/비정규 전환을 중심으로 본 취업력(work history)과 생애과정(life−course)", 『노동경제논집』 제23집.

〈신문 기사 및 성명서〉

연합뉴스(2007.7.9.), "비정규직 외주용역화 은행권으로 확산".

여성신문(2009.7.10.), "KBS 여성기간제 외주화".

전국민주노동조합총연맹(2009), "한국철도공사 10개 지사 청소용역 입찰계약−설계 금액 25% 삭감".

전국민주노동조합총연맹(2007), "외주용역화 반대, 원청 사용자성 인정을 위한 간접 고용 노동자 증언대회" 자료집(2007.10.4.).

한겨레(2014.10.6.), "한국, 비정규직 탈출 가장 어려운 나라".

_____, "강력한 '제재 정책' 없인 비정규직 문제 해결 못한다".

1997년 11월 우리 사회에 불어닥친 IMF 경제 위기는 노동시장 전반, 특히 여성노동에 많은 변화를 초래하였다. 여성의 일자리를 중심으로 비정규직화가 진행되어 고용불안과 저임금을 심화하였다. 비정규직 노동자의 열악한 임금과 고용불안을 해결하기 위해 2007년 7월부터 비정규직법이 시행되는데 이것 또한 여성노동자의 노동조건과 일 경험에 많은 변화를 가져왔다. 이 장에서는 여성의 일로 규정되고 있는 사무직과 판매서비스직을 중심으로 살펴보고자 한다. 특히 비정규직 여성노동자에 초점을 맞추어서 이들 여성들의 노동조건과 일 관련 경험들을 파악해 보고자 한다.

┌─ 01 노동조건

1) 불안정한 고용

사무직과 판매서비스직은 여성의 절반이 종사하는 소위 '여성적 직종'이다. 여성 다수가 종사하는 여성적 직종의 특성은 고용불안정과 저임금으로 규정된다. 더욱이 IMF 경제 위기를 겪으면서 이 직종은 '여성노동의 비정규직화'를 초래하였다. 경제 위기를 구조조정을 통해 극복하고자 한 기업들은 여성노동자를 수량적 유연화의 대상으로 삼아 정규직 여성을 해고한 후 그 일자리를 비정규직으로 바꾸는 방식을 채택하였다. 정규직 여성노동자의 퇴출로 인해 비정규직 고용형태에 해당되는 기간제와 시간제 노동이 증가하게 된 것이다.

기간제와 시간제 노동자들은 입사 초기에는 수습기간으로 3개월 고용계약을 맺고 이후에 차례로 6개월, 9개월까지 고용기간을 늘려 나가면서 최종적으로는 1년 계약을 한다. 단기의 고용계약은 노동자들에게 고용불안을 야기할 수밖에 없는데, 고용 계약기간이 끝난 다음 재계약을 할 수 있을지 확실하지 않기 때문이다. 비정규직 노동자들은 저임금과 고용불안정을 문제로 꼽고 있는데 규모가 작은 기업에서 일하는 노동자들은 저임금 문제를, 규모가 큰 대기업의 노동자들은 고용불안정을 더 큰 문제로 보고 있다. 대기업의 비정규직 노동자들이 고용불안을 더 큰 문제로 보는 이유는 중소기업에 비해 상대적으로 더 많은 임금을 받고 있으므로 임금보다는 고용불안정의 해결이 시급하기 때문이다.

비정규직 여성노동자들이 재계약을 거부당하는 주요 사유는 임신과 출산 때문이다. 비정규직 여성들이 담당하는 업무들이 소위 단순 보조업무가 주를 이루다 보니 기업 측에서는 나이 든 여성보다는 젊은 여성들을 선호한다. 연령에 의한 위계질서가 뚜렷한 사회에서, 사무보조나 지원을 받는 관리직 남성의 입장에서는 나이 든 여성보다는 젊은 여성을 부리는 것이 더 쉽다고 여기는 경향이 있다. 여성의 임신 및 출산도 재계약 거부의 주요 사유가 되는데, 1년 단위로 재계약을 하는 상황에서 임신 및 출산은 기업의 입장에서 보면 몇 개월의 업무 공백을 가져오기 때문이다.

비정규직 노동자들은 고용계약 갱신을 위해서는 고용주의 눈 밖에 나면 안 되기 때문에 불만이 있어도 묵묵히 참고 견디며 일할 수밖에 없다. 당장 재계약 문제가 걸려 있기 때문에 회사에 대해 정당하게 요구할 사항이 있어도 내놓고 얘기할 형편이 못된다. 뿐만 아니라 회사와 고용주를 위해 다른 노동자들보다 더 열심히 일한다는 것을 증명하고자 노력할 필요가 있다. 이와 같은 상황에서 노동자들 간에 알게 모르게 경쟁이 발생하여 노동강도는 높아지고 동료 간 반목과 갈등을 초래하게 된다. 이같은 갈등은 기업에 유리하게 작용하는데 고용주 입장에서는 재계약을 빌미로 비정규직 노동자들 간 경쟁심을 유발하여 노동생산성을 높이고 개별 노동자에 대한 통제가 용이해지기 때문이다.

2) 저임금

비정규직 노동자들을 비참하게 만들고 좌절하게 하는 것은 정규직과의 차별적인 임금이다. 정규직과 비정규직 간의 임금격차를 통계청의 2019년 8월 경제활동인구조사 부가조사를 통해 살펴보면 매우 심각함을 알 수 있다. 비정규직 여성노동자의 평균임금은 139만 원으로 정규직 여성노동자의 266만 원과 비교하면 52.3%에 불과하다. 비정규직 남성노동자의 평균임금도 210만 원으로 정규직 남성노동자의 평균임금인 369만 원의 56.9%에 불과하다. 남성이건 여성이건 관계없이 비정규직 노동자들의 임금은 정규직 노동자들이 받는 임금의 절반을 약간 상회하는 수준이다.

사무직 기간제 여성노동자의 임금은 정규직 임금의 절반을 약간 상회하는 수준이다. 상여금은 아예 지급되지 않거나 지급되는 경우에도 정규직과 차이가 있다. 이러한 차이는 기간제뿐만 아니라 비정규직의 모든 고용형태에서 공통적으로 나타난다. 기간제 노동자들 중 일부는 정규직과 동일하거나 거의 유사한 업무를 수행하고 있다. 이러한 상황에서 정규직과의 임금 차이가 2배 정도나 되는 것은 비합리적인 차별에 해당된다고 볼 수 있다.

유통업의 계산직이나 판매직은 정규직일지라도 임금이 다른 업종에 비해 낮은 편이다. 2019년 전체 노동자의 월임금 총액은 313만 8천 원, 정규직은 361만 2천 원, 비정규직은 164만 3천 원이다. 직종별로 살펴 보면, 사무직의 월임금총액은 373만 2천 원, 정규직은 392만 7천 원, 비정규직은 201만 9천 원이다. 서비스직의 경우 월임금 총액은 161만 6천 원, 정규직이 222만 4천 원, 비정규직은 97만 7천 원이다. 그리고 판매직의 월임금총액은 253만 4천 원, 정규직은 297만 8천 원, 비정규직은 111만 천 원이다. 서비스직과 판매직의 임금은 각각 전체 노동자 임금의 51.5%와 80.8%이며 정규직 임금도 전체 정규직 임금의 61.6%와 82.4%이다(고용노동부, 2019). 유통업 시간제 여성노동자들에게는 상여금도 지급되지 않으며 경력도 인정받지 못해 몇 년째 일을 하더라도 실제로 손에 쥐는 돈은 월 100만 원대이다.

사무직의 경우 파견직 여성 노동자들의 임금은 기간제 노동자들보다 더 적다. 간접고용 노동자들의 근로조건에서 나타나는 가장 중요한 특징은 중간착취를 비롯한 '다중적 착취구조'에 노출되어 있다는 점이다. 사용업체에서 일정 업무를 외주화할 때 일단 임금이 삭감되는 데다 파견·용역업체를 거치는 과정에서 다시 중간착취가 발생하기 때문이다. 중간착취율은 20~30% 이상이며, 간접고용 노동자들의 임금은 같은 일을 하는 정규직 노동자 임금의 50~70% 수준인 것으로 평가되고 있다(신경아·김혜경, 2007:114).

용역노동자들의 임금은 같은 간접고용일지라도 파견 노동자들보다도 더 낮다. 여성용역 노동자들의 경우, 남성 정규직 대 여성 정규직 그리고 여성 정규직 대 여성 비정규직, 그리고 심지어 여성 직접고용 비정규직 대 간접고용 비정규직이라는 매우 복잡한 고용관계의 위계에서 가장 하층에 위치하면서 노동권의 보호를 받지 못하고 있다(최인이, 2009:91). 용역노동자들의 임금체계는 비정규직 노동자들의 전형적인 임금체계를 잘 보여준다. 근속기간, 업무숙련 등 노동경력과 그리고 물가인상이나 평균임금 인상률 등의 경제적 변수가 전혀 반영되지 않고 있다. 최저임금에 미치지 못하는 임금을 받는 곳도 적지 않다. 1년마다 용역업체와 사용업체가 도급계약을 갱신하거나 새 용역업체와 체결하기 때문에 용역노동자들의 근속기간이나 경력을 인정하지 않고 모든 노동자들에게 동일한 임금을 지급한다.

비정규직 여성노동자는 고용형태에 있어서뿐만 아니라 여성이라는 이유로 성에 의한 차별까지 받는다. 유통업 판매직의 경우에는 남성노동자에 대해 임금 면에서 배려가 있다. 판매 업무 중에 남자들을 필요로 하는 예로는 무게감이 있는 가구나 고가의 가전제품 판매와 관련된 일들이다. 경력이 같아도 여성에 비해 남성들의 임금이 더 많은 편이다. 또한 임금에서 차이가 거의 없을 때는 남자들이 수당을 더 많이 지급받을 수 있도록 시간 배정을 하여 월소득을 높이기도 한다.

3) 제한적인 승진 및 승급 제도

비정규직 노동자는 정규직 노동자와 비교했을 때 임금과 상여금뿐만 아니라 승진과 승급에 있어서도 차별대우를 받는다. 기간제 노동자일 경우 승진 사다리가 아예 존재하지 않는 경우가 대부분이어서 근속연수가 늘어날수록 정규직과 비교해서 임금이나 직위 격차가 점점 더 벌어지게 된다. 비정규직 노동자 중 호봉 승급제의 적용을 받더라도 정규직과는 다른 체계에서 움직이므로 여전히 차별적 대우를 받게 된다.

> 임금체계가 상당히 복잡해요. 처음에는 1단계에서 5단계로 나뉘었는데 지금은 12단계로 더 세분화되어 있어요. 그 1단계 차이가 시간당 몇 백 원, 150원, 이런 식이어서 파트타임은 1단계 승급해도 한 달에 몇 만 원 정도 밖에 안돼요. 그나마 그것도 여자들한테는 잘 안 해주죠. K사는 직급제라서 직급이 안 올라가면 내 월급이 십 년이 되든 얼마가 되든 그 월급이란 말이에요. 호봉 제도 아니고, 또 어떤 근속수당도 없어서 진짜 아부하고 눈에 잘 보이는 사람은 올라가고, 또 남자들은 막 갑자기 레벨이 몇 개씩 올라가요. 쟤네들은 결혼도 해야 하고 과장이 될 애들인데 먼저 해줘야 되는 것 아니냐는 거지. (52세, 판매서비스직, 노조활동가)

시간제 노동자의 제한적인 승진/승급 제도에서도 성별 차이가 있어서 여성보다는 남성이 우선이다. 즉 승급이 되는 사람들은 주로 남성들로 여성들은 배제되는 편이다. 승급에서 여성들을 배제하는 이유는 가장으로서 남성은 생계책임을 지고 있지만 여성들은 생계담당자가 아니라는 성별분업 이데올로기 때문이다. 여성을 생계보조자로 바라보는 '가족임금' 논리가 작용하고 있는 것이다. 가부장제 자본주의 사회에서 남성과 여성에게 각각 규정되는 성 역할은 비정규직 노동시장에서도 그대로 관철되고 있다. 유통업의 시간제 남성 노동자들은 생계담당자이기 때문에 승진과 승급의 주 대상이 되지만, 일차적으로 가사 및 양육책임자인 여성은 생계보조자로 간주되어 승진과 승급에서 배제되어 온 것이다. 여기에서 시간제 여성노동자들은 또 이중적인 차별을 받는다. 즉 정규직 노동자가 아니기 때문에 승진과 승급제도가 아예 없거나 제한적이며, 남성이 아니라는 이유로 시간제 노동에 그나마 존재하는 제한적인 승진과 승급에서도 배제되는 것이다.

4) 허울뿐인 정규직 전환제도

1990년대 말 외환위기가 몰고 온 소용돌이 속에서 극심한 구조조정을 겪은 각 은행은 30~40%에 이르는 인력을 비정규직으로 대체하였다. 그런데 2000년대 초·중반 이후 은행의 기간제 활용에 있어서 괄목할만한 변화가 있었다. 임금처우의 개선과 정규직 전환제도의 활용 등 기간제 노동력에 대한 일부 내부화 움직임이 시작된 것이다. 2004년 노사정위원회의 보고에 따르면 정규직 전환제도를 운영한 은행은 16개 조사대상 중 11개로 다수에 해당된다(정이환, 2003). 그러나 K은행이 2005년 처음 시행한 정규직 전환에서 8천 명에 달하는 비정규직 중 50명을 전환하는 데 불과했던 예가 보여주듯이 전환제도로 인해 고용안정을 보장받은 인원은 극소수에 불과했다. 각 은행은 산별교섭에서 체결된 정규직 전환 노력을 이행해야 한다는 부담도 있었지만, 정규직 전환제도를 통해 소수 우수인력에 대한 정규직화라는 경쟁적 인센티브를 제공함으로써 영업점 성과를 높인다는 경영상의 고려가 강했다. 이러한 기간제 활용전략은 비정규직 관련법이 발효되기 전까지 대개의 은행에서 별다른 변화 없이 지속되어 왔다. 따라서 2006년 말까지 진행된 비정규직의 고용은 극소수의 은행을 제외하고는 실질적인 고용안정책이었다고 평가할 수 없으며, 비정규 활용의 증가추세를 제어할 대책은 만들어지지 않았다고 할 수 있다.

> 실제로 정규직으로 전환이 된 선배들 보면 중견신입처럼 똑같이 호봉을 시작하지 않아요. 호봉도 두 단계가 낮고 기존 정규직과 급여체계도 다르고 급여도 훨씬 낮고, 그리고 예를 들면, 결혼 후 주택자금 지원도 받는 게 있는데 중견신입들은 바로 혜택을 받을 수 있는데 전환이 된 사람들은 5년이 되어야 받을 수 있어요. 전환이 된 정규직은 무기계약직은 아니고 기존의 정규직과 승진체계는 같아지는데 호봉이 달라요. 스물다섯에 정규직으로 들어온 친구와 스물다섯에 정규직으로 전환이 된 친구는 호봉이 달라요. 급여체계도 아예 다르고. 정규직으로 전환된 시점에서 호봉이 다시 책정되어서 두 단계 낮게 시작하는 거예요. 그래서 전환이 된 정규직은 대리로 승진을 하려면 5년이 더 걸리고, 지금 제가 스물일곱 살인데 전환이 되어 대리를 달려면 마흔 살 정도에 될 수 있다는 거예요. (27세, 사무직)

전환제도에 의해 정규직이 된 노동자들의 고용조건은 기존의 정규직과 차이를 둔 곳이 많았다. 기존의 정규직과 동일한 승진체계의 적용을 받지만, 호봉이나 급여체계가 다르고, 전환 시점에서 호봉이 새로 책정되어 한 두 단계 낮게 시작하게 된다. 복지급여 자격조건도 일정 기간이 지나야 생긴다. 따라서 전환 정규직은 기존의 정규직과 동일한 고용조건을 보장받지 못했다. 이

와 같이 제한적인 내용의 정규직 전환제도임에도 불구하고 이 제도의 혜택을
받은 기간제 노동자의 수는 매우 미미한 수준이다. 비정규직을 정규직으로 전
환해주는 비율이 매우 적음에도 불구하고 기업들이 정규직 전환제도를 형식
적으로라도 도입하고 유지했던 이유는 비정규직 노동자들의 수가 증가하면서
표출되는 불만을 무마하기 위해서이다. 즉 현재는 비정규직 신분으로 차별을
받으면서 일하지만 언젠가는 나도 정규직으로 전환될 수 있다는 가능성만으
로 참고 일하도록 유도해왔다. 적은 비율의 정규직 전환 대상자를 선정하는
과정에 노동자들 간 경쟁을 유발하여 노동생산성을 높이고 노동자에 대한 통
제를 쉽게 할 수 있다는 전략을 활용하고 있는 것이다.

5) 차별적인 복지 및 휴가제도

기업들은 종종 업무처리와 관리 비용, 그리고 특히 전체 보상비용의 30~
40%를 구성하는 부가급여 비용과 같은 고용비용을 줄이기 위해 비정규직 노
동자들을 고용한다. 사실상 부가급여 비용을 피하는 것이 고용주들이 비정규
직 노동력을 사용하는 주요한 이유이기도 하다. 비정규직 노동자는 복지급여
에 있어서 정규직과 차이가 있는데, 비정규직에게 적용되는 복지급여 체계가
아예 다르다고 볼 수 있다. 대부분의 정규직 노동자에게는 복지급여가 제공되
지만, 기간제 노동자에게는 복지급여 항목에 따라 제한적이거나 아예 제공되
지 않는 항목도 있다. 제공되는 급여라 할지라도 임금이 시급제로 변경되어
휴가를 쓰면 급여가 줄기 때문에 사용하지 못하는 경우까지 발생한다.

파견직 노동자들은 직접고용의 기간제 노동자에 비해서도 더 적은 복지
급여를 받는다. 파견회사들은 일반적으로 노동자들에게 부가급여를 전혀 제
공하지 않거나 제한적으로 제공하는 편이다. 정규직, 직접고용의 비정규직,
그리고 간접고용의 비정규직 노동자로 갈수록 복지급여가 줄어드는 것이다.
예를 들어 연간 자기계발비로 정규직은 120만 원, 기간제는 75만 원, 그리고
파견직은 60만 원을 지원받는 경우를 상정할 수 있다. 부정기적인 회사 행사
와 명절에 선물을 줄 때 그리고 부서가 업무평가로 포상금을 받아 나눌 때에
도 파견직 노동자들은 배제되거나 차별을 받는다. 부서장이나 팀장의 개인적
배려에 의해 나누어 받을 수 있다면 그나마 다행이다.

용역 노동자들도 각종 복리후생제도의 혜택에서 많은 차별을 받는다. 한

백화점의 경우에 정규직에게는 특별휴가와 경조비 지급, 취학전 자녀에게 분기별로 15만 원 지급, 중고등학교 자녀 등록금 전액 지원, 대학생 자녀 1,2,3학년생 등록금 전액 지원 및 4학년생 등록금 50%를 지원하고 있다. 또한 저리로 주택자금 지원 등의 복지제도의 혜택을 제공하지만, 이러한 것들이 용역노동자에게는 하나도 해당되지 않는다. 또한 출산휴가, 육아휴직, 수유시간 등이 정규직에게는 보장되고 있지만, 용역노동자에게는 출산휴가만이 허용되는데 그것도 실질적으로 사용이 불가능하다.

02 비정규직 여성노동자의 노동경험

1) 비자발적인 비정규직 노동

여성들이 비정규직으로 일을 하게 되는 계기는 여성들의 자발적 선택이라기보다는 비자발적으로 어쩔 수 없어서이다. 2020년 8월 경제활동인구 부가조사에 따르면, 정규직 노동자의 86.2%가 자발적 선택으로 현재의 일자리에 종사하는 반면, 비정규 노동자의 43.4%는 비자발적으로 취업하였다. 이러한 비자발적 취업의 주된 동기는 '생활비 등 당장 수입이 필요해서'(76%), '원하는 일자리가 없어서'(13.8%) 등 '생계의 압박과 정규직 일자리의 부재'가 원인으로 작용한다(통계청, 2020).

> 처음에는 1년 동안 비서로 있다가, 계약직 직원을 뽑는 시험이 있었어요. 그때는 정규직 직원을 뽑진 않았어요. 그래서 어쩔 수 없이 계약직을 하게 된 거죠, 직장에 다녀야 되니까. 정규직을 뽑는 시험이 있었다면 당연히 정규직 시험을 봤겠죠. (31세, 사무직)

우리 사회에서 여성들이 비정규직으로 일을 하게 되는 계기는 크게 두 가지이다. 하나는 IMF 경제 위기 이후 정규직 일자리 중 많은 부분이 비정규직으로 대체되어 취업 당시 정규직 일자리가 별로 없었다는 점, 다른 하나는 결혼 및 출산으로 경력단절 시기를 겪은 후 주로 비정규직으로 재취업하게 되었다는 점이다. 은행이나 증권사의 사무직 노동자들 중 남성은 거의 정규직인 반면 여성들은 거의 대부분이 비정규직이다. 그 이유는 정규직에는 주로 남성을, 기간제나 시간제 등 비정규직에는 주로 여성을 채용해왔기 때문이다.

> 남자는 전부 정규직, 여자는 전부 계약직. 나도 결혼 전에 A은행 정규직이었고 남편은 A은행 과장이었어요. 재입사를 할 때 알아보았는데 급여가 제일 괜찮은 데가 A은행과 B은행이었어요. 남편이 과장이라 A은행은 못가고 B은행으로 간 거예요. 대부분의 가정이 예전에는 부부 둘 다 정직원이었는데 IMF를 거치고 육아를 하면서 여자들이 비정규직이 되었지요. (38세, 사무직)

> 비정규직에는 거의 여자들 위주로 뽑아요. 파트타임에는 완전히 다 여자들을 뽑아요. 파트타임에는 남자를 못 봤어요. 계약직에는 남녀 같이 뽑기는 하는데, 워낙 여자가 많이 지원하고 많이 뽑혀요. 남자들은 거의 다 정규직으로 많이 지원해요. (23세, 사무직)

성별분업은 남성과 여성이 일자리 선택에서 다른 경향을 나타내는 요인들 중 하나이다. 남성들은 생계 책임자로 간주되어 고용이 보장되고 임금수준이 높은 정규직을 선호하므로 기간제 일자리에 지원 자체를 하지 않는 경향이 있다. 노동시장에서의 출발을 정규직으로 시작하고자 하는 의지 또한 강한 것이다. 반면 여성들은 가사 및 양육 책임 때문에 기간제 또는 파트타임 등 비정규직을 자발적으로 선택하는 경향이 남성보다 높으며, 부차적인 생계담당자이기 때문에 저임금의 비정규직 일자리라도 감수하는 경향이 있다. 여성들은 자신의 성역할로 인해 지속적으로 직장생활을 하지 못할 것을 예상하고 기간제 일자리에 남성보다 훨씬 더 많이 지원한다. 또한 정책적으로 여성을 생계보조자로 간주하여 일과 육아의 병행이 가능하게끔 파트타임노동자로 뽑는 '시간선택제'가 도입되기도 하였다. 이로 인해 "비정규직 노동의 패턴은 심하게 성별화"(Fredman, 2004)되어 왔다.

여성들은 비정규직 노동시장에 자발적 선택보다는 비자발적인 선택으로 유입되는 경우가 많다. 우선 정규직 일자리가 여성에게는 남성에게만큼 열려 있지 않다. 즉 기업들이 남성들을 주로 정규직으로 채용하는 데 비해 여성들은 주로 비정규직으로 채용하고 있는 것이다. 그 기저에는 남성은 생계책임자이자 가장으로 규정하고, 여성은 일차적인 책임이 가사와 양육에 있는 부차적 생계책임자로 구분하는 이분법적 논리가 작용하고 있다. 이러한 인식이 여성은 임시적인 노동력이라는 인식을 낳아 결국 여성 대부분을 비정규직 노동시장으로 몰아넣고 있다.

2) 능력과 인격의 무시

비정규직 노동자는 관리자, 정규직 노동자, 남성 노동자, 그리고 고객으로부터 종종 업무 능력을 인정받지 못하고 인격적 무시도 당한다. 일부 관리자들은 업무와 관련해서 비정규직의 의견에 귀를 기울이지 않고 무조건 무시하는 태도를 보인다. 여성노동자가 잘못을 할 경우 남성노동자에 비해 더 심하게 막말을 한다거나 집기를 던지고 해고 위협을 하는 경우도 있다. 정규직 노동자들은 자신은 열심히 공부하고 준비해서 정규직이 되었는데 비정규직들은 열심히 살지 않았고 능력이 부족하다 보니 비정규직이 되었다고 비난한다. 정규직 노동자들이 보기에 권한을 남용하여 임시직 노동자들은 건방지고 뻔뻔스럽게 보인다고 느끼는 반면, 임시직 노동자들은 정규직 직원들이 명령을 내리기도 한다고 불평한다. 하지만 우리 사회에서 비정규직 노동자들의 존재는 전적으로 개인의 나태나 무능으로 인한 것이 아니다. 신자유주의하에서의 기업의 노동 유연화 전략으로 인해 과거에는 정규직 일자리였던 것이 지금은 상당 부분 비정규직으로 바뀌었기 때문이다. 즉 지금은 능력이 있어도 정규직 일자리가 적어서 많은 사람들이 어쩔 수 없이 비정규직으로 일을 하는 것이다. 이러한 노동시장의 현실을 개인의 무능과 나태로 이해하는 일부 정규직 노동자들의 태도에 비정규직 노동자들은 분노를 느끼기도 한다.

비정규직 노동자의 성실성과 능력에 대한 무시는 관리자와 정규직뿐만 아니라 고객들에 의해서도 행해진다. 고객들도 비정규직의 능력을 인정하지 않고 인격적으로 함부로 대하는 일들이 있다. 특히 비정규직 여성 노동자들은 비정규직이면서 여성이기 때문에 이중적인 무시와 차별을 받는다. 만일 남성이었다면 전화를 받을 때 고객으로부터 다른 (남자)직원을 바꿔 달라거나 능력을 무시당하는 일도, 반말과 욕설을 듣는 일도 빈번하게 발생하지는 않았을 것이다.

비정규직 여성노동자들은 비정규직 남성에 의해서도 무시와 차별을 경험한다. 남성 노동자들은 같은 비정규직 처지이면서도 '여성'의 능력을 폄훼하고 인격을 무시한다. 이러한 일이 발생하는 것은 가부장제 사회에서 남성과 여성에 대한 차별적인 인식, 즉 남성은 능력있는 우월한 존재, 여성은 하찮고 열등한 존재라는 가부장적 고정관념 때문이다.

비정규직 남성들도 대놓고 여성들을 무시하고 했지요. 일을 하다보면 남성들이 해야 할 일이 좀 있어요. 무거운 짐들을 운반한다든가 큰 박스를 들어 올려야 한다거나. 자기들이 더 힘든 일을 한다고 더 많이 받아야 된다고 하면서, 구조상 사실 그 월급 받고 일을 할 남자들이 많지 않거든요. 그러니까 그런 불만들을 그런 식으로 얘기하는 거죠. 그런 불만이 있어서 사이가 좋을 수도 있고 나쁠 수도 있고 개인에 따라 다를 수 있죠. (52세, 판매서비스직, 노조활동가)

비정규직 여성노동자는 비정규직이기 때문에 그리고 여성이기 때문에 무시와 차별을 이중적으로 겪게 된다. 비정규직 여성노동자들은 남성노동자들로부터는 여성이라는 이유로 그리고 정규직 노동자들로부터는 비정규직이라는 이유로 무시를 당한다. 여성에 대한 차별이 구조화된 사회에서 남성은 여성보다 높은 사회적 지위를 갖는 편이기도 하지만, 남성과 동등한 능력을 갖고 있을 때에도 여성이 낮게 평가되는 일이 잦다.

3) 조직 안의 외부인

비정규직 노동자의 능력과 인격을 무시하고 차별하는 것은 회사 내에서 또는 사무실 내에서 정규직 노동자들 편에서 '우리와 다른 사람'이라는 이유로 이어져 왔다. 비정규직 노동자는 그 회사의 직원으로 인정받지 못하는 경우가 종종 있다. 특히 파견 노동자일 경우에는 한 사무실에서 일을 하더라도 다른 회사 사람으로 분류된다. 기간제, 파견직, 파트타임으로 일할 때 직원에 포함되지 않기 때문에 그들은 직장에서 정규직 직원만큼 소속감을 갖지 못하고 소외감까지 느낀다. 한 기업 안에서 '우리 직원' 또는 '우리'에 포함되는 것은 철저하게 정규직 노동자에 한정된다. 비정규직 노동자인 경우에도 기간제냐 파견직이냐에 따라 '우리' 속에 포함되는 정도가 달라진다.

비정규직 노동자들은 정규직 노동자에 비해 덜 핵심적인 부서에서 책임감이 적은 주변적인 업무를 수행한다. 그리고 1년 단위로 재계약을 하기 때문에 내년에는 현재의 직장을 떠나게 될지 모르는 사람들이다. 기업의 복지급여에서도 정규직과 비정규직 간에 많은 차이가 있다. 이러한 차이로 인해 정규직과 비정규직 간에는 알게 모르게 서로를 다른 집단으로 분류하는 경계선이 생기게 된다. 비정규직 노동자들은 한 조직 안에서 정규직 노동자와 함께 일을 할지라도 서로 다른 집단으로, '조직 안의 외부인'으로 남아 있다.

그런데 '조직 안의 외부인'의 성격은 직접고용 비정규직 노동자들에 비해 간접고용 노동자들에게 더 적용된다. 간접고용 노동자들은 그들이 일하고 있는 회사의 소속이 아니라 고용계약을 맺은 파견업체 또는 용역업체 소속이기 때문이다. 사용업체 소속의 노동자들은 파견 및 용역노동자들이 비록 동일한 사업장에서 일한다 할지라도 다른 회사 소속 사람이기 때문에 자신과 같은 집단 소속으로 동일시하지 않는다. 파견 노동자 또한 동일한 이유로 사용업체 소속 노동자들을 '우리'에 포함시키지 않는다. 그렇다고 파견직 노동자들이 자신을 파견회사에 소속된 사람으로 여기지도 않는다. 파견회사가 하는 일이라고는 자신에게 일자리를 소개해주고 사용업체로부터 임금을 받아 일정 부분을 떼고 전달해주는 역할밖에는 하지 않기 때문이다. 결국 파견직 노동자들은 파견회사에 대한 소속감도 사용업체에 대한 소속감도 갖지 못해서 실제로 어느 쪽에도 속하지 못하는 '주변인'의 성격을 갖는다. 한 사무실에서 근무를 하더라도 정규직과 다른 집단으로 분류되는 비정규직 노동자들은 임금 및 상여금, 복지급여에서의 차별을 포함한 일상적 차별로 인해 노동에서의 소외감과 인간적 모멸감을 느끼기도 한다. 정규직과는 등급이 다른 비정규직 노동자, 주류가 아닌 주변 집단으로 분류되는 비정규직 노동자는 노동에 대한 소외감과 함께 사회와 동료 노동자에 대한 분노까지도 갖게 된다. 이것은 사회적 불안을 야기하는 요인이 될 수 있다.

회사에 대한 소속감을 갖지 못하는 비정규직 여성노동자들은 특히 근로의욕이 떨어질 수밖에 없다. 최대 이윤 창출을 목적으로 하는 기업에게 노동생산성 저하라는 결과를 초래할 수도 있다. 또한 '우리'와 '우리가 아닌 자'라는 경계가 존재하는 정규직과 비정규직 노동자들 사이에는 갈등이 생길 수밖에 없다. 조직 구성원 간의 갈등은 기업에게 조직 관리상의 어려움을 유발한다. 기업은 정규직과 비정규직 노동자에 대한 차별적 처우로 인해 발생하는 비정규직 노동자의 '조직 안의 외부인', '주변인'의 성격을 변화시키는 노력을 해야 할 것이다. 비정규직 노동자들을 기업이라는 조직 구성원의 하나로 받아들이고 정규직과의 차별적 처우를 개선하는 것을 통해서 변화가 가능할 것이다. 비정규직 노동자들이 회사에 대한 충성심, 업무에 대한 책임감, 그리고 노동생산성의 향상으로 보답할 것이므로, 이러한 노력은 사회적 불안을 해소할 뿐만 아니라 결국 기업에게도 이익이 될 것이다.

4) 직장 내 성희롱

여성노동자들은 정규직이건 비정규직이건 직장에서 성희롱에 노출되어 있다. 사회적으로 남성의 지위가 여성의 지위보다 더 높은 데다가 같은 직장에서도 대개 남성들이 더 높은 직위에 있기 때문에 남성에 의한 성희롱이 빈번히 발생하는 것이다. 직장 내 성희롱이 주로 직장에서의 우월한 지위를 이용하여 발생하므로 비정규직이라는 신분은 정규직 노동자에 비해 성희롱에 더 취약할 수밖에 없는 조건이다. 비정규직 노동자의 가장 큰 바람은 고용이 안정되고 임금도 차별받지 않는 정규직이 되는 것인데, 바로 정규직으로의 전환을 미끼로 남성 상급자가 여직원을 성희롱하는 사례가 발생하기도 한다.

예현 씨가 수습사원이던 때의 일이다. 팀장이 차로 집에 데려다준다기에 계속 거절했다. 그랬더니 팀장이 강압적으로 굴면서 했던 말. "내가 상사야. 너 정규직 되려면 평가도 받아야 되고 나한테 잘 보여야 되지 않겠냐?" 팀장은 예현 씨에게 자꾸 예쁘다고 이야기하고 은근슬쩍 스킨십을 시도하기도 했다. 업무시간에 종종 따로 불러서 개인적인 이야기도 늘어놓았다. 이제는 예현 씨랑 사귀는 사이인 것처럼 말하고 다닌다. (한국여성민우회(2017), 일고민상담실 상담사례 『2017, 일하는 여자들을 화나게 한 여섯가지』)

비정규직 여성노동자가 상급자에게 성희롱을 당했을 때 여성들은 재계약이나 승급이나 정규직 전환에 불이익이 가해질지 모른다는 생각에 참을 수밖에 없는 상황이다. 여성들이 성희롱 때문에 직장을 그만둔다고 해서 다른 직장에 쉽게 취업할 수 있는 것도 아니므로 될 수 있으면 참고 견디고자 버티는 것이다. 정규직 전환제도가 있는 경우에 그 대상자를 결정하는 권한이 상급자 남성에게 있기 때문에 비정규직 여성들은 성희롱을 참을 수밖에 없다. 성희롱을 거부하고 문제제기를 했을 때는 재계약이나 승급에서 불이익을 받을 수 있기 때문이다.

여성들이 직장 내 성희롱에 대해 적극적으로 대처하지 않는 데에는 다른 이유도 있다. 직장에서 문제제기를 했을 경우에 가해자 남성보다는 피해자 여성이 오히려 불이익을 받는 경우가 다반사이기 때문이다. 최근까지 직장 내 성희롱이 발생했을 때 가해자 남성보다는 오히려 피해자 여성이 직장 분위기를 망친다는 비난을 받거나, 다른 부서로 인사이동 된다든가 심지어 해고되는 경우도 있었다. 이와 같이 성희롱을 당한 여성이 오히려 불이익을 받는 경우가 더 많기 때문에 여성들은 적극적인 대응을 하지 못한다. 문제의 근본적인 해결이 매우 어려울 때, 매일매일 얼굴을 맞대고 일을 계속 해야 하는 상황이다보니 문제제기조차 하지 않는 것이 더 낫다고 판단하는 것이다.

> 다른 지점의 경우에는 성희롱 때문에 재판도 걸려 있고, 회식자리에서 부장이 저질 농담 많이 하고 침대에 누워 봐라 그런 식으로 말도 안 되는 말을 많이 했대요. 젊은 여성들뿐만 아니라 나이 든 아주머니들한테도 그랬대요. 남자들이 유통 쪽이 약간 지저분하고 추접스럽구, 껄떡거리구 그런 게 있더라구요. 젊은 남자들도 술 먹고 그러면 옆에 앉아 봐라 그러고. 이번에 입문교육이라고 해서 1박2일로 전(全)직원이 교육을 갔다 왔는데 같이 술을 먹었는데 제가 나이가 제일 어려요. 괜히 막 그러는 거 있잖아요. 처음에는 장난으로 그런 걸로 알았는데, 기분이 나쁘더라구요. 정규직하고 직무급제하고 같이 교육을 받고 무기계약직과 비정규직이 같이 교육을 받았는데, 나눠서 교육을 받았는데, 기분이 나쁘더라구요. 술자리에서 일어서면서 쏘아붙이고 싶었는데 그렇게 하기도 쉽지 않았어요. 왜냐하면 얼굴을 안 볼 사람도 아니고 직장에서 계속 얼굴 보면서 일을 해야 하는데 그리고 술자리에서 정색을 하자니 분위기를 깰 것도 같고. (27세, 사무직)

직장 내 성희롱은 피해자에게 심각한 정신적·신체적·심리적 불안과 스트레스를 초래한다. 이러한 불안과 스트레스는 결국 피해자에게 근무의욕 상실, 사기 저하, 업무능력의 저하를 가져와 노동권까지 침해하게 된다. 하지만 직장 내 성희롱은 피해자에게만 불이익을 초래하는 것은 아니다. 직장 내 성희롱은 기업 측에서 보면 건전한 직장문화의 조성을 방해할 뿐만 아니라, 성희롱이 법적 소송으로 이어지게 되면 경제적 비용부담의 상승과 기업의 이미지 추락을 초래하고, 자진 퇴사나 해고 등의 문제를 가져온다면 기업의 생산성을 악화시키고 인력관리비용을 증가시킬 수밖에 없다. 따라서 직장 내 성희롱은 피해자 개인에게뿐만 아니라 기업에게도 좋지 않은 영향을 미치는 것이므로 기업에서도 직장 내 성희롱을 없애기 위해 적극적으로 대응해야 할 것이다.

5) 모성권의 위협

기간제로 일을 하는 여성들은 나이가 많거나 임신을 했거나 또는 어린 자녀가 있다는 등의 여러 가지 사유로 재계약을 못하게 된다. 여성의 일은 비숙련 업무로 규정되기 때문에 많은 경력을 요구하지 않는다. 따라서 보다 많은 이윤 창출이 목적인 기업은 젊은 신입여성에 비해 더 많은 임금을 지불해야 하는 나이 많은 여성과 재계약을 할 이유가 없다. 여성노동자의 임신과 출산으로 생기는 업무공백도 재계약을 하지 않는 사유가 된다. 또한 여성이 어머니가 되는 순간 여성에게는 직장보다 가족과 자녀가 우선이므로 남성만큼 직장에 헌신적이지 못할 것이라 판단하여 저임금과 조기퇴출을 정당화한다. 더구나 비정규직 노동자는 어차피 임시적 노동자이므로 기업의 입장에서 비정규직 여성의 임신과 출산으로 인한 업무의 공백을 감내할 이유가 없는 것이다.

다른 비정규직 행원이 재계약이 안 된 이유는 가지각색인데, 임신을 했는데 어차피 너를 데리고 있으면 산휴 들어가서 공백이 생기면 누군가 뽑아야 되니까 너를 뽑지 않는다고. 나이 들면 이제 나가, 새로운 신입이 들어오면 작은 급여로 더 일을 시킬 수 있으니까. 결혼했어? 결혼했으면 애기 있어? 애기 없네. 애기 없으면 계약해도 되겠네. 애기 있으면 가사나 육아문제 때문에 여자들은 일찍 퇴근할 수 있다고 생각하잖아요. 저애는 애기 때문에 일 안 되겠지. 쟤는 고용하지 마, 이렇게 되는 거죠. (33세, 사무직)

사무직 기간제 여성노동자들은 대부분 20대에서 30대 초반에 걸쳐 있기 때문에 임신·출산과 자녀 양육의 시기와 겹치는 경우가 많다. 시간제로 근무하는 계산원이나 판매원 여성노동자들은 주로 30대 후반에서 40대 여성들이며 그리고 청소용역 여성노동자들은 주로 50대와 60대 여성들로 이들은 임신·출산 및 초기 양육기를 지난 후 노동시장에 재진입한 경우가 대부분이다. 그러나 생애주기상 결혼과 임신·출산 시기인 20~30대 기간제 여성노동자들에게는 재생산이 심각한 문제가 될 수밖에 없다. 임신·출산이 바로 재계약 거부로 인한 노동시장 퇴출로 이어지며, 그렇지 않을 경우에도 출산휴가 및 육아휴직 사용과 직장보육시설 이용에서 정규직에 비해 많은 제한과 불이익을 받기 때문이다. 심지어 출산휴가를 사용할 가능성이 있는 여성노동자와의 계약을 배제하기 위해 기업에서는 결혼 유무에 따라 그리고 연령대에 따라 계약기간을 달리하는 사례도 있다.

> 여자들의 경우 가사와 직장을 병행하다 보니 회사가 배려를 해줘야 하는데 휴가는커녕 조퇴도 쓰지 못했다. 그러다가 11년 된 정규직 여성이 출산휴가를 쓰겠다고 하면서 회사가 발칵 뒤집혔다. 그 뒤 계약직 여직원과 재계약할 때는 40~50대는 (계약기간을) 1년, 아가씨는 6개월, 결혼한 새댁은 3개월로 두는 등…. (오마이뉴스, 2008.3.6.)

현재 우리 사회는 저출산을 국가적·사회적으로 해결해야 할 중요한 문제로 규정하고 있다. 따라서 한편에서는 여성들로 하여금 아이를 낳도록 하기 위해 여러 가지 출산 장려정책을 시행하고 있다. 그러나 다른 한편에서는 임신 및 출산을 이유로 여성을 노동시장에서 퇴출시키고 있다. 여성의 모성권과 노동권이 상충하고 있는 것이다. 저출산이 국가적·사회적으로 커다란 문제로 규정되고 있는 상황에서 비정규직 여성노동자들의 모성권 보장에 관해 심각하게 재고해야 할 필요성이 있다. 저출산 문제를 해결하기 위해서는 여성의 노동권과 모성권을 동시에 존중하고 보장하는 방법을 모색해야 할 것이다.

┌─ 03 일-가족 병행의 이중부담

'남성의 일은 해가 지면 끝나지만 여성의 일은 결코 끝나지 않는다'라는 오래된 영국 시구는 여성들의 상황을 정확하게 요약하고 있다. 사랑의 일, 가사, 아이 돌보기, 유급노동 등 여성들은 집에서나 노동시장에서 가시적이든 비가시적이든 가족들과 고용주들을 위해 일한다(Kemp, 1994:1). 우리 사회에서 기혼여성들은 사회적 생산노동에의 참여 여부를 떠나 가사 및 양육노동에 대한 책임을 져왔다. 따라서 여성의 경제활동 참여 증가는 돌봄노동의 대부분이 여성에 의해 제공된다는 현실을 변경하지 못했다.

일반적으로 시간제 노동은 일과 가정의 병존을 위한 유연한 노동 형태로 이해되고 기혼여성의 경우 이런 이유로 선호하는 노동 형태라고 지적된다(강이수·신경아, 2001:85). 실제로 많은 기혼여성들은 자녀양육과 가사일을 병행하는 것이 가능할 것이라는 기대감으로 시간제를 선택한다. 기혼여성이 가사 및 양육노동과 병행하기 위해 시간제를 많이 선택하는 것은 시간제 노동자 중 기혼여성의 비율이 압도적으로 높은 것을 보더라도 알 수 있다.

모든 산업 국가들에서 대부분의 파트타임 노동자들은 여성들이다(Kalleberg, 2000). 불안정한 노동력이 현저하게 여성들로 구성되는 것은 우연이 아니라 여성들이 계속 가족돌봄을 책임져야 한다는 사실에 있다. 가구소득에 대한 기여 혹은 제공에 대한 강력한 압력과 함께, 여성들에게 지속되는 양육책임은 그들에게 유급노동에 대한 선택의 여지를 거의 남겨놓지 않는다. 장시간 노동 문화에 의해 여성의 선택권이 줄어들고 있는데, 남성들에게 더 많은 보상을 주는 것은 '남성, 유급노동'과 '여성, 양육'의 성별화된 패턴을 강화시킨다. 일과 가족의 조화를 달성하기는커녕, 유연한 노동은 적절한 소득의 보장 없이 많은 여성들이 유급노동과 무급노동의 이중부담을 짊어지는 것을 의미한다(Fredman, 2004:300). 신고전파 경제학에서는 노동자들이 비정규 노동을 선택하는 것은 자발적이고 합리적인 결정이라고 설명한다. "풀타임 고용보다 더 적은 노동시간을 요구하고 더 많은 유연성을 제공하는 파트타임 고용은 자녀양육과 고용을 동시에 해내는 여성들에게 매력적인 것"(Wei-hsin Yu, 2002:495-496)이라고 전통적 성역할 구분에 기반을 두고 주장하였다. 여성들은 고용 지위와 관계없이 가정과 자녀양육에 대한 책임을 지고 있기 때문에, 파트타임 노동은 여성들이 그들의 가족과 보낼 시간을 여전히 제공해주면서 커리어를 추구할 수 있도록 하는, '최선의 두 세계(best of both worlds)'를 제공한다고 제시되어 왔다(Higgins, Duxbury & Johnson, 2000:17).

우리 사회에서 파트타임 노동자들 중에는 전일제 노동과 동일하게 1일 8시간 또는 그 이상 일하는 사람들도 있다.[3] 유통업의 계산직과 판매직에 근무하

---

3 비정규직 보호법의 대상이 되는 단시간제 노동은 전일제 근무인 1일 8시간 노동과 대비되는 것으로서

는 파트타임 여성노동자들 대부분이 여기에 속한다. 게다가 1일 2교대 또는 3교대로 일하는 경우 주기적으로 야간근무를 하게 되는데 이것은 가사 및 육아와 병행하기 쉬운 조건이 결코 아니다. 유통업의 시간제 및 용역직 계산원과 판매원은 아이들이 학교에 가 있는 낮 시간 동안 일을 하는 것이 아니라 오후 늦게까지 또는 밤 12시, 새벽 1시까지 일을 한다. 백화점의 판매원은 대체로 오전 9시 30분부터 오후 8시 30분까지 거의 10시간 노동을 한다. 판매일은 내내 서서 해야 하는 일이어서 퇴근할 때는 몸이 녹초가 된다. 이러한 상황은 일과 가족의 조화로운 병행을 더 어렵게 한다. 그러나 가사는 여성의 책임이라는 사회적 인식 때문에 여성노동자들은 쉬기 위해 집으로 퇴근하는 것이 아니라 또 다른 일을 하기 위해 집으로 '출근'해야 한다. 은행의 시간제 노동자의 경우 전반적으로 8시간 미만 노동을 하지만 예상과 달리 정규직과 동일하게 8시간 또는 그 이상 노동을 하는 경우도 있다. 따라서 시간제 노동의 경우 기혼여성을 위한 시간적 유연성의 효과가 거의 없는 셈이다. 그러므로 기혼여성들이 직장과 가족 두 가지 일을 병행하기 위해 시간제 노동을 선택한다는 일반적 가정은 일부 여성노동자들에게는 적용되지 않는다(정영애, 1996:89-90).

성별분업 이데올로기가 확고한 우리 사회에서 남편들은 가사분담을 거의 하지 않는다. 남편들은 일반적으로 가사노동을 자신의 일로 여기지 않기 때문에 가사분담에 매우 소극적이다. 2019년 '생활시간조사'에 의하면 맞벌이 가구의 경우 여성의 1일 가사 노동시간은 3시간 7분인데 비해 남성의 가사 노동시간은 54분에 불과하다. 여성들에게 고용과 가족 책임을 결합하도록 요구하는 것은 노동시장에서 성평등 실현을 어렵게 한다. 일반적으로 여성들은 맞벌이일 때조차 자녀 양육과 다른 가사 임무의 주요 책임을 계속 지기 때문에, 경제학자들은 이것이 여성들의 직업 선택, 유급 고용에서 보내는 시간, 직무 헌신성 그리고 가족과 직장 일에 대한 노력의 할당에 부정적 영향을 준다고 주장한다(Drobnič & Blossfeld & Rohwer, 1999:133).

따라서 여성들이 노동시장에서 평등을 성취하기 위해서는 여성의 가사

1일 8시간 미만 근무하는 것을 의미한다. 그러나 우리 사회에서 보통 시간제(파트타임) 노동은 전일제 노동과 마찬가지로 1일 8시간 노동을 하며 고용계약기간이 기간제와 마찬가지로 보통 1년 단위로 이루어지는 것을 의미한다. 이 논문에서 시간제(파트타임) 노동은 후자를 의미한다.

및 양육노동의 부담을 완화시키기 위한 노력이 필요하다. 가사 및 양육 노동의 사회화, 남편과의 공평한 분담, 남성의 가사노동 참여를 당연시하는 문화 및 분위기 조성이 필요하다. 더 나아가 아내가 전업주부인 남성노동자를 모델로 한 노동시장 구조를 변화시켜야 할 것이다. 성평등 의식을 갖고 가사노동에 적극 참여하고자 하는 남성들도 장시간 노동을 표준으로 하는 노동시장 구조하에서는 그 실천이 어렵기 때문이다. 남성과 여성 모두 생계 책임과 가사 및 양육 책임 둘 다 가진 노동자로 규정될 때, 그리고 이러한 2인 부양자─2인 양육자 모델을 기준으로 노동시장 구조가 변화될 때 비로소 노동시장에서 성평등이 실현될 것이다.

❝ 생각해보기 ❞ ──────────────────────────────── 📖

01 자신 또는 지인이 일하면서 겪은 성차별이 있는지, 있다면 어떠한 차별을 겪었는지 찾아보고 왜 이런 차별이 발생했는지 알아보자.

02 은행, 마트, 백화점, 고객상담실 등을 이용하면서 나에게 판매나 서비스를 제공하는 노동자에게 무리한 요구를 하거나 그들을 인격적으로 무시하는 행동이나 말을 한 적은 없는지 생각해보자.

03 직장 내 성희롱을 범죄로 규제하고 있지만 여전히 많이 발생하고 있다. 자신이 일하는 직장의 사무실이나 회식 자리에서 성희롱을 겪었다면 어떻게 대처할지 생각해보자.

◆ 참고문헌

강이수·신경아(2001), 『여성과 일』, 동녘.

신경아·김혜경(2007), "간접고용으로의 전환과 여성 비정규직: 호텔산업을 중심으로", 『여성 비정규직 근로자의 현황과 정책과제: 비정규직 입법이 미치는 영향을 중심으로』, 101~134쪽, 여성가족부.

정영애(1996), "시간제 노동과 성별분업: 시간제 노동 논의에 관한 여성학적 비판", 『한국 여성학』 제12권 1호, 한국여성학회.

정이환(2003), "비정규노동의 개념정의 및 규모추정에 대한 하나의 접근", 『산업노동연구』 제9권 제1호, 71~105쪽, 한국산업노동학회.

최인이(2009), "유통 서비스업 여성비정규직 노동의 성격과 차별 양상에 대한 연구", 『한국 사회학』, 제43집 1호, 89~129쪽.

고용노동부(2019), 「고용형태별 근로실태조사」

통계청(2020), 「2020년 8월 경제활동인구조사 근로형태별 부가조사」

통계청(2019), 「2019 생활시간조사」

통계청, 「경제활동인구조사」. 각 연도.

Drobnič, Sonja & Blossfeld, Hans−Peter & Rohwer, Gotz(1999), Dynamics ofWomen's Employment Patterns over the Family Life Course: A Comparison of the United States and Germany, *Journal of Marriage and t he Family*, Vol. 61, No. 1(Feb., 1999), pp. 133−146, National Council on Family Relations.

Fredman, S.(2004), "Women at Work: The Broken Promise of Flexibility", Industrial LawJournal, Vol. 33, No. 4(December, 2004), pp. 299−319, Industrial Law Society.

Higgins, C., Duxbury, L. & Johnson, K. L.(2000), Part−Time Work for Women: Does it Really Help Balance Work and Family?, Human Resource Management, Spring 2000, Vol. 39, No. 1, pp.17−32, ⓒ2000 John Wiley & Sons, Inc.

Kalleberg, A. L.(2000), Nonstandard Employment Relations: Part−Time, Temporary and Contract Work, *Annual Review of Sociology*, Vol.26, pp. 341−365, Annual Reviews.

Kemp, Alice Abel(1994), *Women's Work: Degraded and Devalued*, Prentice Hall.

Wei−hsin Yu(2002), Jobs for Mothers: Married Women's Labor Force Reentry and Part−Time, Temporary Employment in Japan, *Sociological Forum*, Vol. 17, No. 3(Sep., 2002), pp. 493−523, Springer.

〈신문 기사 및 상담 사례〉

오마이뉴스(2008.3.6.), "아가씨 6개월, 새댁 3개월...이래도 참아?".

한국여성민우회(2017), 일고민상담실 상담사례 "2017, 일하는 여자들을 화나게 한 여섯 가지".

CHAPTER 06 **금융기업 여성 고용제도의 변화**

한국의 여성들은 은행이 설립되던 초기부터 행원으로 줄곧 일해 왔다. 하지만 금융기관들은 여행원제를 도입하여 여성의 채용을 남성과 구분해서 실시하였다. 여행원제 도입이 어느 특정 시기에 시작된 것이 아니라 은행 설립 시기부터 진행되어 온 제도라는 점에서 성별 분리 채용과 성차별적 인사 관행의 전통이 얼마나 깊게 자리잡고 있는지를 알 수 있다. 국내외 여성운동의 발전과 IMF 경제 위기 등 노동시장 환경의 변화에도 불구하고 지금까지도 성차별이 지속되고 있다. 그렇다면 그동안 금융기업에서의 여성 고용제도는 어떠한 방향으로 변화되어 왔으며, 그 변화의 내용이 무엇인지를 구체적으로 살펴보고자 한다.

01 여행원제에서 신인사제도로의 전환

1) 여행원제의 도입

여성의 업무를 구분하여 행원을 뽑는 여행원제가 명문화된 것은 직급별 차등호봉제를 도입한 설립 시기부터라고 할 수 있다. 창구업무와 고객 응대는 전적으로 여성이 담당하고 일반 업무는 남자가 담당하는 방식이 채택되어 업

137

무내용이 성별로 분리되었다. 업무구분에 따라 임금, 승진, 교육 및 연수 또한 성별로 다르게 적용되었다. 여성과 남성은 단일한 채용 방식과 자유로운 경쟁을 통해 은행에 채용된 것이 아니다. 은행의 직원 채용 방법은 성과 학력에 의해 분리 모집하는 것이 특징이다. 중견행원(5급 행원), 초급행원(6급 행원), 여행원의 세 직급에서 주로 충원되었는데, 중견행원은 대졸 남성을 대상으로 채용했고, 초급행원은 고졸 남성을, 여행원은 고졸 여성을 대상으로 모집하였다. 채용방법은 중견행원의 경우는 공개경쟁시험을 통해서이고, 초급행원과 여행원은 상업계 고등학교 졸업예정자 중 학교장 추천으로 이루어져 채용부터 성과 학력에 의해 분리되어 진행되었다.

채용 시 성별분리의 관행은 입사 후 직무배치에도 계속 적용된다. 인사관리의 원칙상 직무배치는 직무의 난이도, 개인의 숙련도 등이 고려되어야 할 것이나, 성 고정관념에 의해 우선적으로 배치된다. 여행원은 모든 수신업무(통장예금, 제예금), 여신 관련 수신업무, 외환업무 중 환전·이체업무 등 이른바 여성적 업무와 고객 접촉이 많은 업무, 그리고 나머지 영업점직무의 보조업무에 배치되는 경향이 있다. 남자 행원은 외환, 대부, 서무, 외환업무 중 무역금융, 수출업무, 수입업무, 계산계 업무, 본출납 업무 등에 배치된다(문유경, 1998). 은행 업무의 주류를 이루는 수신업무는 창구를 통하여 고객과 일일이 응대할 수 있는 세심함과 치밀함이 요구되는 반면, 동일 업무의 연속으로 일의 성격이 단순 반복적이다. 그런데 이를 여성적인 특성으로 간주하여 여성으로만 배치한다. 반면 여신이나 신용조사와 같이 비교적 높은 숙련도와 경험을 요하는 업무는 남성적인 업무로 규정하여 대부분을 남성으로 배치한다(유연숙, 1995).

은행에서의 승진 역시 남녀 분리적인 체계에 의해 성차별적으로 이루어졌다. 남자행원의 승진은 크게 1980년대 이후 적체현상이 심화되었지만 기본적으로 내부 노동시장 성격이 강하다. 즉 고졸 남성은 6급(일반행원), 대졸 남성은 5급(중견행원)으로 채용된 뒤 평가에 따라 승진을 하게 되는데, 외부 충원은 거의 없는 상태에서 내부 승진만으로 결정된다. 또한 연공서열적인 성격이 강하여 4급 이하의 경우 은행에서의 경력이 승진하는 데 가장 중요한 요소가 된다. 2, 3급 이상 직급의 경우 경력에 비해 근무성적이 상대적으로 높은 비중을 차지하지만, 대기업과 비교하면 경력이 여전히 중요한 요소로 작용한다. 그러나 고졸 여행원의 승진체계는 고졸 남성의 일반행원제도(6급)와 다르다. 고졸 남성은 초급행원으로 입사하여 일정기간이 경과하면 대졸의 입직 급인 5급 행원으로 승진 가능하지만, 여행원으로 입사한 고졸 여성은 근속연수나 숙련도, 업무 헌신도에 관계없이 기간이 경과해도 승진할 수 없었다.

당시에는 여행원들이 최하위 직급에서 일정한 업무만을 담당하게 하는 제도로서 결혼퇴직제가 존재하고 있었다. 결혼퇴직제란 취업규칙에 "여성근로자는 결혼함과 동시에 퇴직하여야 한다."는 명문규정을 두거나, 여성근로자를 채용할 때 결혼하면 퇴직한다는 각서나 구두약속을 받거나, 명문규정이나 각서가 없더라도 결혼 시에 실제로 퇴직압력을 가하는 고용관행을 말한다. 남성에게는 결혼이 퇴직사유가 되지 않으나 여성에게는 결혼을 이유로 퇴직을 강요하며, 경우에 따라서는 결혼이 아니라 임신이나 출산 등을 여성 퇴직의 사유로 삼기도 했다(서정혜, 1995). 사무직으로 여성을 고용하고 있는 기업들 대부분이 이러한 결혼퇴직제를 적용하고 있었다. 결혼퇴직제가 지니는 성차별적 성격을 보면, 결혼퇴직제도는 여성행원의 지속적인 근무를 처음부터 차단시키고 여성행원의 장기근속을 사실상 불가능하게 하여 승진기회로부터 배제되는 것을 자연스럽게 여기게끔 만들었다(유연숙, 1995). 또한 여자행원 자신도 장기적인 업무 능력 개발에 소홀히 하게 되고, 은행에서도 교육과 훈련의 필요성을 못 느끼게 되어 근무연수가 지남에 따라 인적 자원에서 남녀 격차가 벌어지게 되어 임금과 승진 차별이 정당화되는 악순환의 고리를 가능하게 하는 제도였다(문유경, 1998). 결혼퇴직제도의 밑바탕에 깔려있는 인식은 성별분업 이데올로기이다. 여성의 일차적인 역할과 책임은 가사와 자녀양육이기 때문에 여성은 결혼을 하면 직장을 그만 두는 것이 당연하다는 것이다. 결혼퇴직제도에는 여성을 지속적으로 임시 노동력으로 활용하여 보다 많은 이윤을 창출하고자 하는 기업의 의도가 내포되어 있다. 또한 이 제도는 여성을 남성에게 경제적으로 의존하게 하여 남성지배 체제를 유지시키고자 하는 가부장제의 논리가 그 근저에 놓여 있는 것이다.

2) 가능해진 여행원의 승진

1977년 재무부가 "여행원 직무범위 확대 및 활용방안 시달"을 은행에 권고하면서 여행원의 승진이 비로소 가능해졌다. 이 지침의 주요 내용은 중견행원(5급)으로의 여성 채용, 중견행원으로의 여행원 특별전직, 여행원의 책임자

(1~4급) 승진을 포함한다. 그러나 위의 지침에 의한 여성의 승진은 매우 제한 적이었으며 남성과 비교할 수 없을 정도로 차별적이었다. 여행원이 5급 중견 행원으로, 4급 대리로 승진하기 위해서는 각각 전직고시와 책임자고시를 통과해야 하는데, 응시자격 제한과 합격률을 보면 극소수의 여성만이 승진할 수 있었다. 전직고시제도는 전형적인 성차별적인 제도라고 할 수 있다. 응시자격은 입행 후 만 5년이 지나야 생기는데 남녀 모두 고졸 학력으로 입행한 경우를 예로 살펴보면, 남성의 경우는 행원 6급(일반행원)에서 만 5년이 지나면 5급 중견행원으로의 승진이 '자동적'으로 되는 데 비하여 여행원은 전직고시를 통과해야만 중견행원으로의 전직이 가능했다. 전직고시는 여성차별에 대한 구제책의 역할을 하지 못한 것으로 평가되는데 우선 합격률이 평균 5% 미만으로 대부분의 여행원에게는 불가능한 시험이었다. J은행의 경우 전직고시가 실시된 이후 1977년부터 1987년의 연도별 전직고시 합격자 수를 보면 42명에 불과하며 연도별로 감소하고 있어 여행원들이 이 제도를 외면하고 있음을 알 수 있다. 여행원 전직고시는 승격을 위한 선발제도라기보다는 개인의 능력에 따라 누구에게나 승진의 문은 열려 있다는 것을 상징적으로 보여줌으로써 불만을 무마하기 위한 제도였다. 이와 같이 전직제도가 마련되어 승진의 가능성은 열렸지만 그 수혜자가 너무 적어 여행원들의 불만이 커짐에 따라 1987년에 특별전직제도가 마련되었다(문유경, 1998). 특별전직제도는 전직제도에 통과하지 못한 장기근속 여행원을 위한 보완책이다. 장기 근무한 여행원 및 서무직원을 행원급으로 승격시키는 것이었지만 그 대상이 '국가 또는 당행 발전에 뚜렷한 공적을 세우고 인사위원회의 의결을 거쳐 15년 근속 여행원'에 한해 특별 전직되었던 것으로 1991년까지 모두 24명만이 전직되었다. 당시 8만여 명의 전체 여행원의 숫자를 감안하면 과히 '하늘의 별따기'였다고 할 수 있을 것이다. 대리(4급)로의 승격은 책임자고시를 거쳐야 하는데 중견행원(5급)은 입행 후 만 4년 6개월, 초급행원 및 여행원은 만 8년이 지나야 책임자고시를 볼 자격이 주어진다. 그러나 여행원은 책임자고시 합격 후에도 대리로의 발령이 바로 되지 않고 중견행원으로 이동한 다음 일정기간이 지나야 대리가 될 수 있어 실제적으로 대리가 되는 기간은 행원에 비해 훨씬 길다고 볼 수 있다. 이와 같이 여행원에게 부여된 모든 시험제도들은 남녀 격차를 시정하기 위한 방안으로 기능하였다기보다 남녀차별을 전제로 한 발상이었다고 볼 수

있다(유연숙, 1995).

금융업에서 성별 임금 차별은 심각한 것으로 나타났다. 1980년부터 1990년까지의 은행업의 남녀임금을 학력을 통제한 후 비교해 보면 전반적으로 여성의 임금은 남성 임금의 절반에 불과하다. 1980년 고졸 여성의 임금은 고졸 남성 임금의 57.4%에 불과하며 대졸 여성 임금은 대졸 남성의 52.6%에 불과할 정도로 임금격차가 매우 크게 나타났다(문유경, 1998). 업무내용이 동일가치에 의한 것임에도 불구하고 (남자)행원과 여행원을 별도의 직급으로 정하여 호봉체계를 달리하고, 기본급, 직책수당, 금융수당 등을 달리 지급하여 여행원의 임금은 1985년 호봉 조정 이후에도 남자행원의 70%를 겨우 넘는 수준이다. 이것은 성(gender)이 은행 내 임금격차의 주요한 요인임을 나타내준다. 행원들의 임금격차를 야기하는 또 다른 요인은 학력별 임금격차의 문제이다. 은행의 업무는 학력과 무관하게 그 내용과 성격이 유사한 경우에도 초임에서부터 임금차이가 크게 난다. 업무의 성격과 관계없이 적용되는 학력별 임금격차는 성별 임금격차에 부가되어 여성노동자에게 더욱 불리하게 작용한다. 일반적으로 은행에서 여성행원들은 남성행원들에 비해 저학력에 집중되어 있다. 이것이 남녀 행원 간 임금격차를 심화시킨다(유연숙, 1995).

'여행원'은 은행에 근무하는 여직원을 지칭하는 여자은행원과는 다른 하나의 직군이다(이필영, 1998). '여행원제'에서 '여행원'이라는 신분은 단순히 명칭이나 호칭상의 문제가 아니고 행원들 간의 분할을 통하여 저임금 구조와 노동통제를 꾀하고자 하는 은행 측의 경제적 논리에 의한 것이다. 채용, 업무배치, 승진, 임금 등에서 남녀를 분리하여 다른 체계를 적용하는 '여행원제'는 금융기업의 노동에 대한 분할 지배전략으로서 노동을 효과적으로 통제하고, 동시에 여성 노동에 대한 평가절하를 통해 초과이윤을 획득하려는 기업의 이윤전략이다. 기업은 '여행원제'를 통해 여성을 열등한 노동자로 활용하여 저임금을 지불하고 또한 동시에 이것을 전체 노동자의 임금 상승을 억제하는 기제로 이용하면서 초과이윤을 창출하고, 남성과 여성 간의 분리 그리고 대졸여성과 고졸여성 간의 분리라는 노동자 분할을 통해 노동자를 효과적으로 통제하는 전략으로서 이용해 왔던 것이다. 기본적으로 성에 의한 노동 통제전략과 초과이윤 창출전략은 이후의 여행원제의 폐지 및 다른 제도의 도입에도 불구하고 면면히 이어지는 자본의 전략이라고 할 수 있다.

3) 여행원제 폐지

은행에서 여성노동력 차별에 대한 문제제기는 여성 행원들이 업무를 진행하면서 생긴 개별적이지만 구체적인 문제의식으로부터 비롯되었다. 은행 내에서 여성에게만 적용되는 결혼퇴직제와 동일한 학력과 능력에도 불구하고 실질적으로 남녀 행원에게 부여한 상이한 직급과 임금체계는 여성 행원들의 불만을 낳기에 충분한 것이었다. 당시의 국제적인 여건도 정부와 기업에게 압력으로 작용했는데, 1975년 '세계 여성의 날'을 맞이하여 세계적으로 여성차별 철폐운동이 고조되었고, 범세계적인 성평등 확산 추세 속에서 우리나라도 UN의 지침에 따라 성차별 폐지의 실례를 마련해야 하는 상황이 전개되었던 것이다. 대내외의 사회경제적 여건의 변화와 이에 자극받은 여성 행원들은 이러한 차별관행에 대하여 실질적인 차별개선운동을 전개하게 된다. 1976년 '결혼퇴직각서' 제도의 폐지와 제한적이지만 여행원 승격의 통로였다고 할 수 있는 1977년 전직고시 및 1987년 자동전직의 실시가 그것이다.

1990년도에 들어서면서 은행과 제2금융권을 중심으로 '동일노동 동일임금'을 성취하기 위한 운동이 활발해졌고 은행에서는 여행원제를 폐지하고 단일호봉제를 쟁취하려는 활동이 본격화되었다. 그 결과 남녀고용평등법이 제정된 지 4년만인 1991년에 노동부에 의해 남녀를 분리 채용하는 여행원제가 성차별적 관행이라는 이유로 폐지 지침이 내려졌다. 이어서 1993년에는 제2금융권과 500인 이상의 대기업까지 여사원제나 성별 분리호봉제 폐지방침이 확산되었다. 이로써 적어도 대기업에서는 남녀 구별이 없는 단일호봉제를 적용하게 되어 제도상으로는 여성이 남성과 동등하게 임금을 받고 승진할 수 있는 기회가 부여되었다. 여사원제, 여행원제라는 성차별적 제도에 묶여 만년 말단직과 차별임금을 감수해야 했던 것에 비하면 여성의 평생평등노동을 향한 비약적인 발전이라고 할 수 있다. 그러나 인사체제에서 노골적인 성차별제도가 없어지고 제도상의 '기회의 평등'을 얻었다 할지라도 이 제도를 운영하는 과정에서 '조건의 평등'이 뒤따르지 않는다면 실질적인 성차별은 해소되기 어렵다. 더구나 여행원제나 여사원제를 폐지하면서 몇몇 업체에서 새롭게 도입한 '신인사제도'는 여성에 대한 실질적인 재차별화 시도를 보여주었다(서정혜, 1995).

여행원제의 폐지는 여행원들이 처음부터 요구한 것이 아니라 결혼퇴직제부터 시작한 차별의 시정사항이 점차 확대된 것으로 보인다. 즉 여행원들이 결혼퇴직제 폐지로 인해 근무연수가 길어지면서 점차 차별에 대한 의식이 생겨나고, 이에 따라 승진의 통로를 요구하게 되었으며 승진을 위한 전직고시가 별 효과가 없고, 전직을 했을 경우 호봉 산정에 있어 동일하게 근무한 남자보다 호봉이 적자 그 시정을 요구하게 되면서 동일노동 동일임금으로 나아가게 된 대표적인 사례로 볼 수 있다(문유경, 1998). 결국 여성노동자들의 노력의 결실로 여행원제는 1991년에 '공식적으로는' 폐지되었다.

'여행원제'가 명목상으로는 폐지되었지만 폐지 후에도 문제점들이 산재하였다. '여행원제'의 폐지 이후 여성에게 작용하는 가장 큰 문제점은 여성 정규직의 채용을 기피하고 시간제 노동자를 비롯한 비정규직의 채용을 확대하여 저임금 구조와 경쟁을 가속화시켜 왔다는 것이다. 또한 1994년에 은행 측에서는 여행원제 폐지에 대한 대안으로서 노사 합의나 논의 절차도 거치지 않은 채 일본식 신인사관리제도를 일방적으로 도입하고자 꾀하였다(유연숙, 1995). 신인사관리제도를 도입하는 은행은 여행원제 폐지에 따른 문제점을 인사제도의 개편으로 해결하고자 한 반면, 단일호봉제 은행에서는 정규직 여직원의 신규채용을 급감시키거나 또는 완전히 중단하는 대신 임시직이나 시간제 여직원들만을 고용함으로써 여직원에 대한 인건비 부담을 해결하고자 했다(참고 <표 1>). 임시직 여직원들을 채용할 경우, 언제라도 이들에 대한 해고나 대체가 가능하고 승진의 부담이 없다. 또한 다양한 고용형태를 통해 노동자들을 분할시킴으로써 노동에 대한 자본의 통제력이 증가할 수 있기 때문에 임시직의 활용이 더욱 활발해졌다(조순경 외, 1995).

<표 1> 정규직과 임시직의 채용 현황							(단위: 명)
	성별	1991	1992	1993	1994	1995	1996
정규직	남	1,364	1,245	668	896	821	1,296
	여	2,116	1,183	523	977	1,028	998
임시직	남	–	–	–	–	–	2
	여	–	77	286	700	627	1,387

자료: 전국금융노동조합연맹, 『여성부문 자료집』, 1997. 7.; 이필영(1998), 『한국금융기관의 여성정책에 관한 연구: 여행원의 직무만족도를 중심으로』, 18쪽에서 재인용.

┌ 02 신인사제도의 도입

1) 신인사제도의 도입 배경

신인사제도는 1993년 노동부에서 은행의 여행원제도가 고용평등법에 위반된다는 이유로 시정 조치 명령을 내려 폐지된 후 금융권을 중심으로 도입되기 시작하였다. 은행의 신인사제도 도입은 여행원제가 폐지되고 단일호봉제가 시작된 시점에서 이루어졌다는 점에서 주목해야 할 필요가 있다. 신인사제도가 여행원제 폐지에 대한 반발 내지는 부작용에 대한 대처의 성격임을 보여주는 것이다(문유경, 1998).

여행원제 폐지로 인한 반발세력은 크게 은행 측과 남자행원으로 나뉜다. 먼저 단일호봉제에 관한 은행 측의 불만은 인건비의 상승에 기인하는데, 단일호봉제로 인한 임금상승으로 여행원의 업무가 변화하지 않은 상황에서 그 부담이 은행에 전가된다는 점이다. 인사제도는 임금체계와 함께 평가체계, 직급체계, 승진급체계가 유기적으로 연결되어 있기 때문에 인사제도를 변경할 때는 이를 종합적으로 연결해야 한다. 그런데 단일호봉제의 경우 이러한 준비 없이 임금체계만을 변경했기 때문에 다른 체계와 맞지 않는 것이다. 남자행원의 가장 큰 불만은 1980년부터 시작된 승진 적체 심화에 있다. 단일호봉제에 의해 여행원이 일반(남성)행원의 직렬에 포함될 경우에는 승진대상에 여성이 포함되어 경쟁률이 더욱 높아지기 때문이다. 게다가 남성 행원들은 남자의 업무량이 더욱 많은데도 불구하고 동일한 임금체계에 의해 여성에게 동일임금을 지급하는 것은 타당하지 않다고 생각한다. 그들은 채용 시의 학력, 채용방법, 업무능력 등에서 남성과 차이가 나기 때문에 동일 근속연수라 하여도 여성들이 남성과 같은 능력을 소유했다고 인정할 수가 없다는 인식이 강했다.

따라서 은행에서 여행원제 폐지 이후 이러한 문제점과 불만이 노출된 시점에서 도입된 신인사제도는 연공서열형에서 능력 위주의 인사관리체제로의 개선이라는 성격을 갖지만, 동시에 여행원제 폐지에 따른 문제점의 해결이라는 성격을 갖고 있다(문유경, 1998).

2) 신인사제도의 내용

신인사제도는 직급체계, 임금체계, 승진체계, 그리고 평가체계의 개편이 결합된 종합시스템인 동시에 파견, 임시직 등 비정규직 노동력을 이용한 고용형태의 다양화를 또 다른 기본 축으로 하고 있다. 즉 기업 내 하층부를 구성하던 상당 부분을 파견, 시간제 등의 외부 노동인력으로 충당하여 내부 노동시장의 규모를 줄이게 되었다. 조직의 유연성을 높임으로써 임금이나 신분에 대한 보상을 능력과 성과 중심으로 개편하여 핵심인력 위주의 기업운영을 위한 시스템을 갖춘 제도이다. 연령과 근속에 따라 임금이 결정되던 기존의 연공급의 문제점이 지적됨에 따라 연공급 방식을 직능급으로 전환시켜 능력 위주의 인사관리로 생산성 향상을 도모하겠다는 것이다. 이러한 직능자격제도의 변형된 내용으로 은행에서는 직무를 종합직과 일반직으로 구분하여 채용, 육성하는 이른바 코스별 관리를 채택하고 있다(이필영, 1998).

1993년 2월부터 신인사제도를 시행하기 시작한 A은행(<표 2>)의 예를 들어 종합직과 일반직의 업무 내용을 살펴보면 다음과 같다. 종합직은 주로 업무 추진, 기획, 여신판단 관리 등 광범위하고 비정형적인 업무 수행으로

구분	종합직	일반직
업무	업무추진, 기획, 여신판단, 관리 등 광범위하고 비정형적 업무수행	사무처리, 응대 등의 일반사무와 한정적이고 정형적인 업무 위주
필요능력	사무능력은 물론 판단, 섭외, 기획, 지도 통할 능력	주로 사무처리, 응대능력
기대역할	업무전반에 걸친 폭넓은 능력과 업적신장에 대한 공헌 기대	사무절차에 따른 신속하고 원활한 응대와 상사의 보좌 기대
근무처	본인 의사에 관계없이 은행의 필요에 의거, 타지 이동을 명할 수 있음	본인 의사에 반하여 타지 이동을 명하지 않음
당직, 숙직	근무	면제(본인 희망 시 근무가능)
무인기계당번	근무	면제(본인 희망 시 근무가능)
책임자고시 자격 응시과목	행원으로 입사 후 9년 수신, 여신, 외국환, 규정, 선택1 (총 5과목)	행원으로 입사 후 12년 수신, 여신, 외국환기초, 규정 (총 4과목)

<표 2> A은행의 종합직과 일반직 직무기준

자료: 전국금융노동조합연맹(1995), 『고용안정을 위한 인사제도 분석 및 연구보고서』 46쪽, A은행 내부; 문유경(1998), 『직업상의 성차별 변화에 관한 연구: 은행의 신인사제도를 중심으로』, 58쪽에서 재인용.

사무능력은 물론 판단, 섭외, 기획, 지도 통합 능력을 필요로 하는 반면에 일반직은 일반사무와 한정적이고 정형적인 업무로서 사무처리와 응대능력이 요구된다. 즉 종합직은 업무 전반에 걸친 고도의 업무를, 일반직은 주로 단순 보조업무를 맡는 방식으로 구분된다.

종합직과 일반직은 업무에서뿐만 아니라 승진에서도 차이가 존재한다. 종합직은 최고 경영직에까지 승진이 가능한 승진사다리가 보장되지만, 일반직은 영업점 내에서 일반 사무직을 감독하는 중간 감독직인 대리까지만 승진이 가능하다. 또한 종합직은 본인의 동의 없이 국내외로 전근 발령이 날 경우 이를 따라야 하지만 일반직의 경우는 근무이동이 없다. 종합직은 기업의 핵심 직무를 담당하고 승진의 제한은 없으나 전근 명령이 있을 경우 해외 또는 지방으로 전근해야 하는 반면, 일반직은 강제 전근에는 해당되지 않으나 임금과 승진 기회에 제약이 있다(강이수·신경아, 2001). 이와 같이 전근 가능성을 축으로 해 승진 코스에 차별을 두는 것이 코스별 인사관리제도의 특징이라고 할 수 있다.

이 제도는 직급의 선택을 '자발적'으로 하도록 되어 있지만 실제로는 남성들은 대부분 종합직을, 여성들은 일반직을 '선택'하도록 강요받을 뿐 아니라 실제로 여행원제도 개편과정에서 일방적으로 여행원은 일반직을, 행원은 종합직 전환을 원칙으로 하여 발령을 내기도 했다. 또한 전근 가능성을 직급 구분의 가장 중요한 기준으로 삼는 것은, 현재와 같이 성별분업 관행이 뚜렷한 한국 사회에서 거주지의 자유로운 이동에 큰 제약을 받고 있는 여성들이 어쩔 수 없이 일반직 코스를 선택할 수밖에 없는 이유가 되는 것이다(서정혜, 1995). 노동자들로 하여금 종합직과 일반직의 직군 중에서 자발적으로 선택하도록 선택권을 준다고 하지만 결과적으로 대다수의 여성들은 가정에서의 성역할이나 안전 등의 우려로 일반직을 선택하고 남성들은 종합직을 선택하게 된다. 장시간 노동을 전제로 하고 있는 남성 중심의 기업문화가 팽배한 사회에서 가정생활과 병행하고 있는 여성들의 입장에서 원격지 전근이 가능한 여성의 비율은 현저히 작을 수밖에 없다. 따라서 여성들이 원격지 전근을 하는 종합직을 피하다 보면 승진기회가 제한되어 있는 일반직을 선택할 수밖에 없게 되는 것이다. 여행원의 코스선택은 자유롭지 못하여 일반직으로의 강요가 있었는데, 강요의 형식이 상사와의 면담 등 비공식적이어서 그에 대한 충분한 증거가 없다. 예를 들어 A은행의 경우 신인사제도를 도입한 직후 종합직과 일반직의 비율이 남행원은 99.2:0.8, 여행원은 52.0:48.0이었다. 즉 남행원은 대부분이 종합직을, 여행원은 절반 정도가 종합직을 선택하였다. 그러나 이후 은행 측은 2차 배치를 통하여 많은 여행원을 자발적 선택이라는 형식으로 일반직으로 가게 하였으며, 결과적으로 여행원은 20.3:79.7의 비율로 일반직에 압도적으로 배치되었다. 이 과정에서 여행원들 대부분이 종합직을 원하였음에도 불구하고 은행 측의 개별적인 면접에서의 강요와 위협으로 어쩔 수 없이 일반직을 선택하였음이 드러났다. A은행은 2차 배치 후 80%에 가까운 많은 여성들이 일반직으로 배치되자, 더 이상 일반직에서 종합직으로의 직군 이동을 허용하지 않아 여성이 종합직으로 가는 것을 제도적으로 차단하였으며, 이후 일반직은 여성만 채용함으로써 일반직은 극히 소수의 남성을 제외하고 전부 여성으로 채워가는 한편, 종합직은 남성의 비율을 점차로 높여감으로써 종합직 내의 여성을 소수세력화하였다(문유경, 1998).

　　여성들은 가족에 대한 책임감 때문에 이동하기가 쉽지 않고 결국 남성보다 현저히 이동성이 부족한 모습을 보인다. 외국의 경우도 우리나라와 크게 다르지 않아서 한 조사에서는 여성의 66%가 이동성에 대한 요구가 직업을 갖는 데 어려움을 느낀다고 답한 데 비해, 남성은 47%가 그렇다고 대답하였다. 이 조사는 또한 결혼하여 아이를 둔 여성들은 이러한 어려움을 더욱 심하게 느끼고 있음을 보여주었다. 여성들은 남성에 비해 사적 영역의 삶을 공적인 삶에 적응하기가 어려운 것이다(조순경 외, 2002). 종합직과 일반직의 구분에서 '전근 가능성'이라는 기준은 겉으로 보기에는 성중립적인 것이지만, 여성의 성역할 규정에 의해 대부분의 여성들은 낮은 직군인 일반직을 선택할 수밖에 없기에 신인사제도는 여성에게 결과적으로 불이익을 초래하는 간접차별에 해당한다고 할 수 있다. 간접차별은 성중립적인 기준을 적용하였으나, 그러한 중립적 기준이 특정 소수자 집단에게 '불균등한 결과(disparate impact)'를 야기하는 경우를 차별로 보는 개념이다. 간접차별은 직접차별에 대한 규제만으로는 차별을 야기하는 근본적인 요인들, 즉 편견과 통념의 변화를 가져올 수 없기 때문에 그러한 요인들의 변화를 가져오고, 이를 통해 실질적인 평등을 달성하고자 하는 목적에서 고안된 개념이다. 간접차별을 판단하는 데 있어서 고용주에게 차별 의도가 있었는가는 중요한 기준이 될 수 없다. 이보다는 고용주가 채택한 고용상의 기준이나 절차, 관행 등이 특정 집단에 불평등한 결과를 가져왔는가를 중요하게 고려해야 한다(국미애 외, 2006).

신인사제도는 여성들이 어렵게 얻어낸 여행원제 폐지, 단일호봉제 성취의 의미를 희석시키고 남성 – 종합직, 여성 – 일반직이라는 새로운 성별분리체계를 만들어냄으로써 직장 내의 업무배치, 승진, 임금에서의 실질적인 차별관행을 유지, 재생산하는 역할을 하고 있다(서정혜, 1995). 신인사제도가 적용되는 은행에서 종합직 또는 일반직의 선택은 업무, 교육 및 연수, 임금, 승진 등의 모든 근로조건에서 차별의 시발점이 된다. 즉 두 직군 중 하나의 선택이 근로조건을 좌우하는 데 가장 핵심 요인이다. 그런데 이렇게 중요한 직군 선택은 '자발적인 선택'이라는 미명하에 여성들로 하여금 종합직이 아니라 일반직을 선택하도록 강요한다. 그리고는 여성노동자의 업무 배치, 저임금, 그리고 승진 제한 등 불리한 노동조건은 '자발적 선택'이라는 것에 의해 정당화되고 합리화되는 것이다.

신인사제도는 종합직과 일반직의 선별기준이 직무 차이에 의한 합리적인 것이라고 규정하면서 오히려 성차별을 정당화시켜 왔다. 이 제도는 여성의 임금과 승진 등 근로조건을 악화시키고 성별 직무분리를 강화하였다. 신인사제도는 직능자격등급을 중심으로 노동자들을 세분화·차별화시킬 뿐만 아니라, 승격과 승진을 둘러싼 그들의 경쟁 심리를 부추겨오기도 했다. 승격이나 승진에서의 탈락을 시장 여건의 변화와 같은 상황이나 제도 자체에 의한 것이라기보다는 노동자 스스로의 탓으로 돌리게끔 유도하는 개인적 귀인(attribution)의 장치로 기능한 것이다(박상언, 1997). 또한 노동자들 상호 간의 경쟁을 격화시킴으로써 기업 내 노동력 구조의 세분화와 이질화를 심화시켜, 노동조합의 단결력을 약화시킬 수 있는 가능성을 충분히 내포할 수 있는 것이다(小越伴之助, 1994; 재인용, 박상언, 1997). 이러한 신인사제도의 도입을 통해 기업은 노동자들을 성별과 직능에 의해 효율적으로 통제함으로써 인건비를 절약하고 생산성을 증대시켜 초과이윤을 창출할 수 있었다.

신인사제도는 직무에 따라 노동자들을 여성 – 일반직과 남성 – 종합직으로 분리시켜 여성을 열등한 노동력으로 활용하면서 남성 우위의 가부장적 지배체제를 유지시키는 메커니즘이다. 또한 이 제도는 노동자들을 남성과 여성으로, 그리고 여성을 다시 소수의 종합직과 다수의 일반직으로 분할하여 통제하고 여성에게 저임금을 지불함으로써 초과이윤 창출전략으로 이용되었다. 즉 신인사제도를 통해 기업은 '여행원제'에서와 마찬가지로 여성들을 단기 저임금 노동력화하여 효율적인 노동통제와 초과이윤의 창출을 꾀하고자 한 것이다. 이러한 금융권의 신인사제도는 기업 안팎에서 성차별적이라는 비판을 지속적으로 받으면서 대부분의 은행에서 2006년까지 단계적으로 폐지하기로 결정하였다.

┌─ 03   IMF 경제위기와 금융기업의 '여성노동의 비정규직화'

1) IMF 경제위기와 금융기업

IMF 금융위기 이후 한국경제에 불어 닥친 구조조정 및 시장개방 압력으로 금융계는 엄청난 변화를 경험하였다(박진수, 2004). 은행 산업의 대규모 구조조정은 국가경제를 지원하는 종래의 '개발금융'에서 '이익 중심의 시장지향 금융'으로 변화할 것을 요구하는 계기가 되었다. 개방화와 시장화라는 구조조정의 두 추진 논리는 은행 기관의 인수 합병을 통한 대형화, 은행·증권·보험 등 금융 업종 간 겸업화 및 영업 세분화 등과 같은 사업방향의 변화를 가져왔다(김성희·원인성, 2002). 동시에 비용 효율성 제고와 우수 인력 양성이라는 목적하에 인사관리제도의 대대적인 개편도 추진되었다. 새로운 인사관리제도를 통한 '비용 효율성 제고와 우수 인력 양성' 전략은 '내부 노동시장의 이중화 전략'(전국금융산업노동조합·한국비정규노동센터, 2003; 재인용, 국미애 외, 2006)과도 일맥상통한다. 한편으로는 창구 텔러 및 콜센터 업무 등 하위 업무를 중심으로 비정규직화를 가속화시키고, 다른 한편으로는 능력주의 보상체계를 통해 상위, 핵심, 전문 인력을 양성·보유하고자 하는 전략이다. 또한 정보기술의 적극적 도입과 응용으로 '단순 하위 업무'의 영역을 확장하고 '무인영업'의 분야를 넓히는 것 역시 인원 감축 및 비정규직 확대라는 은행의 인력 운용 체제 변화의 중요한 추동력으로 작용하였다(조순경 외, 1995).

경제위기 전후 많은 업종에서 비정규직 고용형태가 증가하고 있지만 가장 뚜렷하게 증가하고 있는 업종이 금융산업이라는 지적이 있었다(전병유, 2004:40). 여행원제 폐지에 대한 대안으로서 여성노동의 비정규직 고용은

1997년 IMF 경제위기 이후 가속화되었기 때문이다. IMF 직후인 1998년에 금융산업의 남성노동자 중 상용직 비중은 전년도 92.2%에서 88.7%로 3.5%p 감소하였으나 여성의 경우는 53.3%에서 43.9%로 9.4%p 줄어서 감소폭이 두 배 이상이었다. 이 통계는 비정규직에 해당되는 임시직과 일용직의 증가 비율이 여성의 경우가 더 많았음을 입증한 것이다.

<표 3> 금융산업의 성별 비정규직 비중 및 추이								(단위: 천 명, %)
		1993	1997	1998	1999	2000	2001	2002
남성	상용직	269 (95.3)	283 (92.2)	297 (88.7)	275 (84.2)	265 (85.0)	261 (84.7)	248 (82.7)
	임시직	12(4.4)	21(7.0)	35 (10.5)	46 (14.2)	43 (13.7)	43 (13.9)	47 (15.5)
	일용직	1(0.4)	3(0.9)	3(0.8)	5(1.6)	4(1.2)	4(1.4)	5(1.7)
	전체	282 (100.0)	307 (100.0)	335 (100.0)	326 (100.0)	312 (100.0)	308 (100.0)	300 (100.0)
여성	상용직	216 (64.8)	226 (53.3)	176 (43.9)	154 (42.0)	153 (39.6)	150 (38.2)	157 (42.2)
	임시직	109 (32.8)	187 (44.2)	212 (53.0)	194 (52.8)	219 (56.7)	223 (56.9)	194 (52.0)
	일용직	8(2.4)	11(2.6)	13(3.1)	19(5.2)	14(3.7)	19(4.9)	22(5.8)
	전체	333 (100.0)	425 (100.0)	400 (100.0)	367 (100.0)	386 (100.0)	392 (100.0)	373 (100.0)

자료: 통계청, 『경제활동인구조사』, 각 연도.

세계화의 진행과 노동의 유연화는 한편으로 기술과 정보를 독점하는 핵심적인 전문지식 노동자층을 형성하였고 다른 한편으로 경쟁에서 이탈되어 고용의 불안정을 경험하는 주변노동자 집단을 양산하였다. 고용관계의 자유화와 능력주의 제도의 도입은 남성노동자와 여성노동자의 분화를 촉진하여 업종별·직위별 성별분리를 심화시켰다. 기능적 유연화 전략에 따라 고도의 기술 훈련을 습득하고 생산과정의 변화에 대한 적응력을 고양시킨 남성노동자들은 핵심노동자로 자리매김한 데 반해 사양 산업에 종사하는 대부분의 여성노동자들은 수량적 유연화를 통해 탈숙련된 주변노동자로 전락하게 되었다 (백진아, 2006). 따라서 노동유연화 전략에 따른 여성고용의 일반적인 변화 추세는 '비정규직화'라고 할 수 있을 것이다.

2) 금융기업과 '여성노동의 비정규직화'

금융기업에서 노동의 유연화 전략에 따른 정규직의 비정규직화는 주로 여성을 대상으로 이루어져 왔다. 경제위기하에서 비용절감을 위해 노동자를 해고하고 노동을 비정규직화하는 데 있어서 여성이 1차적 대상이었던 것이다. 이와 같은 '여성노동의 비정규직화' 근저에는 남성은 가장이며 생계담당자, 여성은 양육담당자이며 생계보조자라는 성별분업 이데올로기가 작동하였다. <표 4>를 보면 각 은행의 비정규직 노동자 중에서 여성이 차지하는 비율은 작게는 52.5%에서 많게는 96.4%까지 이른다. 이와 같이 고용이 불안정한 비정규직 노동자의 대부분이 여성이라는 점은 우리 사회에서 여성을 단기적인 임시노동자로 활용하고자 하는 기업의 의도가 철저하게 관철되고 있다는 것을 입증한다.

<표 4> 금융기업의 비정규직 성별 인원 현황(2003)				(단위: 명, %)
지부명	남	여	계	여성비율
조흥	1,215	2,330	3,545	65.7
우리	929	2,835	3,764	75.3
제일	104	676	780	86.7
하나서울	897	1,693	2,590	65.4
외환	55	1,465	1,520	96.4
국민주택	1,401	7,438	8,839	84.1
기업	473	1,106	1,579	70.0
신한	126	990	1,116	88.7
한미	409	1,033	1,442	71.6
대구	398	636	1,034	61.5
부산	298	693	991	69.9
경남	174	464	638	72.7
광주	208	290	498	58.2
전북	127	219	346	63.3
제주	86	145	231	62.8
농협중앙	1,574	4,747	6,321	75.1
수협중앙	499	551	1,050	52.5

자료: 전국금융산업노동조합·한국비정규노동센터(2003), 『금융 산업 비정규직 노동자 실태와 조직화 방안』; 국미애 외(2006), 『젠더노동과 간접차별』, 224쪽에서 재인용.

금융권의 비정규직은 시장의 급속한 변화에 탄력적이고 유연하게 대처하기 위해서라는 본래적 의미의 '노동시장 유연성' 제고 효과는 전혀 가지고 있지 않은 것으로 나타난다. 업무량이 증가할 때 그 업무를 수행할 사람을 임시적으로 고용하는 형태의 비정규직이 아니라 상시적인 업무를 정규직보다 훨씬 낮은 임금으로 일하도록 하는 성격을 띠고 있다. 실제로 사내 부부라는 이유로 '명예퇴직' 당한 여성들의 경우 퇴직 후 1년간은 계약직으로, 그리고 그 이후에는 파트타임 직원으로 한 달에 60~70만 원의 임금을 받으며 퇴직 전과 거의 유사한 일을 하고 있었다(국미애 외, 2006).

비정규직에서 정규직으로 전환되는 통로는 매우 제한적이다. 정규직으로의 전환이 제도적으로 마련된 경우에도 전환의 자격 조건이 까다롭고 경쟁이 치열할 뿐만 아니라 가장으로 인식되는 남성이 우선적으로 고려되기 때문에 여성의 정규직 전환 가능성은 거의 없다고 해도 과언이 아니다. 이와 같이 현실적으로 소수의 비정규직만이 정규직이 될 수 있는 제한된 통로는 비정규직 노동자들 간의 경쟁을 심화시키고 노동 강도를 높이는 결과를 초래하였다.

정규직과 비정규직 간의 임금격차를 살펴보면, 은행 비정규직의 경우 같은 직종이라 하더라도 정규직 노동자 임금의 40% 수준에 불과하며, 근속기간의 차이를 감안하더라도 기본급이나 연봉이 지나치게 낮게 책정되어 있다. 이는 같은 사업장에서 일하는 비정규직에 대해서 차별적인 임금체계가 적용되어 정규직은 연공급 및 성과급 시스템이, 비정규직은 저임금 직무급으로 그 체계가 양분되어 있기 때문이다. 똑같은 직무를 정규직과 비정규직이 담당하고 있음에도 불구하고 기본급과 수당, 각종 부가급여에서 현격한 차별이 이루어지고 있었다(김성희·원인성, 2002).

<표 5>에서 제시된 바와 같이 2005년 은행기업의 정규직 대비 비정규직의 월평균 임금은 40% 미만으로 떨어졌으며, 심지어 국민은행과 SC제일은행은 25~27% 수준이다. 정규직과 비정규직 간의 커다란 임금 격차는 여성에게 매우 불리하게 작용할 수밖에 없는데, 비정규직의 다수가 여성이기 때문이다.

<표 5> 금융기업의 고용형태별 월평균 임금(2005)			(단위: 만 원, %)
구분	정규직	비정규직	정규직 대비 비정규직 임금비
국민은행	590	160	27.1
우리은행	457	180	39.4
신한은행	567	190	33.5
외환은행	508	170	33.5
하나은행	500	160	32.0
SC제일은행	556	140	25.2
농협	미공개	130	—
조흥은행	580	미공개	—

주: 정규직 급여는 2005년 1~9월 기준, 비정규직 급여는 6월 말 현재 텔러, 사무직 콜센터의 연봉을 12개월로 나눈 액수.
자료: 각 은행 및 은행연합회, 서울신문(2005.11.26); 김성희(2006), '직군분리제로 인한 차별의 제도화와 비정규입법'『금융권 신인사제도, 차별시정의 대상인가? - 창구업무 여성비정규직 사례를 중심으로』, 민주노동당 세미나 자료에서 재구성.

그런데 주목할 사실은 첫째, 비정규직 다수가 여성이라는 점에 비추어 볼 때 '고용 형태에 의한 임금 차이'는 여성에 대한 임금 차별을 정당화하는 데에 더욱 효과적으로 작용하고 있다는 점이다. 둘째, 대부분의 은행에서 비정규직 중 여성이 압도적으로 많은 비중을 차지하는 것은 성별 고정관념이 작동한 결과로 해석된다. 일선 창구업무를 비정규직화하면서 여성 채용이 많은 것은 '여성이 더 친절할 것이고 그것이 고객에게 더 효과적'일 것이라는 고정관념이 작동한 결과이며, 비정규직은 다른 이름을 가진 '여행원제도'라고 할 만큼 여성들에게 차별적인 결과를 가져왔다(국미애 외, 2006).

주변 업무, 주변 조직에의 여성들의 집중 배치는 여직원들의 인사고과, 교육연수 등에 불리한 영향을 미쳐 결과적으로 승진과 임금에서의 차별로 이어져 여성의 지위 향상을 가로막고 직장생활에 대한 만족도를 크게 저하시키는 요인으로도 작용한다(김태홍·문유경, 1999). 여성들이 기업에서 담당하는 주변적 업무는 낮은 보상과 승진으로 이어지며 이것은 다시 노동시장에서 여성의 낮은 지위를 초래하는 악순환의 관계를 만든다. 여성들의 주변적인 업무 담당과 이로 인한 저임금과 승진 제한은 여성들의 열악한 고용상 지위에 영향을 미쳐 왔다.

1990년대 이후 세계화의 진전과 노동의 유연화 전략은 금융산업의 구조

개편과 함께 사무직 여성 노동의 내부 구성 및 지위 변화에 커다란 영향을 미쳤다. 글로벌 자본의 압력 속에서 금융산업은 비용 절감과 수익성 위주의 경영전략을 추구하면서 정규직의 해고와 비정규직으로의 전환 및 대체라는 노동 유연화 전략을 구사해 왔다. 그런데 노동 유연화 전략의 주 대상은 가부장제 자본주의 사회에서 일차적 양육책임자이면서 부차적 노동자인 여성들이었다. 비정규직화한 여성들은 항시적인 고용불안과 저임금이라는 열악한 노동조건 속에서 주변부 노동자로 전락하게 되었다. 이러한 노동 유연화 전략은 노동자들을 성별과 고용형태에 의해 이중적으로 즉, 남성과 여성으로 나누고 정규직과 비정규직으로 분리하여 통제함으로써 중첩적으로 노동자 내부의 분화와 이질성을 가속화하는 노동 통제전략이다. 동시에 대부분의 여성을 비정규직화하여 저임금을 지불함으로써 초과이윤을 창출하려는 기업의 이윤전략의 일환으로 볼 수 있다.

┌ 04 비정규직 법 시행과 분리직군제

2006년 11월 30일 기간제 및 단시간근로자보호법, 파견근로자보호법, 노동위원회법 등 비정규직 관련 법안이 국회를 통과하였다. 비정규직 관련법의 주요 내용은 크게 두 가지로 계약기간 2년 경과 시 기간의 정함이 없는 근로자인 무기계약근로자로 전환해야 한다는 점과 동종 또는 유사한 업무에 종사할 경우 정규직과의 차별적 처우가 금지된다는 점이다. 기업에서 비정규직 법 시행에 대한 대응으로 비정규직 노동자들을 정규직으로 전환시키는 여부는 산업과 업무의 성격에 달려 있다. 업무의 성격이 숙련과 지속성을 요구하지 않는 제조업과 서비스판매업의 경우에는 비정규직 2년 사용 후 고용 재계약 거부 및 신규고용을 하거나 또는 업무 자체를 외주 용역화하였다. 반면 은행업무와 같이 일정한 숙련이 필요한 업무에 대해서는 '무기계약직화'의 방법으로 완전한 정규직화는 피하면서도 저임금을 유지할 수 있는 이중 전략이 사용되었다. 만일 일정 정도의 숙련과 지속성을 요구하는 업무일 경우에 2년 주기로 대체 신규고용을 반복한다면 오히려 기업의 이윤 창출에 문제가 생기기 때문이다.

가장 대표적인 사례가 W은행의 '분리직군제'이다. 비정규직 관련법 시행에 대한 대응으로서 W은행이 2006년 12월 20일 발표한 '비정규직의 정규직화'의 핵심은 '직군제'의 도입이다. 그런데 은행권의 직군제는 오랜 역사를 가지고 있다. 여성을 차별해온 '여행원제'가 폐지되면서 그 대안으로서 기업에서 1990년대 초반에 도입한 신인사제도가 직군제의 시작이라 할 수 있다. 신인사제도 역시 성차별적이라는 비판을 계속 받아오면서 은행은 2006년까지 단계적으로 신인사제도를 폐지하기로 하였다. 그러한 신인사제도가 완전히 폐지되기도 전에 몇몇 은행기업들이 비정규직 관련법을 피하기 위한 대안으로 직군제를 다시 도입하였던 것이다. W은행은 기간제(계약직) 은행원들을 매스마케팅 직군, 고객만족 직군, 사무지원 직군 등 세 직군으로 전환시켜 정규직화하였다. 전환 정규직은 일정 정도의 고용이 보장되고 출산 유급휴가, 학자금 지원 등 복리후생에서 정규직과 동일한 급여를 받지만, 임금은 정규직의 50~60% 수준이고 승진에서도 정규직과는 다른 체계가 적용되었다. W은행은 비정규직의 정규직 전환을 감안하여 2007년 3월부터 채용 절차를 직군별로 세분화하였다. 채용에서부터 직군이 달라지므로, 직군 내 결원이 발생할 때에는 신규 채용으로 충원하는 것을 원칙으로 한다. 그리고 타직군 직무경험이나 인력의 효율적인 활용이 필요할 경우에 한하여 공모제를 통한 직군 전환제도를 운영하므로 직군 간 이동은 매우 제한적이다.

전환직군의 경우 승진 가능성 역시 제한된다. W은행 텔러직의 경우 행원－계장－대리－과장의 4단계 직위체계가 4단계 역량급체계(Practice－Associate－Professional－Master)로 변경되면서 과거 11년 차면 대리로 자동 승진하던 것이 역량평가에 따른 포인트를 취득해야만 승진 가능하게 되었다. 종합평가에서 평균점수(B)를 받을 경우 연수평점을 만점 받더라도 특별한 가점이 없는 한 10년이 걸려야 승진 가능하여 과거 5년 이후 자동승진하던 것에 비해 승진 연한이 크게 늘어났다. 기존 정규직의 경우 5급 대리까지 자동승진하고 과장 진급 시에만 포인트 취득제로 바뀌었을 뿐이란 점에서 명백한 승진상의 차별대우로 볼 수 있다. 전환직군의 경우 일정기간의 경력을 쌓은 후, 차장까지 진급하면 일반직군으로 전환이 가능하다고 하지만, 승진 가능성 및 차장 승진에 이른 전환직군 내 노동자 수는 실제 크게 제한될 것으로 보인다. 따라서 전환직군 내에서 승진할 수 있는 최고 직위는 차장이다. 또한 정규직 직군

간에는 성과반영 비율이나 임금 차등 폭에서 약간의 차이만 있을 뿐 처우상의 별 차이가 발생하지 않는 데 반해 계약직의 세 개 직군은 처우에 있어서 현격한 차이를 보인다. 결국 직군 간의 차이가 아니라 계약직을 정규직과 별도의 직군으로 삼아서 직군을 나눈 것이 문제임을 알 수 있다(김성희, 2007).

<표 6>을 보면 직군은 크게 영업직군과 지원직군으로 나누어져 있는데, 영업직군은 4개의 직군으로, 지원직군은 3개의 직군으로 세분되어 있다. 비정규직에서 정규직으로 전환된 직군은 영업직군 중 개인금융서비스직군, 지원직군 중 사무지원직군과 고객만족지원직군 등 모두 3개의 직군이다. 그런데 직군별 성비를 보면 남녀 분리가 뚜렷하게 나타나 있다. 기존의 정규직

<표 6> W은행 직군 구분 및 남녀 성비

직군		직군의 특성	주요 직무	남녀 성비
영업직군	개인영업직군	PB고객 등 주요고객에 대한 기본적인 은행업무와 자산관리서비스를 제공하는 직군	Private Banking Financial Service Manager	대략 남성 70%
	기업영업직군	기업금융고객의 리스크를 관리하고 기업고객의 니즈를 파악하여 맞춤형 서비스를 제공하는 직군	Relation Manager 기업상품개발 기업구조조정 등	대략 남성 90%
	투자금융직군	국내외 유가증권 투자업무, M&A, SOC, 부동산 PF, ABS, 파생상품, 외환딜링 등 자금중개, 투자전문직군	투자금융 단기금융 신탁직무	대략 남성 90%
	개인금융 서비스직군 (비정규직 전환직)	영업점의 빠른 창구에서 Mass 고객을 대상으로 기본서비스제공 및 마케팅업무 지원직원 직군	Mass 금융업무 직무	대략 여성 100%
지원직군	경영지원직군	경영전략, 재무, 회계, 인사, 준법, IT, 홍보 등 직무와 영업점 관련 리스크, 여신, 총무 등 지원 직군	경영전략, 재무자금, IT기획, HR 리스크 관리 등	대략 남성 90%
	사무지원직군 (비정규직 전환직)	영업점에서 발생하는 후선업무(서류 정리 및 보관 등)를 지원하는 직군	집중화 직무	대략 여성 90%
	고객만족직군 (비정규직 전환직)	은행, 카드 등에 관한 고객의 각종 문의사항을 해결하고 지원하는 직군	CS지원 업무 (Call Center)	대략 여성 100%

주: 은행 측 비협조로 정확한 수치를 파악하지 못하였음. 대략적인 성비임.
출처: 남기명(2007), "W은행 계약직의 정규직 전환사례", 한국노동연구원, 『정규직 전환과 직무중심형 임금체제』; 이주희(2008), 『직군제의 고용차별효과: 금융산업을 중심으로』, 93쪽에서 재인용

업무에서는 남성들이 대체로 90% 이상을 차지하는 반면, 비정규직에서 정규직으로 전환된 직군에서는 여성들이 90%, 심지어 100%를 차지한다. 남성들은 주로 기업을 대상으로 하는 수익이 많은 업무를 맡는 반면 여성들은 개인을 대상으로 하는 수익이 적은 업무를 맡는다.

　W은행은 분리직군으로의 전환 정규직은 직군에 의해 분리한 것이므로 성차별적인 것이 아니라고 주장하고 있다. W은행에서 분리직군의 전환 정규직 여성들이 수행하는 업무는 텔러업무와 사무지원업무로 H은행의 FM/CL직군과 일치하고 있다. H은행은 종합직에 극소수 여성인력만을 채용(전체 230여 명의 행원 중 2.7%만 여성)한 반면 일반영업점 혹은 본부창구에 배치되는 FM/CL직군은 전체 1,600여 명 행원 중 97.7%를 여성으로 채용했다. 실제 2000년까지 종합직에 여성을 1명 넘게 채용한 적이 한번도 없으며, 2004년에는 52명 중 7명만을 여성으로 뽑았다. 2007년까지 종합직의 92%가 남직원, FM/CL직군의 97.7%가 여직원으로 구성돼 직군 사이의 '성별분리'가 명확하게 드러나고 있다. 특히 FM/CL직 여성들은 유사한 업무를 하는 남성 종합직 행원에 비해 1,400만 원이 적은 2,200만 원 정도의 연봉을 받고 있고, 채용 당시에도 대졸학력을 사실상 인정받지 못하는 등 부당한 대우를 받고 있는 것으로 나타났다. 그런데 H은행의 'FM/CL직군제'는 노동청에서 성차별적 제도라고 인정함으로써 직군제 자체가 여성에 대한 차별임을 분명하게 한 바 있다(문은미, 2007). 분리직군으로 전환된 정규직은 고용형태에 따른 차별과 성차별이 중첩된 것으로 볼 수 있다. 특정 직무를 여성에 집중시키고 이를 다시 특정한 고용형태인 비정규직 또는 분리직군으로 전환된 정규직에 한정해 놓았기 때문이다. 은행 업무는 철저하게 남성의 업무와 여성의 업무로 분리되어 있으며, 각각의 업무를 수행하는 노동자는 고용방식에 의해서도 분리되므로 여성노동자는 이중의 차별을 경험한다. 여성노동자는 여성적 업무를 담당하므로 남성에 비해 임금과 승진에서 차별을 받고 또한 비정규직이나 전환 정규직으로 고용되므로 애초의 정규직에 비해 차별을 받기 때문이다.

　은행권의 한 기업에서 시작되어 현재에는 제조업체의 사무직과 유통업계, 그리고 서비스업 전반으로 광범위하게 확산되고 있는 직군제는 특히 대다수의 업종에서 주로 여성을 분리직군 대상으로 삼고 있어 성차별의 고착화 가능성을 내포하고 있다(이주희, 2008). 현재까지 진행되어 온 금융권의 분리직군제는 일본의 여성 파트타이머들의 노동시장 위치와 유사한 것으로 판단된다. 김순영(2005)은 일본의 여성 파트타이머들이 기간(基幹) 노동력화하면서 고용안정을 보장받는 대신 저임금 노동자의 지위에 묶여 있다고 보아 이를 '제한적 내부화'로 규정한다. 현재 우리 사회에서 진행되고 있는 분리직군제 역시 고용안정성을 보장함으로써 여성 비정규직을 내부화하고 있지만, 핵심 인력과는 철저히 분리된 보조적 인력으로 활용하여 그 효과를 제한하고 있다. 이러한 제한적 내부화는 현재로서는 명백한 차별, 특히 간접차별로 해석될 수 있다(조순경, 2007).

결론적으로 기존 비정규직 노동자들은 분리직군의 정규직으로 전환되면서 고용안정을 담보로 임금, 승진 등의 차별을 감수해야 한다. 이를 두고 온전한 정규직이 아닌, 정규직과 비정규직 사이에 있는 중간형태의 고용형태라는 의미로서 '중규직'으로 규정할 수 있다. 즉 분리직군의 정규직은 '차별받는' 정규직인 것이다. 이전에 차별했던 비정규직을 정규직과는 별도의 직군으로 분리해서 이름만 바꾼 것이지 차별 대상이라는 점은 마찬가지이기 때문이다. 또한 분리직군제는 성별 직무분리를 강화한다. 직무를 중심으로 여성과 남성을 분리하여 여성에게는 소위 '여성적' 업무만을 담당하도록 하기 때문이다. 이러한 분리직군이라는 차별받는 정규직의 존재는 노동자 내부를 성에 의해 남성과 여성으로, 그리고 고용형태에 의해 정규직, 전환 정규직, 비정규직으로 분할하여 노동자들을 분할지배하는 기업의 고용전략에 해당된다. 노동자들에 대한 이러한 분할지배와 함께 여성노동의 평가절하를 통해 기업이 추구하는 것은 항시적이고 안정적인 초과이윤의 창출이라고 할 수 있다.

이상 살펴본 바와 같이, 금융기업에서 여행원제, 여행원제의 폐지 이후 나타나는 단일호봉제에서의 여성 정규직 채용의 감소 및 시간제 노동자의 증가 그리고 신인사제도는 모두 여성에게 남성과는 다른 '여성적' 업무를 배치한다. 여성적 업무의 비정규직화, 비정규직 관련법 시행을 계기로 나타나는 분리직군제와 같은 고용제도들은 성별 직종/직무분리를 고착화 내지는 심화시킨다. 금융기업에서 여성들이 주로 담당하는 업무는 창구텔러와 콜센터에서의 고객상담 등의 일인데, 금융기업의 몇십 년의 역사를 통해 여성들이 수행하는 업무는 거의 변화가 없다. 사실상, 금융기업의 여성노동자들은 여행원제 → 신인사제도 → 비정규직 → 분리직군의 전환 정규직으로 명칭만 바뀐

고용제도하에서 변함없이 열등한 노동자로서 '여성적' 업무를 수행해 왔을 뿐이다.

　기업의 여성고용전략은 시간이 경과하면서 직접차별에서 간접차별로 한층 교묘한 방식으로 진행되어 왔다. 노골적으로 여성을 차별한 여행원제가 기업 안팎에서 비판을 받으면서 폐지된 이후 기업이 도입한 것이 단일호봉제와 신인사제도이다. 그런데 단일호봉제에서는 여성노동자의 임금과 승진 체계를 남성노동자의 그것과 단일화함으로써 비용 상승 문제가 발생하자 기업은 정규직 여성노동자 채용을 대폭 줄이고 대신에 시간제 여성노동자들을 대거 채용하는 방식으로 대처했다. 또한 신인사제도를 도입한 기업에서는 여성으로 하여금 임금과 승진에서 차별을 받는 일반직을 '자발적으로 선택하도록 강제' 하여 남성은 대부분(90% 이상) 종합직 직무를, 여성은 대부분(90% 이상 심지어 100%)이 일반직 직무를 수행하도록 하였다. 이는 성중립적으로 보이는 고용형태 또는 직무에 의한 분리라 할지라도 결과적으로 어느 한 고용형태나 직무에 특정 성의 통계적 불균형을 초래하였으므로 간접차별에 해당한다.

　비정규직 관련법의 시행과 발맞추어 기업들이 도입한 분리직군제는 과거의 여성고용제도들과 함께 여성노동력을 열등한 노동력으로 규정하여 저임금으로 활용하려는 가부장적 자본주의의 전략이 일관되게 관철되고 있는 제도이다. 이것을 통해 자본은 여성노동으로부터 초과이윤을 창출하고 전체 노동자의 임금과 노동조건을 통제하여 추가적인 이윤을 창출해 왔다.

01 금융기업 여성노동자의 고용형태와 근로조건이 변화해온 과정과 이유를 파악해보자.

02 대부분의 기업과 마찬가지로 금융기업에서 일하고 있는 여성들은 주로 비정규직이
    다. 노동시장 전체에서 남성노동자 중의 비정규직 비율보다 여성노동자 중 비정규
    직 비율이 더 높다. 그 이유가 무엇인지 생각해보자.

03 몇 년 전부터 은행에는 현금인출기인 ATM이 많이 설치되고 있다. 이것이 여성의
    일자리와 여자 은행원의 업무와 지위에 어떠한 영향을 끼칠지 생각해보자.

◈ 참고문헌

강이수·신경아(2001), 『여성과 일』, 동녘.

국미애·최성애·조순경(2006), 『젠더 노동과 간접차별』, 푸른사상.

김성희(2007), "우리은행 정규직 전환 합의의 의미 평가"『우리은행 사례, 정규직화 의 새로운 가능성인가 차별의 고착화인가?』, 민주노동당 정책위원회 주최 토론회 발제문.

_____(2006), "직군분리제로 인한 차별의 제도화와 비정규입법"『금융권 신인사제 도, 차별 시정의 대상인가? - 창구업무 여성비정규직 사례를 중심으로』, 민주노동 당 세미나 자료.

김성희·원인성(2002), 『은행산업 성과급제와 노동조합』, 한국노총 중앙연구원.

김태홍·문유경(1999), 『남녀고용 평등지표 개발』, 대통령 직속 여성특별위원회.

김순영(2005), "파트타임 노동자의 기간노동력화와 기업의 젠더 정치 - 일본의 슈퍼 마켓 산업을 중심으로", 『경제와 사회』통권 제66호(2005, 여름), 한국산업사회학회.

문유경(1998), 『직업상의 성차별 변화에 관한 연구: 은행의 신인사제도를 중심으로 』, 연세대 대학원 박사학위논문.

문은미(2007), "'성차별적' 노동유연화 전략에 대한 대응방안 연구: 우리은행의 '분리 직군제' 도입을 중심으로", 『여/성이론』 제16호(2007, 여름), 여이연.

박상언(1997), "기업내 신인사제도의 도입효과에 따른 경험적 연구 - 조직구성원들 의 직무태도와 심리적 조직성과에 미치는 영향을 중심으로 - ", 『산업관계연구』 제7권, 한국노사 관계학회.

박진수(2004), 『외환위기 이후 금융산업 재편에 따른 경쟁구조의 변화』, 삼성연구소.

백진아(2006), "사무직 여성의 내부 분화와 노동 경험 - 비정규직을 중심으로", 『사회 이론』 통권 제29호(2006, 봄·여름), 한국사회이론학회.

서정혜(1995), "부산지역 여성노동의 성차별 실태", 『여성연구논집』 6집(1995, 5), 부산대학교 여성문제연구소.

유연숙(1995), 『'여행원제' 폐지를 위한 노동운동의 전개와 그 귀결』, 인하대 대학 원, 석사학위논문.

이주희(2008), "직군제의 고용차별효과: 금융산업을 중심으로", 『경제와 사회』 통권

80호(2008년, 겨울), 한울.

이필영(1998), 『한국금융기관의 여성정책에 관한 연구: 여행원의 직무만족도를 중심
　으로』, 서강대 공공정책대학원, 석사학위논문.

전병유(2004), "경제위기 전후 금융산업 고용구조 변화", 『경제위기 전후 금융산업
　과 노동』, 한국노동연구원.

조순경(2007), "여성직종의 외주화와 간접차별: KTX 승무원 간접고용을 통해 본 철
　도공사의 체계적 성차별", 『한국여성학』 제23권 2호, 한국여성학회.

조순경 · 김선욱 · 정경아 · 정형옥 · 한승희(2002), 『간접차별 판단기준을 위한 연구』,
　노동부.

조순경 · 권현지 · 최성애(1995), 『기술변화와 노동운동』, 한국노총 중앙연구원.

통계청, 「경제활동인구조사」 각 연도.

PART
03

비정규직
여성의 일 경험

CHAPTER 07 대형할인점 파견판촉직 여성의 일

21세기 들어서 대형할인점들이 경쟁적으로 점포수를 늘림에 따라, 납품업체의 제품을 판촉하는 인력업체 소속 노동자들이 증가하기 시작하였다. 특히 유통산업 중 서비스직과 판매직은 여성 노동력이 집중되어 있는 분야이다. 파견판촉직 여성 종사자는 다수가 주부사원이지만, 상당수의 젊은 미혼여성들도 판촉노동에 참여하고 있다. 따라서 대형할인점에서 일하는 20·30대 여성들이 열악한 노동환경과 고용 불안정성을 감수하면서도 파견판촉직을 선택하는 이유가 과연 무엇인지 질문하게 된다.

여성들은 남성에 비해 차별적인 고용환경과 임금이 낮은 판매직에 집중됨으로써 불안정한 지위를 유지하고 있다. 이 장에서는 대형할인점과 백화점 유통매장에서 일하는 여성들의 근로조건과 일의 성격, 직장에서의 인간관계, 일 만족도 등을 살펴봄으로써 유통업계에서의 성별 직무분리 현상에 대해 주목하고자 한다. 첫째, 파견판촉직 여성들이 경험하는 노동조건과 노동과정에서 나타나는 젠더 특수성에 대해 파악할 것이다. 둘째, 파견판촉노동자들의 고용 안정성은 어떠한지 파악하고자 한다. 셋째, 파견판촉 노동현장에서 젊은 여성에게 요구되는 섹슈얼리티나 용모 관련해서 젠더 특성이 어떤 방식으로 반영되고 있는지 살펴보기로 한다.

01 유통서비스 분야의 개방과 확장

우리나라의 유통서비스 분야는 1981년 외국인에게 단일품목에 한해 도소매업을 허용하면서부터 시작되었다(배금순, 2011:5). 1993년부터는 국가차원에서 유통업 개방정책을 전면적으로 실시함에 따라 대기업의 활발한 투자가 가능해졌고 한국 최초의 대형할인점인 '이마트 창동점'이 개장되었다(강준구, 2004:23-24). 또한 1997년 IMF 통치 하의 외환위기로 인해 유통서비스업은 효과적인 고용창출을 위해 노동유연화 전략을 사용하게 되었고, 정부와 기업은 유연고용, 유통전문 여성인력 채용, 능력 위주 임금체계의 도입이 필요한 것으로 판단했다(이숙진, 2001:43). 이후 대형유통사의 숫자가 지속적으로 증가했으며, 2000년대 말부터는 빠른 성장 가도에 들어섰다. 대형 매장이 경쟁적으로 점포 수를 늘림에 따라 2009년 말 398개였던 대형마트가 2014년 9월에는 498개로 증가하였다(더스쿠프, 2015.2.16.). 그 결과 대형유통 3사에 재직하는 직원과 파견판촉노동자의 숫자도 지속적으로 늘어나게 되었다(이호택, 2012:95). 국내 유통산업은 2010년 이전까지는 호황을 누렸는데, 최대 유통사인 롯데쇼핑의 영업 이익률은 10%에 육박했다. 국내 유통업체들이 보여준 상품의 질과 서비스 향상에 소비자들이 환호했고 월마트나 까르푸 등 대형 글로벌 유통업체조차 버티지 못하고 철수해야 할 정도로 국내 유통 3사의 위치는 확고했다.

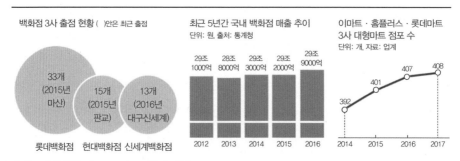

출처: 경향신문, 2017. 12. 1.에서 인용.

<그림 1> 백화점 출점 현황과 대형마트 점포 수

하지만 2018년부터는 백화점이나 대형마트 3사의 숫자가 줄어들거나 신규 출점 계획이 없어서 전성시대가 저무는 것으로 보도되곤 한다(경향신문, 2017.12.1). 접근성이 좋은 도심지역의 백화점이나 대형마트는 이미 포화상태이므로, 자동차 보급률이 늘어나고 도로 접근성이 향상된 2000년대에는 주변지역으로 확산되고 있었다. 하지만 마트 설치나 의무 휴일 관련 규제가 강화되면서 매장의 숫자 늘리기가 힘들어졌다. 새벽배송이나 직구 등을 포함한 온라인이나 모바일 쇼핑이 급성장한 여파와도 맞물려 더욱 힘들어진 것으로 해석된다.

2019년에는 적자 위기에 처한 대형마트 업계가 본격적으로 구조조정 수순에 돌입했고 이들 유통사는 2020년에 최대의 위기를 맞이하였다. 유통업계에 따르면 월 2회 의무휴업규제가 시작된 2012년부터 2019년까지 이마트, 롯데마트, 홈플러스 등 대형마트 3사가 기록한 매출 손실은 25조 이상인 것으로 파악된다(한국경제, 2020.2.16.). 이마트는 영업 적자가 발생하자 창사 이래 처음으로 비인기 점포 위주로 10곳을 매각했으며, 롯데는 백화점과 슈퍼 등 200점포를 2020년 연내 폐쇄하고 디지털 분야에 집중 투자해 인터넷 사업을 강화한다고 발표했다(연합뉴스, 2020.3.5.). 대형마트는 점포 1곳당 500여 명의 고용효과를 지니는데, 2018년과 2019년 대형 3사에 속한 6개 매장이 폐점함으로써 3천 개 이상의 일자리가 사라지게 되었다. 2020년에도 3사는 신규 출점 계획이 전무한 데다 폐쇄 계획이 있기 때문에 대형마트의 향후 전망은 밝지 않다(데일리안, 2020.1.9.). 하지만 최근에는 하남 스타필드나 고양 스타필드와 같이 할인 매장과 가족 단위 활동의 장으로서 대규모 식당가, 사우나, 스포츠 체험 공간을 갖춘 초대형 거대 복합소비 공간이 새롭게 생겨나고 있어서 대형 복합몰에서의 고용 효과는 늘어날 것으로 기대된다.

02 유통서비스업에서의 파견판촉노동

1) 비정규직으로서의 파견판촉직

정규직이 아닌 모든 형태의 노동을 의미하는 '비정규직 노동' 개념은 시간제 노동, 아르바이트, 계약직, 파견노동, 위탁노동, 촉탁직 및 일고 등을 포괄한다(김양지영, 2005:1). 2007년 우리나라에서 「비정규직보호법」이 시행된 이후 기업들은 직접고용 형태의 노동자를 간접고용 방식인 파견, 용역, 하청 등으로 전환하여 차별금지 조항과 사용기간 제한 조항을 피해가는 방식으로 대응해왔다(박옥주·손승영. 2012:104). 「비정규직보호법」에 대한 여러 기업의 대응방식은 특히 여성들의 노동조건에 영향을 미쳐서, 남성노동자에 비해 열악한 고용형태인 용역노동과 시간제 근로가 증가하는 결과를 초래했다. 간접고용의 증가로 인해 비정규직 여성들이 늘어남에 따라 여성들의 노동조건이 나빠지고 고용 불안정이 심화되었다(박옥주, 2008:48). 파견노동은 장시간 근무, 저임금, 4대 보험 미가입, 법령위반 등 여러 가지 문제를 내포하고 있다(이숙진, 2001:45–57). 비정규직 여성노동자들은 남성노동자에 비해 채용, 업무배치, 임금, 승진 등에서 차별받을 뿐만 아니라, 노동조합 결성이 어려워 단체교섭이나 협상력을 갖지 못하게 되었다(강이수 외, 2015:237).

파견판촉노동자는 대형할인점에서 납품업체 제품을 판매하는 납품업체 소속의 노동자로 매출 상승을 위해서 고용된다. 하지만 이들 노동자들은 파견판촉이라는 단어가 의미하듯 정규직원이 아닌 일시적 노동자로서의 지위를 갖는다. 대형할인점의 파견판촉 사원의 경우, 납품업체가 근로자 개인과 파견계약을 맺은 상태에서 근로자는 파견업체와 고용계약을 맺어서 상품을 판매한다(이상윤, 2014:23). 파견판촉사원은 파견노동자로 납품업체, 파견업체, 대형마트로 구성된 여러 층의 고용관계 속에서 복합적인 노무지휘를 받고 있다. 납품업체 사장이 고용주이지만, 근로자는 대형할인점에서 일하고 있기 때문에 고용주와 사용주가 상이하여 쉽게 해고되기도 하고 저임금에 시달리는 등 고용상태가 안정적이지 못하다. 판촉노동자들은 동일한 사업장에서 일하더라도 대형할인점 직원들과 같은 조직에 고용되어 있다는 소속감을 느끼지 못한다. 이들의 고용결정은 파견업체와 이루어지지만 파견업체는 납품업체로부터 수수료를 받고 위탁계약을 하여 판매사원을 납품업체에 파견하게 된다. 또한 납품업체는 대형마트와 계약을 맺어 파견된 판매사원을 다시 대형마트로 보내 노동력을 제공하게 된다. 그렇기 때문에 대형할인점 판매서비스직은 동일한 파견업체와 계약을 맺고 있더라도 파견업체에서 어떤 납품업체와 계약을 맺는지에 따라 일하게 되는 대형마트가 달라지기도 한다. 이들은 할인점을 옮겨다니다보니 일한 기간이 짧아서 일터에 대한 소속감을 느끼지 못하는 경우가 많다. 더러는 자신의 소속도 알지 못한 채 물건을 판매하는 곳과 월급 받는 곳이 다르다는 정도로 알고 있었다. 이들은 소속의 혼란을 겪기 때문에, 소속이 뚜렷한 노동자에 비해 자신의 일에 대한 자존감이 낮은 편이다. 소속의 혼란은 판매서비스직 노동자의 업무를 불분명하게 만들고 노동자가 고용주와 소통할 수 있는 채널도 없거니와 노동자가 주체적으로 업무를 수행하기 어렵게 만든다.

유통산업 중 판매직과 서비스직은 여성노동력이 다수인 업종으로 상당수가 비정규직으로 고용되어 있다. 파견판촉노동자들은 급여를 파견업체에서 받지만 대형할인점에서 일하고 있으므로 대형할인점 관리자들의 지시도 끊임없이 받는다. 파견판촉노동자들은 정해진 업무 외에 대형할인점에서 시키는 제품 정리, 박스 정리, 재고조사, 청소 등 잡다한 업무까지 맡아서 해야 하는 입장이다. 대형할인점 관리자가 자신의 일과 관계없는 물건 정리를 요구하면 따라야 하므로 판매시간을 뺏기고 손님을 놓치는 등의 상황이 발생하기도 한다. 또한 납품업체에서 파견업체 소속 판촉노동자들에게 매출액이나 증정품에 대해 압박하는 경우도 많다. 이들은 할인점 관리자가 시키는 일을 하지 않을 경우 그 점포에서 계속 물건을 팔 수 없게 될 것이라는 두려움으로 인해 시키는 일을 거부하지 못한다. 부당업무 지시여도 따를 수밖에 없는데다가 문제제기조차 못하고 있는 셈이다. 뿐만 아니라 파견판촉노동자가 마지못해 부당지시를 따르고 연장근무를 하지만, 납품업체나 파견업체 모두 자신이 시킨 일이 아니고 매장에서 시킨 일이라는 이유로 연장근무 수당을 책임지지 않는다. 대형할인점도 마찬가지로 자기네 소속이 아니라는 이유로 수당을 지급하지 않는 풍토이다. 그럼에도 불구하고 판촉서비스 노동자들은 판매실적을 높이기 위해 항상 매출에 신경을 써야 하고 매출 압박은 이들 노동자에게 정신

적 스트레스로 작용하여, 일정액을 달성하지 못하면 고용 단절이 될 수 있다
는 불안감에 시달리고 있다. 이들은 살인적인 매출압박으로 인해 인간성 상실
을 경험하기도 하며, 매출이 적을 경우 퇴출되는 불이익을 당하지 않도록 항
상 긴장해야 한다. 이와 같이 파견판촉노동자들은 파견업체, 납품업체, 대형
할인점 세 곳의 요구와 매출압박에 시달림을 당하면서도 부당한 요구를 거부
하지 못하는 입장에 있음과 동시에 고용불안에도 시달리고 있다(송다솜·손승
영, 2016:93 – 96).

2) 파견판촉직 여성노동의 특징

여성은 남성과 비교해서 다른 고용환경에 속해 있으나, 젠더 차이나 젠
더 특수성에 초점을 맞추어 실시한 연구는 드물 뿐만 아니라, 비교적 늦게 출
발하였다(태희원, 2005:5). IMF 통치 하의 외환위기 이후 한국 사회 전반에 신
자유주의 경제담론이 확산됨에 따라 노동시장 유연화 정책이 적극 실시되었
고 유통서비스업에서의 비정규직 증가, 노동조합의 낮은 조직률, 저임금 등으
로 인해 근로자의 노동권을 보장하기 힘들게 되었다. 이와 같은 어려움은 여
성에게 더욱 강하게 현실로 다가왔다. 여성은 남성에 비해 비정규직 비율이
높음과 동시에 차별적인 고용환경에 더 많이 노출되어 임금이 낮은 판매직에
집중됨으로써 노동시장에서의 지위가 더욱 불안정하게 되었다(이숙진, 2001:36).
대형할인점이나 백화점 등 유통매장에서 일하는 여성노동자들은 대부분 간접
고용 형태로 자유로운 시간관리가 어렵고 근로조건 또한 선택하기가 어려운
상황에 있기 때문이다(김재민, 2012:3).

<표 1> 판매노동자의 성별 근로실태(2019)	남	여
근로자 수	383,621명	290,602명
평균 연령	40.1세	40.9세
평균 근속연수	6.4년	4.3년
근로일수	19.9일	19.8일
총 근로시간	163.3시간	155.1시간
월 임금총액	386만 원	237만 원

자료: Kosis, 국가통계포털(2019), 『직종, 성별 임금 및 근로조건』; 고용노동부, 『고용형태별근
로실태조사』.

<표 1>에서 나타난 바와 같이, 2019년의 경우 판매노동자의 평균 연령은 남성 40.1세, 여성 40.9세로 여성과 남성보다 40세이다. 하지만 평균 근속 연수에 있어서는 남성이 6.4년으로 여성에 비해 평균 2.1년 더 길게 나타났다. 평균 근로일수에 있어서는 남녀 간 별 차이가 없으나, 총 근로시간에 있어서는 남성이 163.3시간인데 비해, 여성은 155.1 시간으로 남성이 평균 8시간 정도 더 일하는 것으로 나타났다. 임금 총액에 있어서는 남녀 간 격차가 커서 남성의 월 386만 원에 비해 여성은 237만 원으로 150만 원 가량 격차를 보였다. 이와 같이 성별 근속연수나 평균 임금에 있어서는 젠더 격차가 크게 나타나서 젠더 차별이 노동시장에서 여성을 불안하게 만드는 요인으로 작용하고 있음을 알 수 있다.

파견판촉직 여성노동자의 노동시장 지위는 성별 직종 및 직무 분리의 영향을 받고 있다. 여성의 성역할을 성고정관념에 기반하여 가사나 육아로 규정 짓는 한국의 사회문화와 분위기로 인해 여성의 노동시장 참여가 제약받고 있기 때문이다. 또한 성별분업이 사회적 노동에도 그대로 적용됨에 따라 여성이 일하는 직종이나 직무가 남성과는 구분된다(장서영, 2008:89, Jang and Merriam, 2004:274). 성별 직종이나 직무 분리는 수평적 분리와 수직적 분리로 나뉜다. 수평적 분리는 성별에 따라 서로 다른 영역의 일에 종사하는 것으로 제조업을 예로 들면, 남성은 주로 자동차, 건설, 석유화학, 조선 등 중공업 부문에 여성은 주로 식품, 의류, 전자 등 경공업 부문에 종사하는 현상을 말한다. 수직적 분리는 성별에 따라 서로 다른 등급의 일에 종사하는 것으로 의료와 교육 관련직의 경우 남성은 주로 의사와 교수, 여성은 주로 간호사와 유치원 및 초등학교 교사로 일하게 되는 것을 의미한다.

대형할인점에서의 업무에 있어서도 남성은 대부분 관리업무를 전담하면서 승진 사다리가 존재해서 직업훈련을 받고 직급도 높아지고 임금상승의 기회를 갖게 된다. 반면 판매서비스직에 치중된 여성노동자들은 승진체계가 아예 존재하지 않는 파견직, 임시직, 무기계약직의 형태로 고용되어 있다. 남성은 고용 안정성이나 승진 기회가 보장되는 '1차 노동시장'에 속해있지만, 여성은 상대적으로 열악한 '2차 노동시장'에 집중되어 있다는 '이중노동시장이론 (dual labor market theory)'이 적용되고 있음을 시사한다(소콜로프, 1990:274). 이는 한국의 노동시장에서도 성별화된 인적 자원관리 모델이 작용하여 여성은 중요한 위치에서 배제되거나 열악한 지위인 성별화된 하부구조에 위치한다는 경험적 연구 결과들과도 일치한다(태희원, 2005:51). 여성들은 조직 내에서 주변화된 존재로 젠더 정체성을 형성하며 보조적인 업무에 주로 배치되어 여성적인 특성을 지닌 일을 하도록 요구받기 때문에 성별 직무분리현상으로 고착화되어 나타난다.

03 성별 업무와 남성 관리자의 갑질

1) 성별 업무와 남성 관리자의 갑질

대형할인점에서 판촉업무를 담당하는 노동자는 대부분 여성이다. 하지만 남녀가 같은 매장에서 업무를 진행할 때도 성별에 따라 대형할인점 관리자와 매장 내 파견판촉노동자로 구분되고 판매하는 물품의 종류도 다르다. 파견판촉 노동을 하면서 미용이나 식품분야에서 일하는 남성을 한 번도 본 적이 없다는 여성노동자도 있고 그 이유로는 여성이 이 분야에 관한 지식이 많다는 이유로 고객도 여성을 선호하기 때문이라고 한다. 업무 연관성을 전형적인 성 고정관념에 따라 평가하는 사회적 인식이 그대로 반영되고 있다는 것이다. 대형할인점에서는 성별 이미지가 고객의 구매행위에 직접적인 영향을 미친다고 여겨서 남성 노동자에게는 활력적이고 신뢰를 주는 이미지를 부여하고 여성에게는 깨끗함과 아름다움 같은 전형적 여성 이미지를 기대하는 것이다. 남성이 파견판촉직에 진입하더라도 전문지식을 요구하는 가전제품이나 축산제품은 남성이 맡고 세제, 조리음식, 미용관련 용품 등은 여성이 전담한다. 또한 판촉직 남성이 힘쓰는 일을 하더라도 남자면 누구나 힘이 세다는 편견이 작용하여 남성의 저임금이 당연시되기도 한다. 반면 희귀한 상품 판촉행사에 남성이 참여하면 임금을 더 받기도 해서 시간당 임금은 성별뿐만 아니라 무슨 일을 하느냐에 따라 달리 책정되기도 한다. 뿐만 아니라 특정 일에 대해서는 남성의 진입 자체가 막혀 있기 때문에 여성들은 힘이 들고 노동 강도가 세더라도 육체적 어려움을 감수하며 일을 해야 하는 구조 속에 있다.

판매서비스직은 가사노동이나 보살핌노동에서 요구되는 인내심, 부드러움, 친절함 등의 여성적 자질이 일 수행 과정에서 중요한 비중을 차지한다(구미현, 2002:16). 파견판촉직 여성들은 감정의 활용을 통해 여성적 특성으로 인식되는 판촉노동을 제대로 수행할 것을 요구받는다. 판매서비스직 노동자가 수행하는 친절, 상냥함, 미소, 돌봄 등의 감정적 요소는 관리가 중요하며, 교환가치를 낳는 '감정노동(혹실드, 2009)'은 상품화된 감정노동으로 칭해지기도 한다. 국가인권위원회 조사에 따르면, 유통업 종사자의 상당수가 고객을 대할 때 요구되는 과도한 상냥함과 친절로 인해 감정노동에 시달리고 있다(연합뉴스, 2016.1.26.). 여성적 노동의 특성으로 간주되는 보살핌이나 감정과 같은 노동요소의 비가시성으로 인해 소위 여성적 직무에 종사하는 여성노동자들의 경험은 왜곡되거나 은폐된다는 지적도 있다(박홍주, 2000:63). 또한 가부장적 가치관이 지배적인 사회에서 판매서비스 업무가 수행되는 과정과 사회적 관계 속에서 여성의 일은 단순반복적 일이라는 통념으로 인해 성차별적 평가를 받게 된다. 감정노동은 중요한 노동의 일부로 인정받지 못하기 때문에 제대로 된 평가를 받기 힘들다. 따라서 감정노동에 포함된 여성적 가치를 보살핌과 배려 노동이라는 측면에서 새롭게 성인지적으로 인식하고 재평가해야 할 필요성이 제기된다.

관리자의 다수를 이루는 남성은 파견판촉 관련 업무를 맡더라도 승진 체계에서 안정적인 상태에 있다. 하지만 파견판촉 여성노동자들은 승진 자체가 불가능한 위치에 있기 때문에 차별적인 대우와 불안정한 고용을 경험한다. 파견판촉직에서의 분업은 성별에 의거한 남녀의 분업 형태로 이루어지고 남녀의 차별, 차이, 또는 분리의 의미를 내포하고 있다. 대형할인점에서는 판촉노동자들이 파견업체를 통해 일하러 왔기 때문에 직원이 아니라 '협력사원'이라고 구분해서 부르고 있다. 관리자들은 여성노동자들을 협력사원으로 존중하는 것이 아니라 위계질서를 형성하여 무시하고 더러는 반말을 하며, 심지어 소리를 지르거나 욕설을 퍼붓기도 한다. 관리자들이 '협력사원'에게 언어적으로나 행동적으로 갑질하는 사례는 많다고 한다. 한 여성노동자는 일하면서 한 번도 관리자로부터 존칭을 들어본 적이 없다고 한다. 심지어 관리자가 자신을 부를 때 매번 이름이 아니라 판매하는 제품명으로 불러서 엄청 기분이 나빴지만, 오히려 자신이 적응해온 경향이 있다고 한다. 이럴 경우 판촉노동자들은 마주치기 싫어 피하는 전략을 취해야 할 정도로 갑질을 당하거나, 관리자의 행동이 불합리하다고 느끼더라도 직접 대응하거나 대들기는 어렵다. 이들은 고용형태가 파견이므로 대형할인점에서 퇴출을 요구할 때는 어쩔 수 없이 쫓겨나는 약자의 위치에 있기 때문이다. 남성 관리자의 강압적인 말투와 인격적 무시를 감내할 수밖에 없는 여성노동자의 현실이 노동현장에서의 낮은 지위를 통해 여실히 드러나고 있는 것이다(송다솜·손승영, 2016:98).

2) 감정노동은 여성의 몫

백화점이나 마트 등 유통업에 종사하는 여성노동자는 남성노동자보다 훨씬 강도 높은 감정노동에 시달리고 있다. 여성노동자의 절반 이상이 감정노동 위험군에 속해 있으며, 여성 판촉노동자들은 고객을 상대로도 낮은 위치에서 끊임없이 감정노동을 해야 한다. 판촉노동자들은 장시간 한 곳에서 바른 자세로 서있거나 대기해야 하고 고객을 상대로 같은 말을 계속 반복해야 한다. 때문에 이들은 다리나 목의 통증을 호소하며 심하게는 발 모양 변형과 허리통증으로 인한 보행의 어려움을 겪고 때로는 대형마트 내에서 바삐 움직이는 지게차나 방치되어 있는 L카로 인해 위험한 상황에 노출되어 있다. 이들 판촉노동자들은 고객 응대 시에는 자신에게 요구되는 이미지를 연출하기 위해 고객에게 친근함을 보여줘야 하고 고객이 불만을 표출할 때는 무조건 사과를 해야 한다. 고객에게 다가가서 판촉활동을 하다가 거부당할 때는 무안해지기도 하지만 겉으로는 밝은 표정을 지어야 한다. 때로는 고객이 비상식적인 말을 하거나 요구를 하더라도 속으로 삭이면서 친절하게 응대해야 한다. 물건구입 시 증정품이 있어서 챙겨줬는데도 계속 더 달라고 고객이 진상부리더라도 웃으면서 증정품이 더 없다고 정중하게 설명해야 한다. 자기가 밀던 쇼핑카트를 아무 데나 놓고는 없어졌다고 소리 지르는 경우에도 영문도 모른 채 무조건 사과부터 해야 하는 식이다. 자신이 뭘 잘못했는지 모르는 상황에서도 어쩔 수 없이 자신의 감정을 숨기고 사과부터 해야 한다. 판촉노동자는 애써 자신의 감정을 숨기고 고객이 원하는 표정을 지어야 하는 반면, 노동자가 불쾌감을 드러내면 고객을 무시하는 행동으로 간주되어 비난받고 업무 수행 평가에 있어서도 불리하게 작용하게 된다.

여성노동자들은 자신이 여자라는 이유로 유난히 감정노동이 요구되는 경향이 있다고 인식한다. 주위의 강압으로 인해 어쩔 수 없이 감정 소모를 하고도 자신이 '젊은 여성이어서'라고 해석하고 있다. 이들은 고객에게 항상 미소 짓고 상냥한 목소리와 말로 응대해야 한다는 매장 관리자의 지시에 대해 불만이고 감정노동이 스트레스로 작용하고 있다. 자신이 관리자나 고객의 화풀이 대상이 되면 무시당하는 것 같아서 스트레스를 많이 받게 된다. 그럼에도 불구하고 여성 노동자에게는 감정노동이 당연한 것으로 간주되기 때문에 항시 감정노동을 수행해야 하는 부담에서 벗어날 수 없다는 점도 잘 알고 있다. 여성 판촉노동자들은 언제나 고객에게 친절하고 상냥한 모습을 보여야 하므로 감정노동이 힘든 반면, 젊은 여성은 감정노동을 적극 실천해야 한다는 통념도 작용하고 있어 감정노동 요구에 더욱 취약할 수밖에 없는 입장이다(송다솜·손승영, 2016:98 – 100).

04 외모스트레스와 무시

1) 젠더화된 용모 관리와 섹슈얼리티

파견판촉 여성노동자들은 고객과의 대면 서비스가 주된 업무라는 이유로 용모 제약이 적은 남성과는 달리 유니폼, 헤어스타일, 메이크업, 스타킹, 신발에 이르기까지 통제를 받고 있다. 여성노동자들은 대형할인점에서 요구하는 용모 제약 지시가 불편하다고 여기면서도 여성스러운 이미지를 연출한다는 이유로 때로는 용모 가꾸기에 몰입하는 모습을 보이기도 한다. 특히 매장에서 착용하는 유니폼은 타이트한 상의와 짧은 치마여서 일할 때 불편하지만 젊은 여성들은 내부 규칙으로 따라야 한다. 이들은 유니폼 사이즈가 다양하지 않아 자신에게 맞는 사이즈가 없어서 다이어트를 해야 하기도 하고 고객에게 단정해 보인다는 이유로 구두를 강요하는 규칙을 따르다보니 발 모양이 휘었다는 경우도 있다.

대형할인점 파견판촉노동자들은 원치 않는 상황에서 여성성을 요구받게 된다. 타이트한 유니폼으로 인해 여성은 관음증의 대상이 되기도 하고 개인간의 관계에서 불편한 경험을 하게도 된다. 판촉노동자의 불편한 섹슈얼리티 경험은 관리자나 고객과의 관계에서 종종 발생한다. 대형할인점 관리자는 젊은 여성노동자를 선호하는데 그 이유는 젊은 여성과는 말 한마디라도 더 하고 장난도 더 칠 수 있기 때문이라고 한다. 어떤 남성 고객은 물건을 살 테니 연락처를 달라고 요구하기도 했다고 한다. 불쾌한 요구나 발언을 들었을 때 고객 상대로 욕을 하고 싶은 마음이 강해도 뜻대로 해결이 안 될게 뻔하고 자신만 손해라는 생각 때문에 전혀 대응할 수 없게 된다. 성희롱을 당한 여성노동자가 문제 제기를 했을 때 오히려 피해자 자신에게 역으로 되돌아올 부정적인 영향이 예상되기 때문에 해결하려는 시도조차 하지 못한 채 그냥 넘기는 경우가 많다.

대부분의 젊은 연령층의 파견판촉직 여성들은 성희롱에 취약한 입장에 있다. 하지만 이와는 대조적으로 소수 젊은 여성들은 섹슈얼리티를 활용한다는 평가를 받기도 한다. 예쁘면 무시하지 못한다는 생각을 지니고 있는 일부 젊은 여성노동자들은 자신의 외모를 이용해서 고객과의 관계에서 유리한 지점을 차지해서 판매를 이끌어내는 전략으로 활용하기도 한다. 또한 대형할인점의 관리자가 대부분 남성이므로 판촉 여직원의 여성성이 상품 판매에 긍정적으로 작용한다고 생각하기도 한다. 시간이 지나면서 자신이 어린 여성으로서 활용했던 '끼 부리기'가 사용 가능했던 전략이었음을 깨닫기도 한다. 대형할인점에서 일하면서 관리자와 친하게 지내기 위해 술도 함께 마시고 여성성을 활용하는 전략을 취하는 경우도 있다. 여성성을 활용하면 업무를 편하게 할 수 있고 일을 하면서 좋은 행사자리를 얻는 데 도움이 된다는 판단 때문이다. 때로는 나이 든 판촉노동자들이 젊은 여성들을 업무에 투입해서 관리자들을 설득할 수 있는 자원으로 활용하기도 한다. 주부사원들이 대형할인점 관리자에게 말하기 어려울 때, 너는 어리고 예쁘니까 네가 나서면 우리가 말하는 것보다 더 잘 들어줄 거라면서 부탁한 적도 있다고 한다(송다솜·손승영, 2016:102). 행사자리 배정이나 판매 기회 등 일을 유지하거나 때때로 필요한 도움을 받기 위해 섹슈얼리티 활용이 하나의 전략으로 사용되기도 한다. 어떤 판매 사원은 얼굴이 예쁘고 싹싹한 젊은 여직원이 판매를 하면, 남성 고객들이 살 마음이 없다가도 물건에 대해 질문하고 말을 걸게 되어 판촉으로 이어지리라 믿고 있다. 노동현장에서 여성의 섹슈얼리티는 성희롱과 연계되어 취약한 부분으로 간주되는 반면, 판매직에서 일하고 있는 일부 젊은 여성들은 자신의 여성성과 섹슈얼리티를 판매에 도움이 되는 수단으로 활용하는 것이다.

2) 나이 불문 여성은 무시의 대상

판촉노동은 여성이면 누구든지 할 수 있는 일로 평가되기 때문에 쉽고 가치가 낮은 노동으로 간주된다. 이 일은 모든 여성이 지니고 있다고 인식되는 친절함, 부드러움, 보살핌, 세심함 등으로 대변되는 '여성성'이 발현되는 일로 평가된다. 젊은 여성 판촉노동자들은 고객들로부터 종종 무시당하기도 하는데, 고객의 반응이 여성으로 하여금 일에 대한 자신감을 잃게 하는 원인으로 작용하고 있다. 뿐만 아니라, 대형할인점에서 일하는 파견판촉노동자들은 다수가 주부사원이기 때문에, 20대나 30대 미혼 여성들은 젊고 경험이 부족하다는 이유로 미숙하게 여기는 경향이 있어서 제대로 된 평가를 받지 못한다. 같은 지위에 있더라도 나이 든 직원에 대해서는 공경이 요구되는 등 경력보다는 나이가 더 중요하게 작동하는 풍토이다. 젊은 여직원은 동생이나 어린애로 불리면서 근무스케줄 정할 때 우선순위에서 밀리고 판촉활동에서 제약을 받고 있다. 나이가 어리다는 이유로 대형할인점 관리자로부터 부당한 지시를 받기도 하고, 다른 직원의 업무 과실인데도 젊은 여성에게 잘못을 떠넘기는 일도 발생한다. 젊은 여성들은 어리기 때문에 한편으로는 미숙하다면서 실수로 받아들여지기도 하지만, 다른 한편으로는 어리다는 이유로 무시를 당하기도 한다. 나이가 젊다는 이유로 여성들은 보호받아야 할 대상으로 인식되기도 하지만, 쉽게 통제할 수 있는 대상으로도 간주되는 것이다.

하지만 판촉노동의 경우 젊은 노동자는 임금을 받는 데도 유리하고 옮겨갈 수 있는 자리도 열려있는 데 반해 나이가 많은 여성노동자는 면접조차 볼 수 없는 것이 현실이다. 예를 들어, 와인 판매는 20·30대 여성이어야 가능하다고 생각해서 젊은 여성을 미리 정해놓고 뽑기도 하므로 와인 판매경력자인 50대 아줌마는 무시된다. 심지어 젊은 여성이미지가 중요하다고 생각해서 경력 많은 여성을 내쫓고 젊은이를 고용하는 경우도 있다. 판촉노동자로 인해 매출을 높여야 한다고 기대하기 때문에 업무 숙련도보다 젊은 이미지를 강조한 결과, 나이 많은 숙련 노동자들을 고용불안에 빠뜨리고 있는 것이다. 이와 같은 나이든 여성에 대한 차별적 환경으로 인해, 주부 판촉사원들은 젊은 여성을 적대시하기도 한다. 파견판촉직에서는 경력이 무의미하고 나이가 많아도 임금이 높지 않기 때문에 자격지심이 생기기도 한다. 주부 사원들은 경력이 쌓여도 임금이 줄어드는 이유에 대해 젊은 여성들이 유입되기 때문으로 생각하므로, 젊은 여성 판촉노동자들은 나이 든 여성들에게 질투와 반목의 대상이 되고 있다. 젊은 미혼여성의 판매실적이 나이 든 주부 사원보다 높을 경우 마찰이 생기기도 하고 상대적으로 강한 고용불안으로 인해 연령갈등이 표면화되어 나타나기도 한다.

판촉노동자들은 현재의 일을 평생 직업으로 생각하기보다는 아르바이트와 유사하게 인식하는 경향이 있다. 하지만 단기 일자리치고는 아르바이트보다 임금이 높다는 이유로 파견판촉직 일을 선택하게 된다. 이들은 언젠가 이 일을 중단하고 고용 안정성이 보장되는 직업으로 이직할 것을 바라고 있다. 장기간 판촉노동을 해온 여성들도 판촉 일이 직업은 아니라고 생각하고 있다. 그 이유는 고용 안정성이 보장되어 있지 않아서 일을 장기간 지속하기 어렵고 나이가 들수록 임금이 낮아지므로 정당한 평가를 받을 수 없는 일이라는 이유로 탈 판촉을 희망하는 것이다. 젊은 파견판촉직 여성들은 고객에게 물건에 대해 열심히 설명했으나, 고객이 물건을 구입하지 않고 가 버리면 자신이 무시당한 것 같은 느낌이 들기도 한다. 이와 같이 파견판촉노동은 감정적으로 상처받는 일이 빈번해서 장기간 업무를 지속하기가 어렵다. 매출에 대한 스트레스가 심하고 장시간 서있기 때문에 임신을 할 경우 배 뭉침이나 유산을 겪기도 하므로 임신 후에 일을 계속하기가 힘들다고 한다. 젊은 여성노동자들은 아무리 경력이 많더라도 나이가 어리면 가르침을 받아야 하는 존재로 인식되고 무시당하는 노동환경에서 자신의 일을 평생직이 아니라 단기 일자리 정도로 생각하며 판촉노동에 대해 거리두기를 하고 있다. 이들이 탈판촉을 희망하는 공통적인 이유는 비정규직 계약으로 인한 불안정한 고용환경과 사회적으로 통용되는 판촉 일에 대한 부정적인 인식 때문이다.

05 젊은 파견판촉직 여성들이 겪는 어려움 정리

판촉노동은 세심함과 친절함이 필요하다는 통념 때문에 여성에게 어울리는 일로 인식되며, 실제 남성에 비해 여성 채용이 더 빈번하게 일어난다. 파견판촉일은 성별에 따라 담당하는 제품이 상이해서 여성은 가정생활용품이나 미용관련 상품 판매를 전담하는 한편, 남성은 대형가전이나 축산품 및 농산품 관련 판촉을 주로 맡고 있다. 판촉노동은 누구나 할 수 있는 단순 비숙련노동으로 인식되는 사회적 편견으로 인해 여성노동자는 고객으로부터 무시당하고 신뢰받지 못하는 경험을 한다. 파견판촉노동자는 파견업체 소속이어서 대형할인점은 업무지시를 할 수 없음에도 불구하고 대형할인점 관리자의 지시를 받기도 한다. 관리자로부터 반말이나 강압적인 말투를 듣기도 하고 담당구역이 아닌 매장 청소나 다른 업체의 상품을 진열해야 하는 등 부당한 업무지시를 따라야만 한다. 대형할인점의 지시를 따르지 않을 경우 인원교체나 퇴점명령으로 고용 단절이 발생하기 때문에 부당 업무임을 알면서도 감수할 수밖에 없다는 것이다.

젊은 여성 판촉직 노동자들은 나이 든 여성들과는 또 다른 노동경험을 하고 있다. 첫째, 판촉노동을 하는 여성들은 대형할인점 관리자나 고객들로부터 친절함과 미소로 대변되는 여성성을 일터에서 표출할 것을 요구받고 있다. 하지만 항상 감정을 잘 관리하는 것은 쉽지 않기 때문에, 자신의 기분에 관계없이 미소 짓고 친절한 목소리를 내라는 감정노동에 대한 심한 요구가 젊은 여성노동자들에게는 매우 힘들다. 이들은 노동과정에서 개인적인 감정 부조화가 발생하더라도 이 상황을 감내하는 것이 일터에서의 프로정신이라고 인식하기 때문에 애써 부조화 상황을 무시하며 노동을 이어가고 있다.

둘째, 대형할인점에서 일하는 미혼의 젊은 여성노동자들은 나이 든 여성들에 비해서 더 많은 용모 통제를 경험하고 있다. 타이트한 유니폼이나 머리색, 머리모양, 손톱관리, 신발 등에 대한 규제는 젊은 여성의 섹슈얼리티를 극대화시키는 필수 조건으로 작용하고 있다. 이들은 고객이 행하는 언어적 성희롱이나 신체 접촉 등 섹슈얼리티와 관련하여 불쾌한 경험을 해도 이를 문제시하기 어렵다. 이와는 대조적으로 일부 여성노동자들은 물품 판매량을 늘리기 위해 고객에게 호의적으로 다가가거나 대형할인점 관리자로부터 좋은 자리를 배당받을 목적으로 매장이나 술자리에서 과잉 친절을 베푸는 등 자신의 여성성을 과시하고 섹슈얼리티를 전략으로 활용하기도 한다.

셋째, 대형할인점 노동자의 상당수는 재취업한 경력단절 여성으로 연령대가 높은 주부사원인 반면, 20·30대 파견판촉 여성들은 젊음을 보유한 노동자 집단으로 여겨진다. 이들은 젊다는 이유로 상대적으로 고용 안정성이 보장되고 높은 임금을 받기도 한다. 이는 여성의 나이가 상대적 특권으로 간주되는 것으로 젊은 여성이 노동시장에서 유순한 노동력으로 여겨지며 말 잘 듣는 노동자로 이미지화되어 기혼여성에 비해 선호되기 때문이다. 반면에 이들은 젊다는 이유로 경력에 관계없이 미숙한 노동자로 간주되는 동시에 업무능력을 무시해도 되는 대상으로 평가받기도 한다.

넷째, 젊은 파견판촉 여성노동자에게 판촉노동은 단기간에 돈을 벌기 위한 수단으로 활용되고 있으며 평생직업의 의미는 강하게 내포되어 있지 않다. 대학생에게는 단기간의 아르바이트로 규정되고 취업준비생에게는 안정적인 직장을 갖기 전 잠시 돈을 버는 중간지대로 간주된다. 이들은 비정규직 일에 대해 고용 안정성이 보장되지 않고 모성권이 인정되지 않는다는 이유로 판촉노동에 대해 유보적이며 거리두기를 하면서 탈 판촉을 희망하고 있는 것이다.

01 파견판촉직 여성노동자는 다른 고용형태의 여성노동자보다 감정노동의 강도가 매우 높을 것으로 예상된다. 그 이유가 무엇인지 생각해보자.

02 판촉 업무를 수행하면서 예상되는 남성 관리자의 갑질 형태에 대해 나열해보고 갑질이 발생했을 때, 어떤 방식으로 대응한다면 현명할 것인지에 대해 논의해보자.

03 여성들은 직장생활을 하면서 남성보다 더 많이 성희롱을 경험하는데 그 이유가 무엇인지, 직장 내 성희롱이 발생했을 때 어떻게 대처하는 것이 좋을지 생각해보자.

◈ 참고문헌

강이수·신경아·박기남(2015), 『여성과 일』, 동녘.

강준구(2004), 『유통서비스 시장개방의 이익과 과제: 국내 소매업의 구조조정을 중심으로』, 대외경제정책연구원.

구미현(2002), "비정규직 여성노동자의 고용구조와 노동통제: 백화점 판매직 여성노동자를 중심으로", 충남대학교 대학원 사회학과 박사학위 논문.

국가통계포털(2014), "고용형태별 근로실태조사: 직종, 성별 임금 및 근로조건", http://kosis. kr.

김양지영(2005), "여성 노동 비정규직화 기제의 성차별적 성격에 관한 일 연구: 호텔 산업 사례를 중심으로", 이화여자대학교 대학원 여성학과 석사학위 논문.

김재민(2012), 『유통업 여성근로자 노동환경 현황 및 개선방안』, 서울시 여성가족재단.

박옥주(2008), "비정규직 보호법이 여성노동에 미치는 영향", 『젠더연구』, 제13호, 23~51쪽.

박옥주·손승영(2012), "비정규직법 시행 이후 기업의 대응방식과 성차별적 관행", 『담론 201』, 제15권 3호, 91~125쪽.

박홍주(2000), "판매직 감정노동의 재평가", 『노동과 페미니즘』, 조순경 엮음, 이화여자대학교 출판부, 42~70쪽.

배금순(2011), "우리나라 유통업체의 발전전략에 관하여: 이마트를 중심으로", 전남대학교 대학원 무역학과 석사학위 논문.

소콜로프, 나탈리(1990), 『여성노동시장이론』(이효재 옮김), 이화여자대학교 출판부 (Sokoloff, J. N.(1980), *Between Money and Love: The Dialectics of Women's Home and Market Work,* New York: Praeger).

송다솜·손승영(2016), "20·30대 파견판촉직 여성의 노동경험과 젠더 특수성: 국내 3대 대형할인점을 중심으로", 『젠더와 문화』, 제9권 2호, 85~113쪽.

이상윤(2014), "간접고용의 실태와 노동법상 개선방안에 관한 연구", 인하대학교 대학원 법학과 석사학위 논문.

이숙진(2001), "성별분업과 비정규 여성노동: 유통업을 중심으로", 『성평등연구』, 제5권, 33~49쪽.

이호택(2012), "제조업체의 대형마트 판촉사원 파견을 바라보는 두가지 견해", 『경영경제』, 제45집 2호, 91～102쪽.

장서영(2008), "고학력 경력단절 여성의 노동시장 재진입 과정에 관한 질적 연구", 『여성연구』, 제74권 1호, 79～104쪽.

태희원(2005), "대기업 전문직 여성의 일 경험을 통한 젠더 정체성 협상에 관한 연구: IT 기업과 A사 사례를 중심으로", 연세대학교 대학원 문화학협동과정 석사학위 논문.

혹쉴드, 엘리 러셀(2009), 『감정노동: 노동은 우리의 감정을 어떻게 상품으로 만드는가』(이가람 옮김), 이매진, (Hochschild, A. L. 2003. *The Managed Heart: Commercialization of Human Feeling.* California: University of California Press).

Jang S. and S. Merriam(2004), "Korean Culture and Reentry Motivations of University－Graduated Women", *Adult Education Quarterly*, 54(4): 273－290.

⟨신문기사⟩

경향신문(2018.12.1.), "백화점 3사, 2019년까지 3년 연속 신규 출점 계획 없어... 시장 포화."

더스쿠퍼(2015.2.16.), "300개 기업 84.6% 고정 자산회전율 '평균 이하'"

데일리안(2020.1.9.), "규제로 출점길 막힌 대형마트... 2년 새 사라진 일자리만 3000여 개"

연합뉴스(2016.1.26.), "유통업종사자 61%, '고객에게 폭언 등 괴롭힘 경험'"

연합뉴스(2020.3.5.), "롯데 신동빈 '한국 내 백화점·슈퍼 등 200점포 연내 폐쇄.'"

한국경제(2020.2.16.), "마트, 문 닫을 위기인데 '의무휴업 족쇄'는 여전."

CHAPTER 08 **청소용역 여성노동자의 일 경험**

청소는 우리가 살아가는 공간인 도시와 건물의 안팎을 깨끗하게 유지하는 활동으로 인간의 지속적인 생활을 가능하도록 돕는다. 청소를 마친 깔끔한 공간에서 우리들은 다시 일하고 식사하고 휴식을 취하면서 생활을 이어간다. 인간이 삶을 영위하는 한 청소는 반드시 누군가는 해야 하는 상시적인 일에 해당된다. 가족 내 청소일은 오랜 세월 가사책임자인 여성이 담당해왔다. 유급 노동시장에서도 청소일은 여성의 일로 간주되어 지저분하고 단순하고 하찮은 일이라는 평가와 저임금 지급이 당연시되었다. "청소노동은 경제활동인구를 기준으로 세 번째로 많은 사람들이 종사하고 있는데 청소노동자 중 비정규직이 77.4%에 달하고 있다"(조상균, 2007:68). 1990년대 후반 경제위기 이후 진행된 노동 유연화의 흐름 아래, 청소노동자들의 대부분은 비정규직으로 전환되는 추세였다. 회사 직영 소속에서 용역업체 소속으로 전환된 후 청소용역노동자들의 노동실태는 더욱 열악해진 것 또한 사실이다(김성희, 2007:3).

청소용역노동자들 중 약 3/4이 여성인데 이들 대부분은 50대 이후의 중·고령층에 속한다. "청소용역노동자들은 주로 우리 사회에서 힘없는 계층인 고령의 저학력 여성들로 구성되어 있다. 저학력 고령층 여성은 젊고, 고학력인 남성에 비해 사회적으로 차별받는 집단이다. 이들 청소노동자들은 연령, 학력, 성으로 인한 중층적 차별에 더해 청소용역이라는 직업적 차별까지 추가로 겪고 있는 것이다"(김성희, 2007:4-5). 청소용역 여성노동자들은 비정규직 중에서도 직업의 위계가 낮은 용역노동자로 남성에 비해 열등한 노동력으로 규정되어 복합적인 차별을 받고 있다. 이들은 청소용역노동자로서 최저임금 수준 또는 미만의 저임금과 일상적인 해고 위협에 시달린다. 청소일을 한다는 이유로 인격적 무시를 당하기도 하고 용역업체와 사용업체 사이에서 눈치를 보기도 한다.

┌─ 01 연속적 또는 비연속적 생산노동과 일-가족 병행

여성은 인류 역사가 시작된 이래 끊임없이 일해 왔다. 근대에 접어들면서 강화된 성별분업에 의해 가사 및 양육 담당자인 여성은 아내, 어머니, 며느리의 역할을 주부라는 이름으로 수행해야 한다. 또한 부차적 생계책임자로서 시장노동에도 참여해야 한다. 두 가지 영역의 일을 병행해야 하는 여성들은 비공식 부문의 일에 종사하면서 가족들의 식사 준비, 자녀 양육, 시부모 병간호 등 눈코 뜰 새 없이 일을 해야 했다.

> 결혼 전에는 일을 안 했어요. 근데 결혼하고 나서 너무 가진 거 없는 사람하고 결혼하다 보니 일을 안 할 수가 없더라구요. 애들이 어릴 때는 집에서 가내 부업으로 미싱일을 하고. 미싱일은 10년 했어요. 야간도 하고 주말도 하고. 애들이 큰 다음엔 이렇게 다니고. 이 청소일도 10년 했네요. 고생을 정말 너무 많이 했어요. (62세, 홍금순[4])

> 결혼 전엔 일을 안 하다가 결혼한 지 15년 후부터 양말회사에 10년 정도 다녔는데, 그동안 애들 기르고. 포천에 있는 양말 공장에 다녔죠. 새벽 4시에 일어나서 식사준비 다 하고 먹이고 갔죠. 애들 도시락 싸 주면서. 포천 거기서는 5시에 퇴근하는데 집에는 7시에 도착했어요. 그때도 집에 와서 김치하고 다 했어요, 밤에. 그때는 주6일 근무했어요. 주말에도 쉬지 못하고 일을 했죠. 양말 공장 다니기 전에는 집에서 부업을 했어요. 벨트, 뜨는 벨트, 전기 제품에 들어가는 부속 이런 거 만들었어요. 그리고나서 시어머니 병간을 한 7~8년 정도 했고. 남편이 장남이었죠. 7남매의 맏이여서 시동생, 시누이 다

---

4 면접참여자의 이름은 모두 가명임.

공부시키고 도시락 싸주며. 고생 많이 했죠. 시어머니가 일찍 돌아가시고 홀로 된 시아버지를 13년간 모시고 살았어요. 시어머니 돌아가시고 나서 여기 청소일을 하게 된 거죠. 결혼하고는 노는 날이 하루도 없었던 것 같아요. (63세, 최은자)

청소용역 여성노동자들 중 일부는 청소일을 시작하기 전에 전업주부로서 남편 뒷바라지와 아이들 키우는 것은 기본이고 시부모를 모시거나 시동생들을 돌보고 공부시키는 추가 일을 하였다. 현재 50대 이후 중·고령 여성의 대부분이 살아 온 모습이다. 경제적으로 여유가 없는 경우에는 돈을 버는 일도 해야 했다. 그런데 현재 50대 이후 여성들이 자녀가 어릴 때 그들을 돌보며 할 수 있는 일은 매우 제한적이었다. 사례에서 보는 바와 같이 집에서 가내부업을 하거나 집 근처의 공장에 나가 봉제 일, 또는 동네 마트에서 하는 시간제 판매일이 대부분이었다. 청소용역 여성노동자들은 그동안 가사 및 양육노동, 가족 돌봄노동 그리고 생산노동을 이중 삼중으로 담당해왔다. 여성에게 규정된 성역할로 인해 가사 및 양육노동을 전적으로 책임지면서 동시에 부차적인 노동자로서 주변적이고 임시적인 일을 연속적 또는 비연속적으로 해왔던 것이다. "여성의 경제활동 참여 증가는 돌봄노동의 대부분이 여성에 의해 제공된다는 사실을 변경하지 못했다"(Walker, 1992:34). "여성들이 파트타임으로 노동시장에 참여하는 현실은 그들이 계속 주요한 돌봄노동 제공자의 역할을 맡고 있다는 사실을 반영"(Chaykowski & Powell, 1999:21)하는 것이다.

청소용역 여성노동자들은 출근 전과 퇴근 이후에 집안일을 해왔다. 50~60대라는 연령대의 특성으로 자녀 양육기와 교육기간이 대부분 종료되어 부담이 줄었다. 그러나 청소노동의 특성 중 하나인 출근시간 전 관행화된 무급의 시간 외 노동 때문에 새벽 일찍 일어나 아침식사를 준비해놓고 출근을 해야 하므로 수면시간과 휴식시간이 절대적으로 부족하다. 그러나 아래의 사례와 같이 가사를 분담하지 않는 남편이 다수인 것이 우리의 현실이다.

이렇게 일하러 다녀도 남편은 집안일을 별로 안 해. 우리 세대는 남자들이 거의 일을 안 하죠. 나이 들면 남자들도 바뀐다고 하는데 우리 남편은 그러지도 않아. 퇴근한 다음 밥하고 집안일 하고 힘들죠. 퇴근하면 또 살림하고, 집에 가서. 집에 가면 5시 되고, 그래서 저녁하고 빨래하면 9시, 10시되죠. 4시간, 5시간 정도 하는 거지. 주말에는 밀린 빨래하고 청소도 하고, 그러면 많이 하면 7~8시간 하고, 아니면 5~6시간 정도 하는 거 같아요. (62세, 홍금순)

평소 새벽 4시 반에 일어나서 준비하고. 식구가 있으니까 식사준비를 해놓고 나오죠. 퇴근한 이후엔 저녁준비를 하죠. 오후 4시에 퇴근해서 집에 가면 다섯 시인데 그때부터 세탁기 돌리고 청소하고 밥하고. 퇴근하고 올라가면서 이미 시장을 봐 갖고 가야 되고. 옷 갈아입고 하다보면 저녁준비 해야 하고. 집안일은 저녁 9시까지는 하게 되죠. 주말에는 오전엔 좀 쉬고 오후에 집안일을 하죠. 잠은 10시쯤 자는데, 쉬는 시간이 거의 없어요. 주말 오전에 잠깐 쉬고 평일엔 거의 못 쉬고. 특별히 여가활동 하는 건 없죠. 시간도 없고. (64세, 박미자)

가구소득에 대한 기여 혹은 제공에 대한 강력한 압력과 함께, 여성들에게 지속되는 가사노동 책임은 장시간 노동으로 이어진다. 일과 가족의 조화를 달성하기는커녕, 유연한 노동은 적절한 소득의 보장 없이 많은 여성들이 유급노동과 무급노동의 이중부담을 짊어지는 것을 의미한다(Fredman, 2004:300). 성별분업 이데올로기가 지배적인 우리 사회에서 남편들은 가사분담을 거의 하지 않는다. 남편들은 일반적으로 가사노동을 자신의 책임으로 여기지 않기 때문에 가사분담에 매우 소극적이다. 통계청의 2019년『생활시간조사』에 의하면 맞벌이 가족의 경우 여성의 1일 가사 노동시간은 3시간 7분인데 비해 남성의 가사 노동시간은 54분에 불과한 것도 여기에서 기인한다. 여성들에게 고용과 가족 책임을 결합하도록 요구하는 것은 노동시장에서 성평등 실현을 어렵게 한다. 일반적으로 여성들은 맞벌이일 때조차 계속 자녀 양육과 다른 가사 임무의 주요 책임을 지게 된다. 경제학자들은 이러한 여건이 여성들의 직업 선택, 유급 고용에서 보내는 시간, 직무 헌신성 그리고 가족과 직장 일에 대한 노력의 할당에 부정적 영향을 준다고 주장한다(Drobnič, Blossfeld & Rohwer, 1999:133). 따라서 여성들이 노동시장에서 평등을 성취하기 위해서는 여성의 가사 및 돌봄 노동의 부담을 완화시키기 위한 노력이 필요하다. 이것을 위해서는 가사 및 돌봄 노동의 사회화, 남편과의 공평한 분담, 남성의 가사노동 참여를 당연시하는 문화 및 분위기 조성이 필요하다. 더 나아가 가사 및 돌봄 책임으로부터 자유로운 남성을 표준으로 한 노동시장 구조와 장시간 노동 문화를 변혁시켜야 할 것이다.

┌ 02 청소용역 노동 내의 남성 우월주의

1) 최저임금 수준의 저임금과 성별임금 격차

2011년 3월 경제활동 부가조사에 따르면 청소용역 노동자의 월평균임금은 97만 8천 원으로, 전체 임금노동자의 월평균임금 202만 6천 원의 48.3% 수준으로 나타났다. 최저임금과 비교하면, 2011년 3월 현재 최저임금액인 시급 4,320원의 주 40시간 근로기준 월 환산액 90만 3천 원보다는 높지만 주 44시간 근로 기준 월 환산액 97만 6천 원과 비교하면 비슷한 수준이다(강승복, 2011:97). 구체적 사례로서 국회 청소용역노동자의 임금을 보면, 2016년에 남성과 여성 모두 기본급이 128만 7,750원으로 당시 최저임금 6,030원의 주 40시간 근로기준 월급 126만 270원을 약간 상회하는 수준이었다. 여기에 상여금 16만 968원과 중식비 5만 6천 원이 추가되어 여성의 경우 총 150만 4,710원, 남성은 특별작업수당 8만 원이 더 추가되어 158만 4,710원을 지급받았다. 청소용역 남성노동자의 임금은 전체 남성노동자 평균임금 285만 원의 약 55.6%, 청소용역 여성노동자의 임금은 전체 여성노동자 평균임금 176만 원의 85.5%로 저임금임을 알 수 있다(남진열 외, 2017:53). 전체 임금노동자의 경우 근속연수가 길어짐에 따라 임금수준이 높아지는 반면 청소용역 노동자는 근속연수가 임금 수준에 그다지 영향을 주지 않는 것으로 나타났다. 여성용역 노동자들의 경우, 남성 정규직 대 여성 정규직 그리고 여성 정규직 대 여성 비정규직, 그리고 심지어 여성 직접고용 비정규직 대 간접고용 비정규직이라는 매우 복잡한 고용관계의 위계에서 가장 하층에 위치하면서 노동권의 보호를 받지 못하고 있다(최인이, 2009:91). 용역노동자들의 임금체계는 비정규직 노동자들의 전형적인 임금체계를 잘 보여준다. 근속기간, 업무숙련 등 노동경력과 그리고 물가인상이나 평균임금 인상률 등의 경제적 변수가 전혀 반영되지 않고 있다. 최저임금에 미치지 못하는 임금을 받는 곳도 적지 않다. 1년마다 용역업체와 사용업체가 도급계약을 갱신하거나 새 업체와 체결하기 때문에 용역노동자들의 근속기간이나 경력을 인정하지 않고 모든 노동자들에게 동일한 임금을 지급한다.

전엔 최저임금도 받지 못했어요. 노조가 생기기 바로 직전에 최저임금이 84만 원이었는데 그때 임금은 76만 원 정도였던 거 같아요. 점심 먹고 차비하다보면 60만 원 정도 밖에 안돼요. 지금 일하는 사람들은 모두 월급이 다 같죠. 일한지 1년째건 7년째건 다 같아요. (57세, 김미숙)

그런데 또 다른 문제는 용역업체가 사용업체로부터 받는 돈이 얼마인지 그리고 얼마를 제하고 임금으로 지불하는지 노동자들은 정확하게 알 수가 없다는 점이다. 임금협상과정에서 그 비율을 알려달라고 조정위원회에 제소했을 때조차 비밀이라며 알려 주지 않는다. 일반적으로 용역업체의 중간착취율은 20~30%로 알려져 있는데 용역업체가 하는 일이라고는 사용업체와 도급계약을 성사시켜 노동자들을 파견하여 일을 시키고, 월급을 사용업체로부터 받아 노동자들에게 지급하는 것이 거의 전부임을 감안한다면 중간착취율이 지나치게 높다고 할 수 있다.

사용업체가 용역업체에게 얼마를 주는지 잘 몰라요. 작년에 임금협상 할 때 조정위원회에 그거를 알려달라고 제소했는데 결국은 알려주지를 않더라구요, 비밀이라고 하면서. 그런데 80만 원 정도 받을 때 우연히 알게 되었는데 용역업체가 사용업체한테 120만 원 받는다고 들었어요. (58세, 안은숙)

학교에서 용역업체에 1인당 180만 원 정도 주는 걸로 알고 있어요. 정확하지 않지만. 하는 일도 별로 없지만, 그래도 세금도 내고, 우리 옷값, 봄 가을로 두 번, 여름 옷과 겨울 옷값으로 4만 원씩 쓰고. 자기네들도 월급 받아야 하니까 우리에게 들어오는 게 적어지는 거지. 오늘 임금이 나왔는데 131만 9천 원 나왔어요. 세금 떼고. 세전에 147만~150만 원 정도 되는 거죠. 나이 때문에 국민연금도 안 떼는데. 그래도 우리는 노조가 있으니까 많이 나오는 거예요. (63세, 이명숙)

그런데 관행이 된 무급의 시간 외 노동까지 감안하면, 청소노동자들의 임금이 실제로는 더 낮아진다. 청소노동자들의 출근시간은 대체로 오전 6시로 표준화되어 있으나 실제 출근시간은 새벽 4시부터 5시 30분까지이다. 근로시간은 대부분의 사업장에서 8시간 근무를 기본으로 하고 있었는데, 특이한 점으로는 아침 출근시간이 근로계약 시간보다 일찍 이루어지는 경우가 많았다. 이유는 '업무량이 많아서' 또는 '직원들이 출근한 이후에 사무실을 청소하면 해당 방의 근무자들이 싫어하기 때문'이다(강승복, 2011:102). 문제점은 이러한 이유로 이루어지는 시간 외 노동은 노동시간으로 산정되지 않는다는 것이다.

> 근무시간은 6시부터 4시까지인데 실제로는 더 일찍 출근해요. 보통 4시 40분, 50분까지 출근하는데 그것은 업무량이 많아서죠. 용역회사는 이것에 대해 시간외 수당을 안 주는데 그것은 자기네는 6시부터 업무량을 줬다 이거죠. 그런데 업무량이 많아서 일찍 오는 거지, 누가 새벽잠 못자면서 안 떠지는 눈을 억지로 뜨면서 출근하고 싶겠어요? 6시에 출근해서는 일을 다 못 마치니까 우리는 어쩔 수 없이 일찍 출근하는 거예요. 청소를 못 마친다든가 하면 질책을 받고 불이익을 받으니까 일찍 와서 최선을 다해서 일을 하는 거죠. (53세, 박진희)

청소노동자들은 근로계약 시간보다 더 일찍 출근하여 1시간 이상의 시간 외 노동을 하고 있다. 이것을 용역회사도 알고 있으면서도 노동자들이 정해진 근무시간에 마칠 수 있는 업무량이라고 주장한다. 그러나 일하는 사람 입장에서는 근무시간에 마칠 수 없는 업무량이기 때문에 어쩔 수 없이 새벽 3~4시에 일어나 출근하는 것이다. 용역회사는 노동자들이 정해진 시간에 출근하면 일을 다 마치지 못한다는 것을 알고 있으면서도 새벽 시간에 이루어지는 일에 대해 임금을 지급하지 않는다.

청소용역 여성노동자들은 성별 직무분리로 임금 수준이 남성에 비해 더 낮은 것으로 알려져 있다. 2015년 기준 청소 및 환경미화원의 월평균 임금이 남성은 188만 3천 원, 여성은 123만 3천 원으로 여성의 임금은 남성의 65.6%에 불과하다. 청소 일도 성별분리가 되어 있어서 남성은 건물외곽 청소, 쓰레기 수거와 같은 일을, 여성은 주로 건물 내 사무실, 화장실과 복도 청소를 담당한다. 남성은 '외곽수당'의 명목으로 월 10~20만 원 더 많이 받는데 이러한 임금 차이를 여성노동자들은 '남자들 일이 더 힘들기 때문에 괜찮다.'고 말한다.

그러나 남녀 청소노동자의 임금 차이는 합리화될 수 없다. 남성노동자는 건물 외곽 청소, 무거운 쓰레기 수거 등 여성이 하기에는 힘이 벅찬 일을 하는 것은 틀림없다. 그러나 대법원 판례(2003.3.14. 선고, 2002도3883)에 의하면, 남녀 간에 직무가 다르더라도 그 차이가 작업조건, 책임, 기술과 노력의 면에서 임금 차별을 정당화할 만한 '실질적 차이'가 없는 한, "체력이 우세한 남자가 여자에 비하여 더 많은 체력을 요하는 노동을 한다든가 여자보다 남자에게 적합한 기계 작동 관련 노동을 한다는 점만으로 남성노동자에게 더 높은 임금을 주는 것이 정당화되지 않는다"(김엘림, 2003:4). 청소노동에서 남성과 여성의 일은 동일한 청소업무에 해당하는 것으로서 작업조건, 책임, 기술과 노력의 면에서 임금 차별을 정당화할 만한 '실질적 차이'가 없는 것으로 보인다. 또한 대법원 판례에 따라 청소업무의 성별분리는 상대적으로 남성의 우세한 체력을 이용하는 것이기 때문에 성별 임금 차이를 두는 것은 정당하지 않다.

한편 「남녀고용평등업무처리규정」(고용노동부 예규 57호, 2013.6.21. 개정)은 "임금 지급에 있어 성차별 행위로 보지 않는 경우를 ① 비교되는 남녀근로자가 같거나 비슷한 일을 하더라도 당해 근로자 사이의 학력·경력·근속연수·직급 등의 차이가 객관적·합리적인 기준에 의하여 임금이 차등 지급되는 경우와 ② 임금 형태를 직무급·성과급·능력급 등으로 정하여 비교되는 남녀근로자 사이에 직무, 성과 또는 능력 등의 격차가 구체적·객관적으로 존재함으로써 임금이 차등 지급되는 경우"(제4조 5항)로 보고 있다. 그런데 청소용역 노동자는 남녀가 동일한 또는 비슷한 일을 하는데 임금에 학력, 경력, 근속연수 등이 반영되지 않으며 직무급과 능력급 등에 의해 정해지는 것도 아니므로 성별에 따라 임금을 차등 지급하는 것은 성차별이라고 할 수 있다.

2) 사회적 무시와 강도 높은 감정노동

청소 여성노동자의 삶과 투쟁을 다룬 영화 '빵과 장미'를 보면 엎드려서 엘리베이터 틈새를 청소하는 여성노동자를 사람들이 아무렇지 않게 넘어가는 장면이 있다. 이 청소노동자들은 자신을 다른 사람들에게 보이지 않는, 존재가 의식되지 않는 '투명인간'으로 인식한다. "이들의 노동은 눈에 띄지 않는 새벽이나 이른 아침부터 시작되며, 되도록 청소하는 모습이 그 건물을 사용하는 사람들의 시선에 띄지 않도록 한다는 암묵적 가정이 지배한다. 그래서 이러한 서비스 노동을 '그림자 노동(shadow work)'으로 부르는데, 비가시성은 노동자가 눈에 띄지 않아야 한다는 의미도 있지만, 주변 사람들이 그들에게 관심이 없어서 옆에서 일하고 있어도 그들의 존재 자체를 인식하지 못한다는 의미도 담겨 있다"(Rollins, 1996:Macdonald, 1996; 김성희 외, 2006:137에서 재인용).

> 청소일을 하는 거를 사회적으로 낮게 평가하는 거에 대해서는 그럴 수밖에 없다고 생각해요. 배운 게 없어서 이런 일을 하는 거니까. 사회적으로 보면 제일 밑이니까. 청소일을 주로 여자들이 하니까 사회적으로 낮게 보는 것도 좀 있죠. 똑같이 하더라도 남자들한테 조금 더 주니까. 돈 없고 배운 게 없으니까 이런 일 하는 거고 그러니까 낮게 볼 수 있는 거죠. 돈이 있거나 배운 게 많으면 다른 걸 했을 테고. 전에 대학 나온 사람이 청소일을 하는 걸 봤는데 주변에서 별로 안 좋게 봐요. 대학 나온 사람이 이런 일 한다고. 대학 나와서 왜 청소일을 해? 그럴려면 왜 배웠어? 이 일은 배우지 않고도 할 수 있는 건데. 청소일 자체를 낮게 보는 거죠. (62세. 홍금순)

청소일과 청소노동자를 사회적으로 무시하는 경향이 지배적이다. 남성이 생계담당자라는 인식은 여성의 노동은 부차적인 것이라는 규정으로 이어지면서 고임금의 좋은 일자리는 남성의 차지가 되고 여성은 가족의 필요와 상황에 따라 노동시장 진입과 퇴장을 반복하면서 저임금 일자리에 종사하게 된다. 이러한 상황에서 저학력의 여성들은 50대 이상이 되면 직업을 고를 수 있는 선택의 여지가 거의 없는 상황에서 그나마 얻을 수 있는 일거리는 전통적으로 여성들이 담당해왔던 가사노동의 연장선상에 놓인 청소나 식당일이 대부분이다. 바로 이러한 점 즉, 가사노동의 연장선에 있는 일이고 주로 나이 많은 여성이 담당한다는 점 때문에 청소일은 여성적 일자리로 간주되고 가치가 낮은 것으로 평가되는 것이다.

> 소리를 지르고 윽박지르고 해서 자기 의견을 제대로 펼 수가 없어요. 사회에서는 이를 인권유린, 인권유린이라고 하는데 용역이라는 자체가 우리를 비굴하고 비참하게 만드는 거 같아요. 죄가 있다면 돈이 없다는 게 죈데 '청소일하는 주제에' 이렇게 봐요. 병동에서 환자나 보호자가 뭐라고 하면 무조건 네네 해야 하고. 이렇게 넘어가요. 귀는 있지만 입은 없는 거예요. 우리도 사람인데 환자를 대할 때는 저분은 아픈 사람 이렇게 대하는데 환자나 보호자

중에 우리를 아주 힘들게 하는 사람이 있어요. 그래도 살살 알겠습니다, 알겠습니다 해야지 한 번만 말대꾸를 하면, 내 의견을 말하면 일파만파로 커지죠, 일이. 진상 환자나 보호자에 대해 불평불만을 한 마디라도 했다가는 문제가 생기니까 전혀 말할 수가 없어요. 환자나 보호자가 화장실의 휴지통을 발로 툭 차고 바닥에 가래침을 뱉고 하는데 그런 것도 아무 소리 못하고 치워야 해요. (65세, 김종순)

청소일에 대한 낮은 사회적 가치평가는 이 일을 하는 청소노동자의 사회적 지위를 폄하하는 것으로 이어진다. 그리하여 병원에서 일하는 청소노동자는 고객인 환자와 보호자에게 말대꾸를 하거나 환자의 토사물이나 배설물을 긴급하게 처리해야 하는 상황에 조금이라도 늦게 나타나는 것은 용납이 되지 않는다. 이들은 자신의 잘못이 아닌 경우에도 말대꾸를 하지 못하고 항상 웃는 얼굴로 상냥하게 고객을 대해야 한다. '청소일 하는 주제에' 부당한 처우에 대해서 '말대꾸도 하지 말고' 시키는 대로 일만 하도록 강요받는 것이다. 청소노동자에 대한 낮은 가치평가와 인격적 무시는 청소노동자에게 강도 높은 감정노동을 요구하기도 한다.

3) 남성 작업반장과 관리소장의 가부장적 횡포

청소용역 여성노동자들은 소위 지저분하고 하찮은 청소일 자체보다는 인간관계로부터 받는 스트레스가 더 크다. 용역노동의 특성상 용역노동자들은 용역업체의 소장이나 반장에게서 업무 지시와 관리를 받고 있다. 사용업체는 용역노동자들을 효율적으로 관리하기 위해 남성 반장이나 관리소장을 중간에 내세우는데 이들의 횡포로 인한 스트레스가 만만치 않다. 또한 "일반미화원이 여성이지만, 관리감독 업무는 남성반장이 맡도록 제한한 업체가 적지 않다." (김성희 외, 2006:127)

입사해서 보니 사람 취급을 안 하더라구요. 아침에 조회시간에 보면 소장이 욕으로 시작해서 욕으로 끝나고. 맘에 안 들면 당장 나가라고 하고, 집에 가서 애나 보라고 하고. 뭐 욕하고 쌍소리하고. 노동자를 사람 취급 안하고 인권도 유린하고 이러는 걸 처음 입사하면서부터 알았어요. 소장은 아침마다 '조선시대 같으면 사람 취급 못 받는 종이나 마찬가지인데 어디 의자에 앉아서 쉬느냐, 쉬고 싶으면 일하다가 잠간 잠간 서서 조는 정도여야지 어디 의자에 앉아서 쉬느냐'고 이렇게 아침마다 큰소리로 심한 소리를 하고 '누구누구는 당장 나가라'고 소리치고. 그래서 그때 1년인지 2년 동안에 200명이 바뀌었어요. 12달 다 채워야 퇴직금 받는데 그 전에 닦달을 해서 내보내는 거죠. (68세, 이미숙)

남성 반장이나 관리소장은 여성노동자들에게 편파적으로 업무 분담을 하여 불만을 사는 경우가 종종 발생하고, 청소노동자들을 낮게 보고 인격적으로 무시하는 말이나 행동을 한다. 심지어 청소노동자들을 조선시대 노비에 비유하며 사람 취급을 하지 않고 툭하면 소리 지르고 욕설을 퍼부으면서 일 그만 두고 '집에 가서 애나 보라'고 한다. 여성노동자들에게 사소한 꼬투리를 잡아 상여금을 삭감하기도 하고, 정기적으로 선물을 상납받는 등 전횡을 일삼기도 한다. "군인 출신의 관리소장은 집합을 엄청 좋아해서 하루에 2~3번씩 여성노동자들을 집합시킨 사례"(「오마이뉴스」, 2008.3.6.)도 있었고 남성 직원이 해야 할 일까지도 여성노동자들에게 부당하게 시키는 일까지 발생하였다. 서울 소재 한 대학의 관리소장은 섹슈얼리티를 이용한 노동 통제를 하였다. 여성노동자들 중 '얼굴이 제법 반반하고', '남편과 이혼하거나 사별한, 그래서 생계를 혼자 책임지고 있는 여성노동자'를 재계약 보장을 대가로 '애인'으로 삼았고 노동자들을 감시하기 위해 이들을 첩자로 이용하였다. 이 여성들은 쫓겨나면 갈 곳이 없다 보니 어쩔 수 없이 관리소장과 그런 관계를 맺을 수밖에 없었다고 한다. 이것은 50~60대의 여성노동자가 주축인 노동현장에서 성을 이용한 노동 통제가 어떻게 이루어지고 있는지를 적나라하게 보여준다(조혁진, 2017:100).

D기업 평택공장의 청소용역 여성노동자 40여 명은 매달 10일 점심식사 후 소장실로 불려가 5평 남짓한 소장실 바닥에 쭈그리고 앉아 청소용역업체 소장이 차례로 나눠주는 월급명세서를 받는다. '김○○, 이번 달엔 83만 5,450원. 어이고, 많이 받아 가는데.' 이 회사에서 3째째 일하는 한 60대 여성은 '언젠가는 내의 바람으로 명세서를 나눠줘 참기 힘든 모멸감을 느꼈지만, 이 나이에 마땅히 돈벌이할 데도 없어 참을 뿐'이라고 말했다. 다른 여성은 '걸레질의 방향이 틀렸다'는 이유로 75만 4,420원 받던 2007년 6월치 상여금을 30%(21만 8,200원)나 깎았다고 주장했다. 상여금이 나오는 3, 6, 9, 12월에는

관리직원들의 괴롭힘이 심해 10만 원 안팎의 선물을 바쳐야 한다고 청소용역들은 입을 모았다. (한겨레신문, 2008.6.20.)

청소 업무는 대표적인 여성 집중 업종이다. 그러나 이곳에서도 소수의 남성 관리자가 다수의 여성 노동자들을 관리하고 통제한다. 똑같이 청소일을 하더라도 수가 적은 남성 미화원에게 많은 월급을 주고 작업반장으로 앉혀 여성 미화원들을 통제 관리하는 역할을 맡기는 사업장이 적지 않다(「연합뉴스」, 2008.3.7.). 압도적으로 여성이 많은 업종임을 생각하면 남성이 '관리하고' 여성이 '지시받는다'는 성차별적 구조가 지배하고 있음을 알 수 있다. 반장이 여성일 경우 경비 노동자가 청소업무에 대해 지시·감독하는 경우도 많다(이상선, 2011:12). 청소용역 여성노동자들에 대한 남성 관리소장이나 반장의 횡포가 발생하는 이유는 우리 사회에서 여성의 지위가 남성에 비해 전반적으로 낮아서 여성노동자는 열등한 노동력으로 규정됨과 동시에 여성이 하는 일이 평가절하되기 때문이다. 따라서 청소용역 여성노동자에 대한 남성 관리소장의 횡포는 여러 부분에서 우위를 차지하고 있는 남성들이 그렇지 못한 여성에 대해 가하는 일종의 가부장적 폭력인 셈이다.

03 노동조합과 당당한 노동자

1) 노동조합 활동의 계기

청소용역 노동자들의 노동조합 가입 비율은 3.8%로 전체 임금노동자의 11.3%에 비해 낮은 편이다. 노동조합 미가입 사유는 '노동조합이 없어서'가 91.0%로 가장 높았는데, 이는 전체 임금노동자의 76.2%에 비해 높은 수치이다(강승복, 2011:96). 청소용역 노동자 대상의 노동조합은 주로 대학 사업장을 중심으로 2005년경부터 설립되기 시작하였으나 그 수가 많지 않다. 하지만 노동조합이 결성되어있는 사업장에서는 가입률이 80% 이상으로 높은 수준이었다(강승복, 2011:104).

거리를 지나다가 시위를 하는 사람들을 보면 막 비난하고 그랬어요. 교통이 막히는 것도 짜증났고. 배부르고 할 일 없으니까 저런 짓을 하는 거지, 그렇게 생각했죠. 뉴스에서 나오는 것처럼 우리 사회를 위험하고 불안하게 만드는 거라고 보았죠. (65세, 김종순)

청소노동자들은 처음에는 대부분 노동운동이나 노동조합을 자신과는 거리가 멀거나 관계없는 것으로 생각하였다. 파업 중이거나 시위를 하는 노동자들을 접하면 '사회에 대한 불만이 많은 사람들' 또는 '반정부 성향을 가진 사람들', 심지어 간첩이라고 생각하고 이들로 인하여 발생하는 불편 때문에 이들을 비난하거나 욕하기도 하였다.

청소용역 여성노동자들이 노조를 결성하고 투쟁한 사례는 1997년 경제위기 직후부터 나타나기 시작하였다. 경제위기로 인한 임금 삭감과 해고가 가장 심각한 수준으로 먼저 진행된 부분이 청소노동이기 때문이다(이상선, 2011:17). 노조를 결성하게 되는 계기는 노동자들이 부당해고와 임금 삭감 등에 대한 대응으로 자발적으로 노조를 결성하는 경우와 상부노조의 조직화 사업의 일환으로 결성하게 되는 경우가 있다. 한편 대학교의 경우 노동자가 아닌 학생이 노동조합 설립의 최초 주체가 되기도 한다. 고려대의 경우 용역 재계약 시에 정년 단축으로 인해 집단 해고가 예상되면서 2004년 조합을 설립하게 되었다. 이화여대에서는 공공노조에서 추진하였던 대학교 비정규직 전략조직화의 일환으로 2009년 1년여간에 걸친 학생, 노동조합, 시민사회단체의 조직 활동 끝에 2010년 1월에 노동조합이 출범하였다. 경북대 청소용역 여성노동자들은 2001년 4월 전국여성노조가 용역여성노동자 실태조사를 하면서 그때의 만남을 계기로 7월에 전국여성노조 대구지부에 가입하면서 노조 활동을 시작하게 되었다(이상선, 2011:17–20). 학생들이 노조 조직화에서 주도적인 역할을 담당한 사례는 연세대에서 찾아볼 수 있다.

2009연도에 노조를 만들었는데 학교에서 고용 승계를 안하고 사람을 4명을 잘라서 시작한 거예요. 그때는 용역업체에서 사람이 안 나와 있었고 학교에서 직원이 관리를 했는데 그 사람이 좀 편파적으로 일을 했죠. 자기 마음에 안 드는 사람을 자르려고 한 거예요. 잘리지 않으려고, 해고를 못하게 하려고 노조를 만들었어요. 당시에 직원노조 사람이 노조를 만들어보라고 하더라고

요. 그리고 내가 그때 이미 고대에서 노조를 만들고 하는 걸 들었었고. 그래
서 내가 한번 노조를 만들어 보자 하는 생각이 들었었죠. 그래서 시작하게
된 거에요. 노조가 생기고부터는 정년까지 고용 승계가 당연히 되는 거죠.
우리들은 고용 승계를 1순위로 중요하게 생각해요. 그래서 해고 불안이 없어
졌어요. 나도 그때 용역업체가 바뀔 때 해고되었다가 다시 들어온 거예요.
(57세, 김미숙)

청소용역 여성노동자들은 사용업체의 관리직원이 노동자들을 부당하게
해고를 하려고 하자 이에 대한 대응의 필요성을 느끼고 노동조합을 결성하게
된다. 비정규직 노동자들이 노동조합을 만드는 결정적인 계기는 바로 고용의
불안정으로 인한 불안감 때문이다. 특히 사회복지 제도가 미흡한 우리 사회에
서 해고는 노동자들에게 생존의 위협으로 다가오기 때문에 노동자들은 부당
해고에 대해 크게 반발하고 적극적으로 대응하게 된 것이다. 청소용역 여성노
동자들은 다른 사업장에서 노조를 만들었다는 소식도 듣고 사용업체에 이미
존재하는 직원노조원의 격려를 받으면서 용기를 내어 행동으로 옮긴다. 노동
조합을 만드는 초기에는 지역의 사회단체 및 노동단체와 그리고 대학의 경우
해당 대학교의 학생운동이 힘을 실어주기도 한다.

2) 노동조합 활동의 성과

청소용역 여성노동자들은 노조활동을 통해 소기의 성과를 거두게 된다.
이들은 사용업체와의 단체협약을 통해 해고 무효, 용역업체와의 재계약이나
신규계약 시 고용 승계를 보장받고 더 나아가 정년을 68세로 그리고 70세로
연장시키는 성과를 달성하기도 하였다. 또한 최저임금에도 못 미치던 임금을
그 이상으로 끌어올리기도 했다. 이 외에도 휴게 공간 확보, 직업병이나 산업
재해에 대한 적절한 조치 등을 이끌어냈다. 이 결과들은 노동조합을 중심으로
하는 노동자들의 단체 협상력이 없었다면 불가능했을 것이다.

청소미화원들은 청소 작업의 특성상 사람들이 공간을 많이 이용하는 때
에는 청소를 할 수 없다. 따라서 일이 연속적이지 않기 때문에 일하지 않을
때 쉴 수 있는 공간이 필요하다. 그런데 휴게 공간의 환경은 어둡고 비좁기
일쑤이다. 대부분이 처음부터 휴게공간으로 마련된 것이 아니라 공간을 다 배
치하고 남은 자투리 공간을 활용했기 때문이다. 종로 5가 지하상가의 경우 도

구실에 비좁게 스티로폼을 깔고 앉아 있다가 최근에서야 휴식공간을 마련했다고 한다. 건물의 가장 어둡고 불편한 곳이 청소용역 여성노동자들의 휴식공간이었다고 봐도 틀리지 않는다(이상선, 2011:11-12).

> 노조가 있기 전에는 이 계단 밑의 휴게실도 없었어요. 처음에는 문도 없어서 합판을 대고 있었는데 이번에 문을 해서 단 거고. 지금 바닥에 난방시설도 안 되어 있어서 전기장판 쓰고 있어요. 관리자도 개집 같다고 했어요. 전과 비교하면 그래도 이젠 호텔된 거예요. (52세, 장문희)

> 노조가 생기기 전에는 휴게실다운 휴게실이 없었어요. 아주 좁았고 배선실이라고 해서 전자파가 있는 공간에서 좁았죠. 밥도 못 해 먹게 하고 텔레비도 없고 냉장고도 없었고, 그때는 계단 밑에서 쉬고 했는데, 이제는 산업안전보건법이라고 해서 그런 배선실엔 못 들어가게 하고, 휴게실이 몇 개 생겼어요, 노조가 생기고 나서. (68세, 이미숙)

이들의 열악한 휴게공간문제는 비인격적 처우의 하나로 꼽을 수 있다. 청소용역노동자들의 휴게공간은 실제 화장실 내, 계단 아래 창고 또는 지하창고인 경우가 대부분으로 이곳에서 식사, 휴게 및 수면을 취하고 있는 실정이다. 한 신문기사에 의하면 서울시 교육청은 2014년 8월부터 교육청에서 일하는 청소용역 노동자 23명에게 직원 식당에서 아침식사를 제공하기로 하였다(한겨레신문, 2014.8.18.). 그전에는 오전 5시 30분~8시에 청소를 한 후 담당 층의 화장실이나 청소도구 보관실에서 각자 준비해온 음식으로 식사를 하였다. 비인간적인 휴게공간문제를 청소용역 여성노동자들은 노동조합을 결성한 후 해결해 나갔다.

청소용역은 용역계약에 의해 수행하는 독립된 업무영역이기 때문에 원청 관계자가 구체적인 작업지시나 감독을 직접 행하는 것은 불법행위이다. 그런데 이러한 사례는 흔하게 일어난다. 청소용역 노동자들이 일하면서 겪는 부당한 경험들 가운데 가장 빈번하게 발생하는 유형은 정해진 청소업무 이외의 업무 지시로서 절반 가량의 청소용역노동자들이 경험한 것으로 나타났다(김성희 외, 2006:25).

여기 사용업체와는 건물의 청소와 미화만을 하는 걸로 계약한 건데, 정해진 업무가 아닌 것도 정말 많이 시켰어요. 여름에는 건물 밖에서 잔디밭 풀 뽑기 같은 것도 했어요. 사실 그거는 따로 사람을 사서 해야 되는 일이거든요. 더 심한 거는 설립자 가족의 집에 가서 정원 청소와 풀 뽑기까지 1년에 4번, 5번 했다는 거예요. 설립자 묘지의 벌초까지도 했다니까요. 설립자 가족, 친척, 아내의 산소 벌초까지 시킨 거지. 여자 남자 다 동원해서요. (57세, 김영숙)

용역노동자들의 업무 수행에 대한 지시와 관리를 그들이 소속되어 있는 용역업체에서 직접 하지 않고 사용업체에서 하다 보니 계약 시에 담당하도록 되어 있는 업무 외의 일도 하게 된다. 정해진 업무 외에도 이들 여성 청소노동자들은 건물 밖의 잔디밭까지 관리하는 일을 하도록 종종 지시를 받았다. 더욱 심한 경우에는 원청업체 설립자나 소유주의 사적인 일이나 가정의 일까지도 수행하도록 지시를 받는 사례가 발생하기도 한다. 예를 들어 연세대학교에서 가장 많은 구역의 시설관리를 담당하고 있는 명신개발이라는 회사의 부장이 청소노동자들에게 매년 두 차례 '봉사' 명목으로 자신의 부인이 권사로 있는 교회의 청소를 강제로 시킨(김종진, 2009:60) 일도 있었다.

사용업체의 부당한 지시 및 관리 그리고 정해진 업무 외의 일을 수행하도록 지시를 받을 때 대부분의 노동자들은 묵묵히 따를 수밖에 없다. 사용업체의 눈 밖에 나면 용역 재계약 시 고용이 승계되지 않을 수 있기 때문이다. 편파적이며 비공식적인 업무 지시와 지나친 감독은 노동자들의 업무 스트레스를 가중시켜 노동의욕을 상실케 하는 주요 원인이 되기도 한다. 정해진 청소업무 이외의 업무에 대해 그리고 사용업체의 업무 관리 감독에 대해 부당함을 느끼고 있던 여성노동자들은 노동조합을 결성하고 문제 해결에 적극적으로 나섰다. 그리하여 계약상 정한 청소업무만을 수행하고 사용업체가 아닌 용역업체의 업무 관리 감독으로 바꾸는 성과를 달성하였다.

청소일은 무거운 짐이나 쓰레기를 옮기고, 계단을 오르내리고, 높은 곳에 올라가기도 하고, 걸레를 빨아 물기를 짜고, 독한 세제를 사용하는 일이 대부분이기 때문에 노동자들의 건강에 좋지 않은 영향을 준다. 청소노동자들은 일하는 과정에서 다치기도 하고, 어깨, 무릎, 손목, 팔, 허리, 피부 등에 만성적인 질환이 생기기도 한다. 심지어 팔, 다리가 골절되기도 하고 사망에 이르는 경우도 발생한다. 그런데 노동하는 과정에서 발생하는 사고나 질환에 대해서 직업병이나 산업재해로 인정받기가 어려웠으나 노동조합이 생기고부터 비로소 산재 처리가 가능해지기도 했다.

어깨가 아프고 다리 관절 아픈 사람도 많죠. 관절은 거의 다 있죠. 일하다가 다치는 경우도 있어요. 쓰레기 들고 가다 넘어져 다치는 사람도 있고. 그런데 노조가 있으니까 산재 처리하고. 노조가 있기 전에는 산재 처리는 생각도 못하고. 그때 여기서 죽은 사람도 있어요. 아파서 죽은 사람도 있고. 아침에 출근해서 죽은 사람도 있는데 지병으로 죽었다고, 남잔데 술 먹고 죽었다 해서 잘 처리를 못했죠. (57세, 김영숙)

위험한 약물이나 세균에 실제로 감염된 경우가 종종 있어요. 주사바늘에 찔리는 경우가 있는데 세균이나 에이즈 등 다양하죠. 주사바늘에 찔렸을 땐 주사바늘을 간호사실에 가지고 가서 얘기를 하면 응급처치를 해주고 피를 뽑아서 검사를 해주고 하는데 그런 건 좀 해주죠. 병원에서는 주사바늘에 안 찔려본 사람이 없어요. 찔리면 응급조치를 하는데 옛날에는 그냥 물로 씻어내고 했는데 요즘엔 검사실로 가라고 하더라구요. 주사바늘에 찔리는 것도 노조에서 말이 없었으면 암암리에 그냥 넘어갔을 거예요. 서울대병원에서 58세 된 아줌마가 에이즈환자의 주사바늘에 찔려서 그게 MBC에서 방송을 탔거든요. 그래서 우리가 주사바늘에 찔리면 어떤 주사바늘에 찔렸는지 알려요. 나도 고무장갑과 면장갑이 뚫릴 정도로 큰 바늘에 찔려서 주사 8방을 맞았는데 간호사가 이것은 뭐라 뭐라 하는데 우리는 알아들을 수 없는 말이고. 이런 조치도 그때 서울대병원에서의 그 일이 방송을 타지 않았으면 그냥 예전처럼 대충 넘어갔을 거예요. 예전엔 찔리면 물에 피를 씻고 그냥 일을 했대요. 사용한 주사바늘을 박스나 비닐봉지에 꼭꼭 담아서 내놓아야 하거든요. 그래서 발로 밟거나 손으로 꼭꼭 눌러야 하는데 아무리 조심해도 그때 많이 찔리죠. (53세, 박진희)

병원에서 일하는 청소노동자에게는 일터가 위험한 공간이기도 하다. 병원 청소노동자들은 위험한 약물이나 세균에 노출되어 있어서 사용한 주사바늘, 환자의 피나 약물이 묻은 솜이나 휴지, 환자의 배설물과 토사물 등을 처리하는 과정에서 감염될 수 있기 때문이다. 그런데 주사바늘에 찔리거나 약물이나 세균에 노출되었을 때 적절한 조치를 받고 있는지가 분명하지 않아 노동자들은 불안해한다. 약물이나 세균에 대한 의학적 정보나 지식이 부족한 상황에서 간호사가 형식적으로 간단하게 설명해주는 것을 이해하는 것은 쉽지 않다. 일하는 과정에서 건강에 크고 작은 영향을 줄 수 있는 위험에 노출되는 일이 종종 발생하는데 이에 대한 적절한 조치가 또한 거의 없었다. 앞의 <박진희>의 사례와 같이 방송에 그 실태가 알려지거나 사업장에 노동조합이 존재하는 경우라야 주목받고 적절한 조치를 받게 되는 것이 현실이다.

청소용역 여성노동자들은 노동조합이 있기 전에는 무권리의 상태에서 최저임금 미만의 저임금, 일상적인 해고 위협, 부당 해고와 비인간적인 휴게 공간 및 처우 등에 대해 불평 없이 시키는 대로 일만 하였다. 그러나 노동조합을 중심으로 단결하여 하나하나씩 노동조건을 변화시키고 노동자로서의 권리들을 획득해 가면서 노동조합과 노동자 자신의 힘을 인식하게 되었다. 자신을 둘러싸고 있는 불합리한 환경과 부당한 대우에 저항할 힘을 가지고 있음을 자각하게 된 것이다.

3) 당당한 노동자로 거듭나기

일련의 노동조합 활동 경험을 통해 노동자들은 노동조합과 노동자 집단의 힘을 실감하고 그 필요성을 인식하게 된다. 일하는 사람들을 위해 노조가 필요하고 노동자들이 노조를 중심으로 단결하고 연대한다면 노동문제를 해결할 수 있다고 생각하게 된 것이다. "파업과 같은 집단행동은 노동자 학교라고 명명될 정도로 그 자체로 노동자들이 의식화되고 다양한 경험을 통해 훈련되는 계기로 인식되고 있다. 집단행동은 규모와 위상 면에서 운동주체들의 단결력이나 물리적 힘에 의해 많은 영향을 받지만, 오히려 역으로 집단행동의 경험 자체가 운동의 주체들에게 커다란 변화를 가져오는 계기가 되기도 한다"(혜영, 2008:20).

전에는 회사에서 뭐라 해도 바른 소리도 못하고 그냥 시키는 대로 했던 여성노동자들은 투쟁의 경험을 통해 지금은 임금 인상, 휴식 시간과 휴게 공간과 같이 노동자가 당연히 누려야 할 권리들을 위해 적극적으로 목소리를 내는 노동자가 되어 간다. 이들은 노조 활동과 노동운동 경험을 통해 자신들이 열악한 노동조건과 비인간적인 대우를 변화시킬 수 있음을 깨닫게 되고 기업, 정부 및 언론의 유착관계를 파악하면서 비판적인 인식을 가지게 되었다. 또한 이들의 의식은 노동자들이 연대하여 노동자들의 권리를 적극적으로 찾아야 한다는 노동자 연대 의식으로까지 발전하게 된다.

> 남들한테는 무슨 일을 하는지 말하지 않았어요. '집에서 그냥 놀아.' 이렇게 말했어요, 처음에는. 지금은 그런데 '대학에서 청소일을 해.'라고 당당하게 말해요. 이렇게 당당해진 거는 노조를 하다 보니 이렇게 된 거 같아요. 노조에서 "우리는 유령이 아니다, 청소일도 사회에 필요한 일이고 그런 일을 하는 사람이니 주눅들 이유가 없다, 당당해라."라고 얘기를 해 주니까 이렇게 된 것 같아요. 지금은 당당해요. (57세, 김영숙)

> 청소하는 거에 대해 누구한테도 부끄럽게 생각을 안 해 봤는데. 사회적 인식이 나쁜 거는 부당하다고 생각하죠. 청소는 누군가 해야 될 일이고 그런데 사무 보는 거라든가 이런 거만 좋아하고 아무도 청소일을 안한다면 어떻게 되겠어요? 우리가 이런 청소일을 하는 게 다 필요해서 하는 거고, 나는 그래서 자부심을 갖고 하는 건데. 나이 먹어서 하나도 부끄럽지 않은데 이런 걸 부끄럽게 보는 걸 부당하다고 봐. 거리에서 청소하는 사람이 없다고 생각해봐요. 거리가 어떻게 되나. 여기도 우리가 며칠만 청소를 안 해도 난리도 아닌데. 그런 경험을 해봐야 청소하는 사람이 필요하다는 걸 알아요. (63세, 최은자)

청소노동자에 대한 사회적 시선은 그다지 긍정적이지 않다. 심지어 연말에 정치인들이 관내 청소노동자들에게 성금을 전달했다는 뉴스가 보도될 정도로 청소노동자를 불쌍하고 도움이 필요한 존재로 여기고 연민 어린 눈으로 보기도 한다. 그러나 청소용역 여성노동자들은 이러한 동정적인 시선을 거부한다. 청소용역노동자들은 노동조합의 교육과 활동을 통해 청소노동의 사회적 가치와 의미를 발견했으며, 더 나아가 청소노동자로서 삶이 개인적으로도 의미 있음을 인식한다. 이들은 청소노동은 사회의 유지를 위해 누군가 반드시 해야 하는 일이기 때문에 청소노동자로서 자부심을 갖고 있다. 또한 나이 들어서도 일을 할 수 있고 떳떳하게 돈을 벌기 때문에 일이 재미있으며, 직장에서 만나는 동료와의 관계가 즐거워서 정신건강에도 좋다고 생각한다. 비록 청소노동과 노동자에 대한 사회적 가치 평가가 낮을지라도 여성노동자들은 자신의 청소노동에 대해 중요한 의미를 부여하면서 자신을 당당한 노동자로 그리고 삶의 주체로 인정하고 있다.

이상 살펴본 바와 같이, 청소용역 여성노동자들은 가사노동, 가족 돌봄노동 그리고 생산노동을 담당하면서 이중 삼중의 부담을 책임져왔다. 여성에게 규정된 성역할로 인해 가사 및 돌봄노동을 담당함과 동시에 부차적인 노동자로서 주변적인 청소노동을 수행해왔던 것이다. 성별분업 이데올로기가 지배적인 우리 사회에서 남편들은 가사노동을 자신의 책임으로 여기지 않기 때문에 가사분담에 매우 소극적이어서 여성의 역할이 가중되어 온 것이다.

청소용역 여성노동자는 용역노동의 특성뿐만 아니라, 관행이 된 무급의 시간 외 노동과 청소업무의 성별분리로 인해 차별적인 저임금을 받고 있다. 또한 청소일에 대한 낮은 사회적 평가가 청소노동자의 사회적 지위를 폄하하는 것으로 이어져 사회적·인격적 무시를 당하고 강도 높은 감정노동을 수행하게 된다. 게다가 용역업체의 관리소장이나 작업반장으로부터의 가부장적 횡포에 시달리기도 한다. 그러나 청소용역 여성노동자들은 열악한 저임금과 노동조건에 굴하지 않고 노동조합을 결성하여 이러한 문제들을 점차 해결해 나가고 있다.

01 청소노동자 대부분은 50대 이후 중고령의 여성이다. 그 이유가 무엇인지 생각해보자. 그리고 하루 동안 청소기, 물걸레, 수세미, 세제 등 청소도구를 이용하여 거실, 방, 화장실의 청소를 직접 해보고 노동 강도를 알아보자.

02 청소일을 하는 여성노동자 대부분은 빈곤한 여성으로 가계를 책임지고 있다. 여성은 빈곤집단의 2/3를 차지하고, 여성 빈곤집단 중 2/3가 또한 여성노인이라고 한다. '빈곤의 여성화'라는 말은 있어도 '빈곤의 남성화'라는 말은 없다. 그 이유가 무엇인지 알아보자.

03 몇 년 전부터 용역으로 일하고 있는 청소 및 경비 등 시설관리 노동자의 열악한 임금수준 및 처우를 개선하기 위해 몇몇 지자체에서 생활임금을 지급하고 직접고용 형태로 전환하고 있다. 생활임금이 무엇인지 찾아보고, 직접고용 형태로 전환했을 때 어떤 이점이 있는지 사례를 찾아 알아보자.

◇ 참고문헌

강승복(2011), "청소용역 서비스업의 근로실태", 『노동리뷰』, 2011년 10월호, 92~
　　108쪽.

고용노동부 예규 제57호(2013.6.21. 개정), 「남녀고용평등업무처리규정」.

김성희(2007), "청소용역 노동자의 인권상황 실태와 해결방안", 국가인권위원회 광
　　주지역사무소 주최 『청소용역 노동자 인권개선을 위한 토론회』 자료집 발표문
　　(2007.6.14.)(미간행).

김성희·조돈문·윤정향·조임영·김주일·남우근·김민정(2006), 『청소용역 노동자의
　　인권상황 실태조사』, 국가인권위원회 연구보고서.

김엘림(2003), "동일가치노동·동일임금원칙에 관한 쟁점", 『노동법학』, 제17호, 1~
　　24쪽.

김종진(2009), "연세대시설관리 청소용역노동자조직화사례", 『노동사회』, 2009년 5월
　　호, 55~66쪽.

남진열·김여선·문성호·고관우·송서순(2017), 『국회 청소근로자의 직접고용 전환
　　효과에 관한 연구』, 국회사무처.

이상선(2011), "청소용역노동자들의 근로실태 및 문제점", 참여연대 노동사회위원회
　　·민주노동당 홍희덕의원실 주최 청소노동자 근무환경 개선과 고용 불안 해소를
　　위한 좌담회 『월 75만 원, 하루밥값 300원, 과연 공정한 고용계약인가?』 자료집
　　발표문(2011.1.18.)(미간행).

조상균(2007), "청소용역 노동자의 인권상황 실태조사: 법적 문제점을 중심으로", 국
　　가인권위원회광주지역사무소 주최 『청소용역 노동자 인권개선을 위한 토론회』
　　자료집 발표문(2007.6.14.) (미간행).

조혁진(2017), 『간접고용 비정규직 노동조합운동의 연대와 적대의 동학－대학 시설
　　관리서비스작업장을 중심으로』, 연세대학교 대학원 사회학과 박사학위논문.

최인이(2009), "유통 서비스업 여성비정규직 노동의 성격과 차별 양상에 대한 연
　　구", 『한국 사회학』, 제43집 1호, 89~129쪽.

통계청(2019), 『2019년 생활시간조사』.

혜영(2008), "집단행동을 통해 본 여성노동자의 임파워먼트", 여성문화이론연구소 주최 제29회 여이연 콜로키움 『2008년, 여성노동운동을 한다는 것』 자료집 발표 문(2008.3.28.)(미간행).

Chaykowski, R. P. and L. M. Powell(1999), "Women and the Labour Market: Recent Trends and Policy Issues", Canadian Public Policy / Analyse de Politiques, 25, pp. 1 – 25.

Drobnič, Sonja, Hans – Peter Blossfeld and Gotz Rohwer(1999), "Dynamics of Women's Employment Patterns over the Family Life Course: A Comparison of the United States and Germany", Journal of Marriage and the Family, 61(1), pp. 133 – 146.

Fredman, S.(2004), "Women at Work: The Broken Promise of Flexibility", Industrial Law Journal, 33(4), pp. 299 – 319.

Walker, Alexis J.(1992), "Conceptual Perspectives on Gender and Family Caregiving",Dwyer, Jeffrey W. and Raymond T. Coward(eds.), Gender, Families, and Elder Care, Newbury Park: Sage Publication.

〈신문 기사〉
연합뉴스(2008.3.7.), "'청소아줌마·보육교사' 돌봄노동자에겐 먼 '女權'".
오마이뉴스(2008.3.6.), "아가씨 6개월, 새댁 3개월… 이래도 참아?".
한겨레신문(2014.8.18.), "'화장실 말고 식당서 드세요' 서울교육청 미화원에 조식".
한겨레신문(2008.6.20.), "청소 아줌마노동자들 '용역소장 횡포 너무해'".

CHAPTER 09

패션모델의 일 특성과 노동경험

몸이 정체성의 중요한 부분으로 인식되는 현대 한국사회에서 젊은 여성들은 끊임없이 몸 이미지 관리를 위한 실천을 요구받고 있다. 대중매체의 발달로 인해 외모지상주의 이데올로기가 급속히 전파됨에 따라, 아름다움에 대한 추구나 특권은 소수의 경험을 넘어 일반인에게도 퍼지게 되었다. 외모지상주의는 일반인들의 공감대를 확장시키고 젊은 여성들 사이에서는 '현실에서의 이미지 재현'으로 유포되어 왔다(임인숙, 2004:96). 여성은 날씬해야 한다는 기대치가 또래집단 내에서 공유되었고, 다이어트를 포함하여 소비사회에서 제공하는 갖가지 몸만들기 수단과 관리방식을 광범위하게 수용하게 된 것이다. 이와 같은 인식 변화와 실천을 경험하면서 몸에 대한 이상형을 충족한다고 여겨지는 모델 직업이 젊은 여성들 사이에서 선호되는 직종으로 자리 잡게 되었다.

01 여성의 몸과 사회문화적 의미

한국에서 영화와 텔레비전의 역할이 중요해지기 시작한 1960년대와 70년대만 해도 미인의 기준은 통통하고 덕스러운 이미지였으나, 1980년대에는 서구적 체형과 얼굴형이 높이 평가되는 방향으로 변화하였다. 1990년대 들어 이러한 경향은 더욱 심화되어 90년대 말에는 슈퍼모델형의 마르고 작은 얼굴이 찬미되는 등 서구적인 외모가 미인의 전형으로 자리 잡아갔다(최옥선, 2005). 한국 최초의 미인선발대회는 1957년에 시작된 미스코리아 대회였는데, 미스코리아로 뽑히면 많은 상금과 함께 최고 미인으로서의 유명세를 타기도 했다. 하지만 판박이 형식의 진행과 앵무새처럼 자신의 꿈을 얘기하는 여성들의 정해진 말투로 인해 대중의 관심이 식기 시작했다. 뿐만 아니라 합숙을 거치면서 대회 당일까지 계속되는 불화, 금품 수수 논란, 유명 미용실 간의 신경전 등이 문제시되었다. 또한 여성들의 외모를 지나치게 강조하고, 신체 사이즈로 여성을 규정하는 것은 시대착오라는 비판과 함께 성적 대상화가 문제되었고 안티미스코리아 대회가 열리면서 지상파 방송들은 미스코리아 대회 생중계를 2002년 중단했다. 시청자들의 관심이 식어버린 미스코리아 대회와는 달리 1992년 SBS 방송 주최로 개최된 슈퍼모델 대회는 서구적 미를 대변하는 여성들을 선발한다는 면에서 새롭게 받아들여졌고 우승자는 톱모델로 인정받는다는 점에서 전문가 등용의 문으로 인식되었다.

현대사회에서 서구체형이 미의 기준으로 수용되고 타고난 신체조건이 경쟁력을 갖게 되면서 마르고 키 큰 여성을 선호하게 되었다. 소비자본주의 사회에서 서구체형과 같은 신체조건은 희소가치로 인정되어 경쟁력을 갖게 됨에 따라 여러 대중매체를 통해 미의 기준으로 각인되었고 소비 창출을 위한 새로운 이미지로 재현되었다. 이러한 경향은 남성보다는 여성들에게 더욱 가시화되어 나타나는데, 여성은 멋진 외모를 유지하기 위해 타인의 시선을 내면화하여 몸을 검열하도록 가부장제 사회의 문화적 압박을 지속적으로 받기 때문이다. 여성의 몸은 "몸이 처한 공간의 지평에 따라서 다양한 무늬와 주름과 풍경이 몸 위에 새겨진다."는 냅(Knapp)의 지적처럼 몸이 가지는 함의는 시대별로 사회문화적 기대치를 반영하여 다양하게 나타난다(냅, 2006:6). 오늘날 몸은 곧 여성 개인의 정체성으로 인식되고 있으며, 이에 따라 여성의 몸 자체가 직접적인 '자본'으로 활용될 수 있도록 재구성된다. 쉴링(Shilling)에 따르면 사람들은 현대사회에서 유리한 조건과 자본을 구축하기 위해 몸 재구성 프로젝트에 더욱 더 많은 시간과 자본을 투여하고 있다(최옥선, 2005). 부르디외는 '몸 프로젝트'에 대해 부정적 시각을 지니는데, 몸이 개인의 정체성으로 읽혀지는 사회에서 압력을 행사하는 쪽이나 수용하는 쪽이나 모두 의식하지 못한 채 '암묵적 형태의 공모'로 이루어진 폭력으로 기능한다고 본다(부르디외, 2000:26). 중립적인 입장에서 대중매체의 영향력을 설명하는 보르도 역시 가부장적 문화의 요구와 여성의 자발적 공모과정에 주목해야 할 필요성을 제기했다(보르도, 2003:38). 이러한 개인의 자발성은 미셸 푸코의 논의처럼 위로부터가 아니라 아래로부터 작동하는 것이며, 개인의 자기 검열과 규범에 의한 자기 교정을 통해서 실천된다(한서설아, 2000:31). 여성이 자신의 몸에 대해 어떻게 생각하고 있으며, 어떠한 노력을 통해 몸을 가꾸는가는 개인이 세상을 어떻게 바라보고 있는가와 깊은 연관을 맺는다.

    하지만 이는 가부장적 가치관을 적극 수용한 결과로, 여성들은 결국 주체성이 결여된 채 남성적 응시로 자신의 몸을 검열하는 무력한 존재로 비판되기도 한다(윤조원, 2005:104-105). 하우그는 이와 같은 여성의 몸 관리 노력을 '강압적 자발' 또는 '자발적 종속'으로 규정한다. 여성들이 자신의 몸 만들기에 집중하는 것은 다양한 몸에 대해 인정하는 방식이 아니라 몸의 기능을 미적 대상으로만 취급하는 태도라는 것이다. 여성들이 자신의 육체를 가꾸어 여성적 매력을 강화시키고자 치중하는 것은 세계를 편협하게 이해하고 특정한 방식으로만 세상을 대하고 있음을 입증하는 것이다(하우그 외, 1997:33). 따라서 야윈 모델들도 날씬함을 유지하기 위해 문명의 주요 패러독스 중의 하나인 '아름다움과 억압의 결합'을 일상적으로 실천하고 있는 것이다(보드리야르, 1991:214-215). 하지만 여성들은 권력적 시선을 수용하기도 하지만, 때로는 문화적 관행에 저항하는 행위자로 기능한다고 보는 입장도 있다(이수안, 2008:191-193). 이와 같이 여성의 몸 이미지는 개인과 사회의 상호작용에 의해 구성되는 특징을 지니며, 개인은 사회문화적 영향으로부터 자유롭지 않음을 알 수 있다. 한국 사회에서 강조되는 외모중심주의는 소비사회에서의 여성 육체의 상품화 과정과 연결되어 있다. 소비자본주의 사회에서 여성의 몸은 점점 더 노골적으로 자원화되고 정당화되어 몸 자체가 여성성을 상징하는 것처럼 나타나고 있다(문은미, 2000). 아름다운 몸이나 외모를 가진 여성들에게 부여되는 사회적 인정과 보상들은 여성들을 더욱 치열한 경쟁 속으로 밀어 넣고 있다. 여성들은 몸매를 가꾸는 것이 자신의 사회적 가치를 높이는 것으로 인식하게 되었고 경쟁력 있는 육체 자본을 활용하여 자신의 성공에 날개를 달아줄 수 있다고 믿게 된 것이다.

1) 패션산업과 모델의 여성성 이미지

패션산업이 부가가치를 높이는 문화산업으로 부상하고 있는 가운데, 점차 기획사의 역할이 커지고 있다(양의식, 2004:2-3). 기획사는 소비자의 패션 상품 구매 욕구가 증가하도록 새로운 이미지 창출에 주력하고 있다. 이는 루카치(Lukács, 1971)가 지적했던 '물화 현상'으로 인간 욕망의 대상이 상당 부분 상품으로 환원되어 나타나고 있으며, 이미지의 생산과 유통이 상품교환망 속에서 형성된다. 패션산업이 부상함에 따라 모델은 패션산업의 주요 아이콘으로 자리 잡게 되었고, 기획사는 모델들이 대중에게 어필하게끔 지도하는 역할을 맡고 있다. 모델의 몸 관리에 주력하면서 특정 부위를 성형하라거나 어떤 방식의 다이어트를 하라는 등 코치한다. 이 과정에서 여성성의 이미지가 강한 몸을 지닌 패션모델들은 부러움의 대상이 된다. 새로운 스타일이나 유행을 창출하기 위해 모델들은 소비 촉진에 활용되며, 상품의 브랜드 이미지를 강화시키기 위해 끊임없이 훈련받고 있다(Wissinger, 2009:274-275). 현대 소비사회에서 여성의 매력은 소비 창출과 영리 추구를 위해 이용되고 있기 때문에 노동시장에서 쉽게 자원화된다. 이와 같은 경향은 1990년대 들어 더욱 뚜렷해졌으며, 외모와 신체가 중시되는 20대 여성에게서 가시화되어 나타난다. 모델들은 직업 특성상 패션산업에서 이상화되고 있는 몸 이미지를 일반 여성들보다 훨씬 빨리 수용하는 경향을 보인다. 크레이크(Craik)의 지적처럼, "모델업의 선봉에 섰던 것은 소비자본주의의 여성화"였다(크레이크, 2001:138). 모델들은 일반 여성과는 구분되어 돋보이는 '차이의 기호(부르디외, 1995:279)'를 생산하기 위해 경쟁력 있는 육체자본을 형성하고자 기획사의 요구를 적극 수용한다. 부르디외는 이처럼 현대 사회에서 몸이 '구별 짓기'를 통해 계층과 계급의 상징으로서 존재할 뿐만 아니라, 사람들은 몸에 자원을 축적함으로써 권력을 성취하게 되었다고 주장한다.

하지만 부르디외는 몸을 논의하는 과정에서 젠더 관점을 배제했다는 한계를 지니고 있다. 이와 같은 한계점을 인식한다면, 소수의 상징화된 패션모델들의 몸이 재생산되는 방식을 연구함으로써 권력자들이 여성의 몸을 어떤 방식으로 통제하는지 주목할 필요가 있다. 몸을 자원화하는 대표적인 직업이 패션모델로 이는 여성의 몸이 다른 직업 능력 이상으로 교환가치를 인정받기 시작했기 때문이다. 뉴욕시 패션모델 양성과정을 연구한 미어스(Mears, 2006:3 -4)는 패션모델들의 몸이 이상화된 여성성을 상징하므로, 수백만 명의 일반 여성들이 자신의 몸에 대해 불안감을 느끼게 되었고 자아존중감이 낮아질 정도로 모델들로부터 자극을 받는다고 설명했다. 이러한 현상의 이면에는 여성의 몸을 이용하여 패션과 뷰티산업을 증진시키고 이윤을 창출하려는 자본의 목적이 연결되어 있다고 보았다. 즉, 모델양성 시장이 젠더 질서를 바탕으로 구성되고 있으며 경제자본과 복잡하게 얽혀 있음을 미어스는 연구결과를 통해 밝히고 있다.

노동시장에서 몸에 대한 응시와 성적인 대상화를 대가로 임금을 받는 직업들은 남성들보다는 여성들에게 편향되어 있다. 가부장제 문화와 소비사회는 여성의 몸을 대상화하고 소비를 촉진하고 있다. 이와 같은 사회문화적 특성들로 인해 규격화된 몸을 지닌 패션모델이 만들어지며. 여성 모델들은 몸을 자원 및 자본화시키는 과정을 경험한다. 아름다운 외모와 몸을 지닌 여성은 모델로 선발되어 사회적 인정을 받고 자본을 통한 보상을 받는 방식으로 활용되고 있다. 이처럼 젊은 여성들의 몸이 상품화되고 자원화될 수 있다는 것은 관련 직업 자체가 한시적이고 불안정함을 의미한다. 전시되는 몸으로써의 여성은 언제나 젊음과 아름다움을 유지해야 하며 대체가능하기 때문이다. 케이트 모스가 인터뷰에서 했던 얘기처럼 "직업적으로 나는 항상 주문에 따라 대체가능한 상품이다. 주문에 따라 나는 전혀 딴 사람이 되어야 한다(포슈, 2001)."

2) 패션모델의 몸 통제

패션모델은 마른 몸이 지향되고 있다. 1990년대 후반 여성의 이상적 외모에 대한 평가 범위가 몸 전체로 확대되면서(한서설아, 2000), 마른 체형 모델들이 등장하고 패션모델들은 굶어야 하는 고통을 겪게 된다. 패션모델들은 대부분 타고난 신체조건을 자원으로 사용하는 직업으로 여성 패션모델의 경우 한국여성의 평균 키에 비해 보통 15cm 이상 크고 남성 모델은 남성 평균 키보다 10cm 이상 커야 하는 조건을 충족시켜야 한다(OECD, 2009).

최근 여성 모델들에게서 거식증이나 영양실조에 걸리는 사례들을 찾아볼 수 있는데, 거식증은 직업적 특성으로 인해 마른 몸을 유지해야 하는 패션모델들이 체중을 줄이는 과정에서 종종 발견된다. 21세기에 들어서만도 브라질에서는 '아나 카롤리아 레스톤'에 이어 5명의 모델들이 거식증으로 사망했고, 우루과이에서는 자매 모델이 6개월 시차를 두고 연이어 사망하기도 했다(조이뉴스, 2008.10.29). 2010년 말에는 '거식증 경고 캠페인'으로 유명했던 프랑스 모델 이사벨 카로가 무리한 다이어트로 인해 숨져 세계 패션계가 충격에 빠지기도 했다. 거식증으로 인한 모델들의 사망이 연속적으로 발생하기 시작하자, 이탈리아와 스페인에서는 깡마른 모델들을 패션쇼에 출연하지 못하게 하는 이른바 '44모델 퇴출 운동'을 벌이기도 했다(SBS 뉴스, 2006.12.24.).

이처럼 지나친 다이어트와 거식증으로 인해 여러 명의 모델들이 목숨을 잃었음에도 불구하고 세계 여러 나라에서는 대중매체나 소비광고를 통해 여전히 '마른 몸' 이미지가 미화되고 있다. 볼륨 있는 몸매가 유행했던 1990년대 중반만 해도 패션모델들은 굶어야 하는 고통을 겪지는 않았다. 하지만 비쩍 마른 몸매의 케이트 모스가 나타나 주목을 받은 이후 모델 업계에서는 마른 몸매에 소녀 같은 얼굴이 각광받기 시작하였다. 이와 같은 몸 이미지에 대한 인식과 시각의 변화에는 문화산업과 대중매체에서의 몸 이미지에 대한 급속한 관심 증대가 자리잡고 있다. 패션산업을 주도하는 한국의 패션디자이너 29명 가운데 과반이 마른 모델을 선호한다고 밝혔고 그 이유에 대해서는 93.4%가 옷을 잘 표현하기 때문으로 답하였다(추척60분, 2007.2.14.). 패션모델들은 권력집단인 패션디자이너의 요구에 맞춰 몸을 통제할 수밖에 없다. 그래야 지속적인 모델 활동에 도움이 되기 때문이다. 특히 패션모델의 수적 증가로 인해 기획사나 디자이너들의 요구에 순응하는 모델이 늘어나고 있다. 디자이너들은 모델의 몸에 대한 통제를 당연하게 여길 뿐만 아니라 통제압력을 가중시켜왔기 때문에 패션모델들은 매우 힘든 상황에 놓이게 되었다. 대중매체에서 표현되는 패션모델의 몸은 가장 이상적인 몸으로 강조되고 있는데, 이는 몸을 자본화하는 직업의 당위성으로 인해 대상화되고 규격화되고 있기 때문이다. 패션모델의 대부분이 여성이라는 이유로 여성의 몸을 대상화하는 데에는 가부장적 문화가 작동하고 있다. 실제로 노동시장에서 몸에 대한 응시와 성적 암시의 대가로 임금을 받는 직업들은 대부분 여성들에게 편향되어 있다. 배리는 여성들이 일과 관련해서 성적 존재로 취급받는 현실을 '성적 노동의 정당화'로 개념화한다. 이는 가부장제 구조하에서 강제된 행위를 여성들의 자발적 동의에 의해 성적 대상화된 노동으로 정당화시키기 때문이다(Barry, 1995; 문은미, 2000에서 재인용).

03 모델 일의 특성

1) 모델 일 시작의 계기

현대사회에서 이상적인 몸의 기표로 간주되는 키 크고 날씬한 여성들은 어린 시절부터 모델이나 방송연예계 활동을 하라거나, 미스코리아 대회에 나가라는 식의 권유를 지속적으로 받아왔다. 서구적 체형과 외모를 지닌 여성들이 모델 활동을 시작한 데는 주변 친구들의 영향이 커서 친구로부터 정보를 얻고 시작한 경우들이 많다. 여성 모델들은 대부분 십대에 모델 활동을 시작하는데, 길거리 캐스팅되거나, 기획사 오디션을 받거나, 모델대회에 나가거나, 잡지 전속모델 모집 시 신청해서 채택되는 등의 루트를 통해 모델에 입문하게 된다. 모델 기획사는 길거리 캐스팅을 할 때 십대에 모델 일을 시작하면 유명해질 수 있다면서 명함을 건네고 유인하기도 한다. 이들 중에는 부모의 반대가 심해서 부모 몰래 오디션을 보거나 모델 활동을 시작한 사례들이 많다. 하지만 딸의 모델 활동을 반대했던 어머니들은 딸이 모델대회에 입상하거나 오디션을 통과한 후에는 적극 지원하는 태도로 바뀌기도 한다. 반면 아버지들은 보수적인 편이어서 긍정적 태도로 전환하는 데 많은 시간이 필요하다. 특히 아들의 모델 활동에 대해서는 딸의 경우보다 부모가 더 강하게 반대하는 것으로 나타났다. 이처럼 외모가 특출하고 키가 크다는 이유로 모델 권유를 일찍부터 받아온 다수 여성들과 달리, 남성들은 20대 성인이 되어 자신의 결단으로 모델 활동을 시작한 사례들이 많은 편이다. 남성모델들은 영화나 연기 쪽 일을 찾다가 패션잡지 기자의 소개로 모델 캐스팅이 되거나, 유도 선수를 하다가 직업을 전환한 실제 사례들이 있다(정은아·손승영, 2010:9-10).

어린 나이에 모델에 입문한 여성들은 짧은 시간만 일하고도 돈 많이 벌고 성공하리라는 기대가 작동해서 모델 일을 시작했다고 한다. 모델 일을 시작하게 되면 방송 일도 하고 MC도 맡아서 만능엔터테이너로서 인정받을 것을 염두에 두기도 한다. 패션과 유행에 대해서도 배우게 되고 다양한 옷을 입을 수 있게 될 것이라는 기대가 작용해서 모델 일에 관심을 갖게 되었다고도 한다. 모델 선발 자체가 매우 까다롭게 진행되는 요즘에는 치열한 경쟁을 뚫고 기획사의 모델로 채택되기만 하면 안정적 일거리가 생기고 높은 수입이 자연스레 뒤따를 것이라는 기대감이 작용하기도 한다. 회사에 취직한 친구들은 매일 출근하지만 모델 일은 한 달에 몇 번만 일해도 그 이상의 수입을 올릴 것으로 예상하기도 한다. 또한 복잡한 절차를 거쳐서 모델로 뽑히게 되면, 일단 모델에 입문했다는 사실만으로도 주위 친구들로부터 부러움을 사게 되고, 경제적 지위도 아울러 보장받을 것으로 기대했다는 사례도 있다(정은아·손승영, 2010:11-12).

2) 모델의 몸 관리 방식

패션모델에 입문하게 되면 몇 개월간의 연수를 통해 워킹, 메이크업, 코디네이션, 사진포즈 등 다양한 트레이닝을 받게 된다. 여성 모델들은 체형이 드러나는 타이트한 옷과 굽 높은 구두를 신고 벽면 전체가 전신 거울로 도배된 강의실에서 수업을 받게 되는데, 이는 이전에 인지하지 못했던 자신의 몸과 신체 특징을 검열하는 기회로 작용한다. 이러한 검열과정은 연수기간 내내 진행되며, 동료연수생이나 선배모델과의 비교를 통해 강화된다. 워킹을 배우는 첫 모델 수업시간에 팔과 다리 길이를 재고는 비정상적으로 길다는 선생님의 평가에 자존심 상하고 수치심을 느꼈다는 모델이 있는 등 이상적인 몸과의 지속적 비교는 일 중단을 고민할 정도의 스트레스로 다가오기도 한다. 깡마른 모델과 비교당하면서 살이 쪘다는 평가가 나오고 "살 좀 빼라."는 얘기를 들을 때 어떤 모델이라도 스트레스를 받지 않을 수 없다. 다른 모델과의 지속적인 몸 비교와 검열은 연수가 끝난 뒤에도 계속되는데, 개인의 감정이나 자존감은 배제된 채 몸이 자원처럼 취급되고 검열받는 모멸적인 상황을 경험하게 된다. 반면 남성 모델들은 여성 모델들과 달리 날씬해야 한다는 강박관념이 덜 했고 근육을 키우기 위해 훈련하는 과정 또한 건강유지를 위한 목적의 일환으로 해석되므로 몸에 대한 자존감도 높은 편이다. 여성 모델들이 다른 여성들과 자신의 몸을 비교해서 불만인 부위를 찾는 반면, 남성 모델들은 타인과의 비교보다는 자신의 긍정적인 부분을 자랑스러워하기 때문에 몸에 대한 주관적 평가 또한 높은 편이다. 이러한 젠더 차이는 가부장적 문화 내에서 타율적 시선으로 자신의 몸을 검열하는 방식에 익숙해진 여성과 이상적인 몸매에 대한 기준이 별로 적용되지 않아서 주체적인 관점으로 평가하기가 가능한 남성 모델의 차이점으로 해석된다.

여성 모델들은 정식으로 활동을 시작하게 되면서 미의 기준이 더욱 중시되는 집단과 일을 하게 되고 그 속에서 동료와 선후배를 거울삼아 몸 관리를 습관화하게 된다. 예전과 달리 점점 서구 체형의 어린 후배들이 늘어나면서 그들의 체형을 따라잡기 위해 지방 분해 주사나 요가 등을 활용하여 체형관리를 꾸준히 하고 있다. 뿐만 아니라 디자이너들은 여성 모델은 말라야 옷태가 난다고 생각하므로 마른 체형의 모델을 찾는 경향이 있다. 이러한 디자이너의 기대는 여성 모델들에게 마른 몸 유지에 대한 압력을 가하며 육체적 고통을 참으면서까지 다이어트를 지속하게끔 통제하는 방식으로 작용한다. 다이어트는 매일매일 의식적 혹은 무의식적으로 습관처럼 실천되고 있는데, 대부분의 여성 모델들이 사용하는 다이어트 방법은 소량의 식사로 끼니를 해결하거나 한 가지 음식만을 섭취하는 '원푸드(one-food) 식사법'이다. 심지어 패션쇼 전날이나 당일에는 아무 것도 안 먹고 물만 마시기 때문에 기운이 없어서 말도 제대로 못할 정도로 배가 고프지만 참고 견뎌내기도 한다. 하지만 지속적으로 한 영양분만 섭취하거나 굶으면 영양분이 골고루 흡수되지 않기 때문에 건강을 해치거나 심하면 거식증이나 폭식증과 같은 증세도 나타난다. 뿐만 아니라 주사와 약물을 사용해서 과도하게 다이어트를 하면 손이 떨리는 부작용이 생기고 요요현상으로 인해 다시 살이 찌는 사례도 생겨난다. 그 결과, 몸매관리는 '죽음의 다이어트'로 불리기도 한다. 숨진 채 발견된 모델 김○○는 사망 당시 키 177cm에 체중은 47kg이었다. 시신을 수습한 경찰에 따르면 당시 그녀는 "허벅지가 남자 발목 굵기밖에 안 되고 엉덩이뼈가 드러나 보일 정도로 말라 있었다."고 한다. 김 씨는 2007년 자신의 미니홈피에 다이어트로 인한 스트레스를 호소하는 글을 남기기도 했다(한겨레, 2011.4.21.). 요즘 추세가 남성 모델에게도 마른 체형을 요구하므로 다이어트의 필요성이 강해졌지만, 남성 모델들은 무조건 굶어서 마른 몸을 유지하기보다는 근육강화 운동과 고단백질 위주의 식단을 취한다. 남성에게 다이어트는 굶는 것이 아니라는 점에서 여성 모델의 필사적인 다이어트 경험과는 차이가 있다. 뿐만 아니라 남성 모델들은 너무 말라도 안 된다는 생각이 있어서 역으로 살을 찌우는 노력을 기울이는 경우들도 있다. 남성 모델과는 다른 형태로 다이어트를 하는 여성들의 일상을 살펴보더라도 패션모델의 경험이 젠더화되고 있음을 알 수 있다.

여성 모델들은 몸을 검열하는 과정에서 성형을 선택하는 비율이 높다. 몸을 자원화하는 직업이므로 성형수술은 성공 가능성을 더 높여줄 뿐만 아니라 투자의 일환으로 인식되기도 한다. 프로필 사진이나 방송화면에 잘 나오기 위해서 당연히 더 예쁘게 보여야 하므로 여성 모델들은 성형수술을 받게 된다. 이와 같이 성형을 통해 젊음을 과시하고 싶은 욕구나 성형 부위에 있어서도 젠더 차이가 있다. 남성 모델들의 성형 부위는 대부분 코와 눈으로 한정되어 있으나, 여성 모델들은 보톡스, 필러성형, 이마성형, 안면윤곽, 지방주입 등 남성보다 훨씬 더 광범위하게 성형수술을 하는 것으로 나타났다(정은아·손승영, 2010:12-14). 이러한 현실은 남성보다 여성에게 더 엄격한 기준이 요구되며, 다양한 의료기술과 피부 관리서비스를 이용해서 몸을 관리하고 미를 유지해야 한다는 문화적 기대가 압박으로 작용하고 있음을 알 수 있다.

3) 프로가 되어야 한다는 신념과 욕망

기획사들은 몸 관리방식에 있어서 패션모델들에게 프로정신을 가지라는 명분을 내세워 모델들을 통제하곤 한다. 프로정신은 임금이 싸더라도, 특히 무급 또는 최저시급에도 미치지 못하는 아주 적은 월급을 받더라도, 불평하지 않는 프로페셔널이 될 것을 요구한다. 많은 여성들은 자신이 원하는 길을 가기 위해, 이력서에 한 줄 추가된다면 이익이 될 것으로 생각해서 착취적인 상황에서도 스펙 쌓기의 일환으로 열정 노동에 참가하게 된다. 2011년 한윤형 등은 『열정은 어떻게 노동이 되는가?』라는 제목의 책에서 노동의 대가를 제대로 받지 못하는 '열정 노동'의 사례를 설명한 바 있다. 쥐꼬리만 한 월급을 주면서 청년들의 노동력을 착취하는 행태를 비꼬는 신조어로 '열정 페이(pay)'

라는 용어가 사용되기도 하였다. 보통 열정 페이는 국제기구나 국가기관 등 쉽게 직무를 경험하기 어려운 곳에서 무급 또는 교통비 정도로 최소한의 경비만을 지급하는 방식으로 인턴 모집에 활용되는 데서 출발하였다. 2014년에 한 유명 패션디자이너의 직원 월급 내역이라는 글이 SNS에 올라왔는데, 작성자는 유명 디자이너 작업실이 "야근수당을 포함해 견습 10만 원, 인턴 30만 원, 정직원 110만 원의 급여를 준다"는 등의 내용을 폭로했고 이후에도 수습·인턴 직원이나 아르바이트생에게 정당한 노동의 대가를 주지 않는 여러 가지 사례가 언론을 통해 보도되었다. 2015년 3월에는 '2015 서울패션위크'가 열리자 패션노조·알바노조·청년유니온·장그래살리기운동본부 회원들이 '열정 페이 규탄 공동기자회견'을 열고 "우리는 공짜가 아니다. 청년들의 노동을 헐값에 착취하는 '열정 페이'에 반대한다."고 밝혔다. 열정 페이 관련 논란이 일자 그 유명 패션디자이너는 패션노조로부터 '청년착취대상'의 수상자로 선정되기도 하였다. 2014년에는 유명 의류 업체와 소셜커머스 업체 등 단지 몇몇 기업의 부당한 청년 고용 실태, 즉 취업준비생을 무급 혹은 저임금 인턴으로 고용하는 관행을 비판하면서 이 용어가 부각되었다. 하지만 최근에는 연예인, 모델, 패션 디자인 일 등 공연예술과 디자인 계열에서 자주 발생하는 사례로 젊은 여성들이 대거 몰리는 일들은 경쟁이 치열하다 보니 적은 보수를 제시해도 그 대열에 끼고 싶어 하는 희망자가 많은 결과, 더욱 폭넓은 임금 착취 구조로 확산되었다.

모델들의 몸 가꾸기 프로젝트는 한편으로는 에이전시가 압력을 가하고 다른 한편으로는 모델들이 자발적으로 동참하는 방식을 취한다. 모델들은 프로정신을 지니고 있음을 입증하기 위해서라도 어려운 환경을 감내해야 한다고 스스로 굳게 믿고 있다. 에이전시는 소속 모델들의 머리 색상이나 길이, 손톱 색깔까지 관리할 정도로 모델들을 통제하고 있다. 모델의 다이어트와 성형 실천은 에이전시의 권유가 있을 때 현실화되는데, 패션모델의 입장에서는 단순한 권유 정도가 아니라 모델 활동 지속을 위해서 필히 따라야 하는 지시로 믿고 수용한다. 이때 에이전시 관계자는 성공 욕망을 자극함으로써 몸 관리에 대해 모델의 자발적인 투자와 노력을 이끌어내기도 한다. 디자이너들이 가슴이 빈약한 체형을 싫어하기 때문에 모델들이 가슴 성형을 해야 하기도 하며, 특정 기획사는 처음 계약할 때 무조건 성형을 하라고 요구해서 악명이 높기도 하다. 에이전시가 모델들에게 성형 혹은 다이어트를 권유하는 방식은 "뚱뚱하니까 일을 못하지."처럼 자극적인 언어로 상처 주거나, "이 부분만 성형하면 성공할 것 같아."처럼 성공에 대한 욕망을 부추기는 방식으로 나타난다. 이들 여성 모델들은 기획사의 요구에 따라 자신의 몸매를 교정하는데, 결국 판단 기준은 자신의 주체적 결정이 아니라 '중요한 타자들(significant others)'의 요구에 따른 것이다. 이는 부르디외가 설명한 바와 같이 "나는 타인의 욕망의 산물"이었다는 지적과 유사하다(부르디외, 1995:18). 이러한 현실에도 불구하고 패션모델이 상징하는 화려함과 사회적 인정 및 보상들을 꿈꾸며 여성 모델들은 성공하기 위해 끊임없이 노력하고 있다. 이들은 치열한 경쟁사회에서 살아남기 위해 부당하거나 잘못된 상황에서도 기획사의 요구를 수용해야 한다고 믿고 있다. 기획사는 개인 모델들에게 프로정신을 발휘할 것을 요구하는데, 이와 같은 프로정신에 대한 믿음과 함께 여성 모델들 스스로 몸에 대한 규제와 타율적 실천에 적극 동참해오고 있다.

에이전트, 매니저, 디자이너 등 권력의 핵심에 있는 자들의 요구는 더욱 빨리 수용되곤 한다. 하지만 모델들은 단순히 권력관계에 있어서 어쩔 수 없이 기획사의 요구를 받아들이는 것이 아니라, 자신의 맡은 일에 대해 "프로가 아름답다"는 프로정신의 이름으로 합리화하며 기꺼이 동참한다. 모델들은 프로정신이 있는 모델이 되기 위해 어려운 상황에서도 인내심을 갖고 일에 몰두해야 한다고 믿고 있다. 모델들의 프로정신은 몸 관리에서부터, 시키는 대로 무조건 하기, 식사를 주지 않아도 투정부리지 않기, 열악한 촬영조건에서도 참기 등과 같이 다양한 형태로 적용되고 있다. 패션모델들이 다이어트와 성형을 적극적으로 실천하는 것은 자본의 요구와 모델의 공모 결과로 이루어지는 공존 현상이기도 하다. 단적인 예로, 열악한 환경에서 모델 일을 하는 것은 사고로 이어지기도 한다. 2004년 8월 여행관련 잡지사의 요청으로 석모도 선착장의 맨 끝부분에서 맨발 포즈로 화보촬영을 하던 중 실족사한 슈퍼모델 출신 여성 모델이 있다. 잡지사가 원하는 멋진 사진을 찍기 위해서 위험한 곳에서도 마다 않고 포즈를 취해야 했던 것이다.

모델은 결코 화려한 직업이 아니다. 화보촬영을 위해 대기하느라 종일 보내는 무대 환경은 형편없고 보수도 너무나 열악한 수준이다. 불투명한 미래에 대한 불안감은 모델에게 우울증을 앓게 하고 직업에 대한 자긍심을 떨어뜨린다. 어느 날 일자리가 줄어 수입이 형편 없어지고 아무도 찾아주지 않는 과정을 경험하게 될 것을 알기에, 모델들은 일을 하면서도 우울증과 슬럼프에 빠지게 된다. 이러한 상황에서 커리어를 유지하는 것은 매우 힘들고 소수 모델만이 변신을 통하여 커리어 형성까지 성공하게 된다. 이러한 현상은 저명한 패션모델에게서도 예외가 아니어서 「뉴욕매거진」이 선정한 주목해야 할 모델 10인에 오른 김○○은 2009년 11월 프랑스 자택에서 숨진 채 발견되었는데 자살로 결론이 났다. 세계 정상급 모델이 된 후에도 하락할 가능성이 크다는 것에 대한 부담이 작용한 것으로 해석되었다. 2011년에 숨진 채로 발견된 당시 22세였던 김○○는 슈퍼모델 대회에 출전했으나 월수입이 100만 원 안팎이었다. 2017년 사망한 이○○는 2013년 패션모델로 데뷔한 이후 무한도전 등 여러 방송에 출연할 정도로 인지도가 있었다. 하지만 자살 직전의 인터뷰에서 "모델 일은 무대가 생겨야 할 수 있기 때문에 안정적인 직업이 아니어서 하고 싶은 대로 살기 위해서는 여러 아르바이트를 할 수밖에 없다."고 밝혔다. 이들은 모두 패션모델의 고달픔과 장래에 대한 불안감을 호소해왔다는 점에서 공통점이 있다(무비스트, 2020.6.1.).

4) 패션모델의 대우와 정년

2016년의 경우 배우/탤런트 중 상위 1%는 연평균 19억 5천 5백만 원을 벌어서, 전체 연예인 수입의 절반 가까이를 차지하였다. 하지만 연예인 10명 중 9명은 월평균 60만 원도 못 벌어서 소득 양극화가 심각한 것으로 나타났다. 광고모델은 연예인보다 열악한 실정으로 광고모델 상위 1%인 82명이 연평균 5억 5천만 원의 수입을 올려 전체 광고모델 8,210명 수입액의 48%를 차지하였다. 하위 90%에 해당하는 7,389명은 연평균 수입이 270만 원이었고 이는 월평균 22만 원의 수입에 해당된다(서울경제, 2017.10.17). 모델 중 인지도가 낮은 신인의 경우에는 런웨이에서 주로 활동해야 하는데, 한회 보수가 15~20만 원에 불과하다. 한 달에 5~6차례 런웨이에 서야 월 100만 원의 수입을 얻을 수 있는데 이 일도 자주 있는 것이 아니다. 낮은 임금과 불안정한 일자리는 모델들에게 불안한 미래를 예고하므로 스트레스가 심할 수밖에 없다. 신인으로 시작해서 모델로 자리 잡는 경우는 30명 중 한 명 정도라고 할 정도로 모델의 수명은 짧고 신인 모델 시절에 재능을 인정받지 못하면 도태되고 만다. 경쟁이 치열하다 보니 몇 년 지나면 더 젊고, 예쁘고, 임금이 낮은 신인들이 치고 올라오므로 몸값이 비싸지는 3~4년 차 경력자는 애매한 상황으로 들어서기 때문이다(한겨레, 2011.4.21.). 경력이 있는 모델이 패션잡지에 화보를 찍거나 패션무대에 서도 모델료는 오르지 않고 늘 그대로이다. 뿐만 아니라 일부 유명 디자이너는 출연료조차 지급하지 않는 경우도 비일비재하다고 한다. 유명 디자이너 패션무대 오디션에 합격해도 대다수가 무보수로 런웨이에 서야 하고, 소속사가 있더라도 국내무대 사정은 열악해서 포트폴리오에 기재할 한 줄의 이력을 더하기 위해 젊은 모델들은 무보수라도 감사하며 무대에 올라야 하는 형편이다.

　큰 기획사는 런웨이 무대뿐 아니라 화보 촬영, 광고모델, 해외를 비롯한 방송영화 진출 등 다양한 활동무대 진출을 모색하고 있지만, 이 경우는 소수에 불과하다. 대부분의 기획사는 소속모델을 다양한 활동과 연결시키지 못한 채 패션쇼에만 출연시키고 있기 때문에 모델들의 앞날에 대해 보장하지 못하고 있다. 이런 대우로 인해 불만을 품고 소속사에서 나가려고 해도 기획사는 온갖 방법을 동원해서 전속 이탈을 하지 못하게끔 하고 있다. 뿐만 아니라, 모델의 활동 연한은 치고 들어오는 신인으로 인해 짧은데다가, 법적으로도 매우 짧게 산정하는 편이다. 2004년 석모도 선착장에서 실족사한 모델의 사례를 보더라도, 당시 법원은 모델의 활동 연한을 35세로 산정했다. 모델협회에 등록된 모델의 94%가 30대 이하라는 이유로 35세까지 활용 연한으로 봤고 그 후부터 60세까지는 도시노동자 일용 노임에 해당하는 수익을 취하는 것으로 계산되었다(네이버 뉴스, 2019.5.16.). 그러나 실제로 모델 중에서는 35세 이상이라도 패션모델이나 CF모델 외에도 연예계 진출이나 강사 등 다양한 영역에서 활동하고 있다. 따라서 모델업계에서는 정년을 35세로 정한 것에 대해서는 문제를 제기하고 있는 실정이다.

04 모델 일의 젠더 차이

패션모델들은 남녀 불문하고 타고난 신체가 중요한 조건으로 작용하고 있다. 신체적 조건이 뛰어난 패션모델들은 모델 일을 시작하기 전부터 끊임없이 몸을 가꾸고 가치를 높이라는 권유를 받는다. 하지만 이러한 주변의 권유는 남성들보다는 여성들에게 더욱 강하게 나타나고 있는데, 이는 가부장제 문화가 '신체적 조건'이 뛰어난 여성들의 주체성을 인정하지 않는 방식으로 대상화하는 동시에 여성들의 신체를 일상적으로 규제하고 있기 때문이다.

1) 모델 활동과 몸 규제

모델 입문 시에도 여성 모델은 주변의 권유를 자주 받을 뿐만 아니라, 실제로 주변의 권유 때문에 패션모델에 입문하는 비율이 높다. 여성의 경우 남성 모델에 비해 입문 연령이 낮아서 10대에 입문하는 경우가 많은 데 비해, 남성은 20대 중후반과 30대에 입문하는 비율이 상대적으로 높다. 그리고 여성들은 남성에 비해 상대적으로 다이어트로 인한 육체적 고통도 큰 것으로 나타났다. 다이어트가 힘들어서 모델 활동을 그만두고 싶다는 여성들의 응답 비율 또한 남성에 비해 높았다. 이것은 여성들에게는 다이어트가 일상화되어 있으며 요구되는 강도 또한 남성들보다 높기 때문에 나타난 결과이다. 반면, 남성 모델들은 여성에 비해 운동이나 헬스에 노력을 많이 기울이고 있다. 이는 남성의 몸은 근육질이 많은 강인함, 건강함으로 대변되지만 여성의 몸은 남성과 달리 체지방과 근육이 전혀 없는 마른 체형으로 이상화되어 있기 때문이다. 여성 모델들은 남성 모델에 비해 성형에 대한 압박 또한 강하게 경험하고 있다. 여성 모델들이 성형 압박을 받은 눈 확대, 코 축소 또는 확대, 코 높임, 치아, 가슴 등 다양하다.

모델의 몸 관리방식은 에이전시의 권유에 따른 것으로 모델들은 계속 활동하기 위해서 꼭 필요한 일종의 압력처럼 여겨진다. 이러한 권유를 하는 담당자들은 에이전시에서 캐스팅 업무를 맡고 있는 스텝들이므로, 모델의 입장에서 무시하기가 어렵다. 스텝들은 에이전시에 소속된 모델들의 머리 색상, 머리 길이, 손톱 색깔뿐만 아니라 다이어트나 성형 등을 권유함으로써 모델의 몸을 일상적으로 통제하고 있다. 여성 모델 응답자들이 에이전시로부터 다이어트나 성형을 권유받은 적이 남성 모델들에 비해 훨씬 많은데 이것으로 여성 모델에게 몸 규제 압박이 매우 심한 것을 알 수 있다(정은아·손승영, 2009:59-61). 남성 모델들은 여성 모델과 달리 에이전시로부터 통제되기보다는 디자이너에게 직접적인 통제를 받는 비율이 높은데, 이는 남성 모델들의 숫자가 적기 때문에 패션디자이너들이 남성 모델들을 고정적으로 고용하고 있기 때문이다. 남성 모델들은 다른 직업을 갖고 있다가 비교적 나이 들어서 모델 일로 전향함으로써 직업으로 대우받고 있고, 패션디자이너들은 남성 모델들과 친하게 지내면서 직업인으로 대우하는 경우가 많은 것으로 나타난다.

2) 일터에서의 부당한 대우

패션모델은 일이 불규칙적이고 경쟁이 치열할 뿐만 아니라 몸을 자원으로 하는 직업이기 때문에 성공하기 위해서는 신체자본의 관리가 지속적으로 요구된다. 뿐만 아니라 모델들은 에이전트와 고객들에게 아름답게 보이기 위해 카메라 앞에서 감정노동을 하게 된다(Mears and Finlay, 2005:317-320). 이러한 직업적 특성들은 여성들이 자신의 몸을 아름답게 유지할 수 있도록 끊임없이 관리하도록 하여 육체적 고통에서도 벗어날 수 없게 한다. 뿐만 아니라 대체 가능하다는 특성이 강해서 이들을 임시직 형태의 비정규직으로 사용함으로써 고용 불안정을 야기한다.

패션모델로 일하면서 여성 모델들은 임금이 낮고 부당한 대우를 받고 있다. 에이전시는 패션쇼, 촬영, 화보 제작 일들을 모델들에게 소개해주면서 수수료를 챙긴다. 규모가 큰 에이전시에서는 초보자를 교육시켜 모델을 양성하는 역할도 담당한다. 에이전시는 모델을 양성하고 일을 소개함으로써 생기는 수수료로 경영을 유지하기 때문에, 에이전시나 모델들은 서로가 필요한 공생관계에 있다. 하지만 조사 결과에 따르면, 여성 모델 응답자의 약 68%가 임금을 받지 못하거나 불규칙하게 지급받는 등 부당한 대우를 받았다고 한다. 이들은 상당수가 에이전시의 수수료가 얼마인지 모르거나, 수수료를 중복으로 공제하기도 한다고 응답하였는데, 이러한 문제는 패션모델이 에이전시와 공생관계에 있다기보다는 일종의 권력관계가 작동하고 있음을 시사한다(정은아·손승영, 2009:63). 한편 남성 모델들은 여성에 비해 에이전시의 수수료 공제내

역에 대해 적극적으로 요구하고 낮은 임금에 대해서도 개선을 요구하는 비율이 여성 모델에 비해 높았다. 이러한 차이는 여성의 경우 어린 나이에 모델 일을 시작했기 때문에 자신을 통제하는 에이전시 관계자에게 임금이나 수수료 내역에 대해 요구하는 것이 두려운 입장에 있기 때문이다. 게다가 경쟁이 치열한 업계 사정을 알면서 에이전시에게 더 높은 임금을 요구했다가 모델 활동에 제약을 받을 것이 두려워서 어떤 요구를 하는 것에 대해 소극적일 수밖에 없다. 하지만 남성 모델들은 대부분이 20대 중후반으로 임금에 대해 적극 요구하는 것이 가능하고, 숫자가 적다보니 지속적인 고용이 보장되어 있어서 에이전시와 비교적 동등한 관계에 놓여있다고 할 수 있다.

3) 잦은 성희롱 경험

몸을 수단으로 활용하는 여성 모델들은 일의 특성상 남성 모델에 비해 더 잦은 성희롱의 위험에 직면해 있다. 그 결과, 불쾌한 신체적 접촉에 대한 불만이나 개선을 요구하는 정도가 남성보다는 여성 모델 응답자에게서 상대적으로 높게 나타났다. 이는 불쾌한 신체접촉의 경험이 여성 모델들에게 더 많이 나타나고 있음을 의미한다. 여성 모델들은 일을 하는 과정에서 자신이 성희롱을 경험하거나 동료 모델의 성희롱 경험을 들은 적이 있으며, 또한 심한 노출의상을 입으라고 요구받을 때도 성희롱과 같은 불쾌한 느낌이 들었다고 응답했다. 이는 남성 모델들도 동의하는 내용으로 여성 모델에게 몸매를 본다고 노출의상을 많이 입히는 경향이 있으며, 여성 모델은 성희롱에 노출되어 있는 편이라고 남성 모델의 42%가 응답하였다(정은아·손승영, 2009:64).

이상 살펴본 바와 같이 모델 일에 있어서 나타나는 젠더 차이는 가부장제 사회에서 남성과 여성에게 기대되는 이상화된 몸의 의미가 다르기 때문에 발생한다. 특히 여성들에게 기대되는 미의 기준이 남성의 경우와는 다르고 여성들에게는 더욱 다양한 방식과 강한 압력으로 작용하기 때문이다. 따라서 여성 모델들이 남성 모델들보다 몸 관리방식에 노출되어 있으며 '다른 몸 규제 특성을 경험할 수밖에 없다. 젠더에 따른 몸 관리방식은 에이전시나 패션디자이너에 의해 강압적으로 재구성되고 있으며 여성 모델들에게 더욱 가시화되어서 나타나고 있다. 여성 모델들은 스스로 육체적 고통과 정신적 스트레스를 참으면서 몸 만들기와 몸 관리하기에 애쓰고 있다. 이와 같이 강압적으로 그리고 타율적으로 몸을 만들어가는 과정은 여성들에게 우울증과 자존감 상실 등을 초래하고 슬럼프를 경험하게도 한다. 또한 모델들은 낮은 임금에 시달리고 에이전시나 패션디자이너와의 관계에서 성희롱 등의 부당한 대우를 받더라도 저항하기 힘든 구조에 놓여있다. 여성 모델들의 경우 어린 나이에 모델 일을 시작하고 모델을 희망하는 여성들이 많음에 따라 경쟁이 치열해서 부당한 대우에도 목소리를 내지 못하고 있다. 이러한 열악한 현실에도 불구하고 패션모델이 상징하는 화려함과 사회적 인정, 보상들로 인해 모델을 희망하는 여성들의 숫자는 여전히 많으며, 그들은 모델로 성공하기 위해 끊임없이 노력하고 있다. 패션모델들은 안정된 일자리와 성공을 꿈꾸면서 일을 시작했으나 열악한 노동환경과 일상적으로 맞닥뜨리고 있다. 예상보다 불규칙한 일거리, 낮은 임금과 체불 문제, 보험처리도 안 되는 위험한 촬영 환경, 불규칙한 촬영시간, 불필요한 지대에 동원되는 일 등 에이전시의 일방적인 요구를 수용해야 하는 열악한 환경에 놓여있다.

반면 남성 모델들은 몸만들기 태도와 인식에 있어서 차이를 보이는데, 주요한 젠더 차이를 정리하면 다음과 같다. 첫째, 여성 모델의 경우 직업에서의 젠더 기대 자체가 여성성과 구분되지 않아서 여성의 몸과 행동을 규제하는 데 그대로 활용되고 있다. 따라서 여성모델들은 고용주의 논리를 적극 수용해야 할 뿐만 아니라 사회적 인정이 패션모델로서의 성공기준과도 다르지 않기 때문에 이상화된 아름다움을 내면화하고 스스로를 대상화시키는 경향이 강하다. 남성 모델들에게는 근육질 몸매가 선호되기도 하고 살을 찌우고자 시도하는 모델도 있는 등 다양한 형태로 나타나고 있지만, 여성에게는 획일화된 미의 기준이 적용되고 있다. 둘째, 십대의 어린 나이에 모델 일을 시작한 여성들은 고용주와 협상하는 과정에서 약자의 위치에 놓여있다. 하지만 20대 중후반에 일을 시작한 남성 모델들은 진입단계에서부터 일의 장단점을 따져보는 현실적 판단력을 보여주고 있다. 임금이나 일의 내용이 자신이 원하는 바와 일치할 때 일을 시작했기 때문에 일을 해나가는 과정에서도 부당한 경험을 적게 할 가능성이 높다. 셋째, 어린 나이부터 일을 시작한 여성 패션모델들은 소수를 제외하고는 대부분 생계형 패션모델이기 때문에 기획사와의 관계에서 저자세에 있을 수밖에 없다. 에이전시를 통해서만 일을 제공받는 입장이므로 에이전시의 의견을 그대로 수용하지 않을 수 없다. 넷째, 남성 모델들은 소수라는 점이 강점으로 작용해서 고정 디자이너가 있고 일의 안정성이 보장되므로 나이가 들어서도 일을 지속할 가능성이 높다. 일이 고되거나 수입이 적다고 판단될 때는 방송이나 매니지먼트 등 패션과 연관된 다른 일로 옮겨갈 수 있는 가능성이 여성에 비해 더 열려있다. 이와 같이 젠더화된 모델시장의 구조적 차이는 남성 모델로 하여금 주어진 요구에 순응하기보다는 자신의 의견을 제시할 수 있는 역량을 더 허용하고 있다.

여성들이 몸에 대한 주체적인 의식을 지니고 타율적 몸 통제에서 벗어나기 위해서는 먼저 패션모델 스스로가 몸의 주체성을 회복하는 방안을 찾아나서야 할 것이다. 첫째, 여성모델들이 자신의 이익을 내세우고 목소리를 내기 위해서는 모델들의 몸을 과도하게 통제하는 에이전시와 패션디자이너에 대한 규제가 필요하다. 둘째, 고용주와 패션모델들을 연결해주는 소개업체가 소속 패션모델이나 프리랜서 모델들에게 성형이나 다이어트를 권유하는 방식에 대해 제재를 마련해야 한다. 셋째, 직업인으로서 모델들의 권리 보장을 위해 활동규약을 개선할 필요가 있다. 선진국에서 시행하는 모델들의 구체적인 활동규약들을 적용해서 안전하게 일할 수 있는 환경을 준비하고 모델들의 권리를 옹호할 수 있는 규약들이 시급히 마련되어야 할 것이다. 이상의 방안을 통해 여성 모델들은 직업인으로서의 권리를 찾고 당면하고 있는 문제들을 하나씩 해결해나갈 수 있을 것이다.

01 패션업계에서 요구하는 여성모델의 몸은 44사이즈의 마른 몸이다. 삐쩍 마른 몸을 만들기 위해 여성모델들은 극도로 심한 다이어트를 하여 심지어 사망하기까지 한다. 이러한 패션업계의 관행에 대해 어떻게 생각하는지 그리고 이 관행을 문제라고 본다면 어떻게 해결할 수 있을지 고민해보자.

02 우리 사회가 요구하는 '여성의 외모와 몸'을 만들기 위해 본인 또는 지인이 겪은 다이어트와 몸매 가꾸기 경험이 있다면 그것이 몸과 마음(심리)에 미친 영향을 알아보자.

03 이태리나 스페인 등 외국에서는 44 모델 퇴출운동이 전개되어서 여성모델을 죽음으로 내모는 다이어트에 반대하는 움직임이 몇 년 전부터 일고 있다. 또한 한국에서는 '안티미스코리아 대회'를 개최하여서 여성의 성 상품화에 대한 반대 차원에서 성과를 거둔 바 있다. 사회문화적으로 외모주의에 반대하는 운동을 대학생들이 한다면 구체적으로 어떤 내용을 담을 수 있는지 토론해보자.

참고문헌

김은실(2001), 『여성의 몸, 몸의 문화정치학』, 또하나의 문화.

냅, 캐롤라인(2006), 『세상은 왜 날씬한 여자를 원하는가』, (Knapp, Caroline. 2003. *Appetites: Why Woman Want*, Counterpoint Press), 임옥희 역, 북하우스.

문은미(2000), "'여성 직종'에서 노동자원으로서의 섹슈얼리티 연구: 행사도우미를 중심으로", 성신여자대학교 대학원 석사학위논문.

보르도, 수잔(2003), 『참을 수 없는 몸의 무거움』, (Bordo, Susan. *Unbearable Weight*. The Regents of the University of California, 1993), 박오복 역. 또하나의 문화.

보드리야르, 장(1991) 『소비의 사회』. 이상률 역. 문예출판사.

부르디외, 피에르(1995), 『구별짓기: 문화와 취향의 사회학』, (Bourdieu, Pierre. 1979. *La Distinction*. Paris; Edition de Minuit), 최종철 역, 새물결.

쉴링, 크리스(1999), 『몸의 사회학』, (Shilling, Chris. 1993. *The Body and Social Theory*, Sage). 임인숙 역. 나남출판.

양의식(2004), "패션의 변천사에 따른 패션모델의 시대적 특성에 관한 연구", 한양대학교 대학원 석사학위논문.

윤조원(2005), "여성의 교환과 상징적 폭력: 부르디외의 논의를 중심으로", 한국여성연구소 편, 『여성의 몸: 시각, 쟁점, 역사』. 창비.

이수안(2008), "소비문화산업의 몸 이미지와 젠더화된 응시", 『한독사회과학논총』, 제18권 2호, 182~208쪽.

임인숙(2004), "외모차별 사회의 성형 경험과 의향", 『한국여성학』, 제20권 1호. 95~122쪽.

정은아·손승영(2009), "한국 패션모델의 '몸 규제' 경험과 젠더 차이", 『젠더연구』, 제 14호. 47~68쪽.

정은아·손승영(2010), "패션모델의 노동경험: 몸 프로젝트 및 프로정신을 내세운 요구와 수용", 『한국여성학』 제6권 3호, 1~30쪽.

최옥선(2005), "여성의 몸 담론과 성형담론의 상호텍스트성에 관한 연구: 여성잡지의 기사와 성형의료광고를 중심으로", 성균관대학교 대학원 박사학위논문.

크레이크, 제니퍼(2001), 『패션의 얼굴』. (Craik, Jennifer, *The Face of Fashion*. Routledge. 1993). 장인회 외 역. 푸른솔.

포슈, 왈트라우드(2001), 『몸 숭배와 광기』. 조원규 역. 여성신문사.

하우그, 프리가 외(1997), 『마돈나의 이중적 의미』, 박영옥 옮김, 인간사랑.

한서설아(2000), 『다이어트의 성정치』. 책세상.

Barry, Kathleen(1995), *The Prostitution of Sexuality*, New York: New York University Press.

Wissinger, Elizabeth(2009), "Modeling Consumption", *Journal of Consumer Culture*, 9(2): 273−296.

〈신문기사 및 방송〉

무비스트(2020.6.1.) "영 패션모델, 화려한 조명 뒤 숨겨진 허울... 제로페이."

서울경제(2017.10.17.) "배우 상위 1% 연 20억 벌 때 90%는 한 달 수입 52만 원."

스포츠경향(2017.10.17.) "연예계 수입 양극화 심각... 배우 10명 중 9명 월 소득 60만 원."

조이뉴스(2008.10.29.)

추적60분(2007.2.14.)

한겨레(2011.4.21.) "모델들 잇단 죽음... 화려한 무대 뒤 무슨 사연이."

SBS 뉴스(2006.12.24.)

불과 삼십 년 전만 해도 젊은이들의 주된 경제활동 양상은 대학 진학을 포기하거나 학교를 중퇴한 후에 돈벌이 일을 하는 형태였다. 하지만 최근에는 대학 재학 중 아르바이트 형식으로 일을 하는 학생들의 숫자가 급속히 늘어났다. 이는 신자유주의로 대변되는 한국사회에서 교육 경쟁이 과열되고 대학 진학률이 높아지면서 고등학교 졸업자 중 70% 이상이 전문대학이나 4년제 대학에 진학하는(한국교육개발원, 2013:6), 오늘날의 현실과도 무관하지 않다. 소수 엘리트층으로 인정받던 과거의 대학생들은 아르바이트를 하더라도 대부분 초·중·고등학생들을 가르치는 과외수업을 했고 때로는 입주과외 형태를 띠기도 했다. 즉, 이들이 종종 하던 과외수업은 저학력 노동자들의 일과는 차별화되는 고학력자의 아르바이트였다. 하지만 요즘 대학생들의 아르바이트는 음식 배달, 음식점이나 카페 서빙, 편의점이나 마트에서의 물품 판매, 택배 배송 업무 등 업종을 가리지 않고 일하는 추세여서 일의 종류가 다양해졌고, 대학생들의 학과 전공과는 거리가 먼 일들이 다수를 차지하고 있다.

01 아르바이트의 증가와 일의 특징

한국사회에서 청년들의 고용환경이 악화되고 취업 경쟁이 과열되어왔기 때문에 대학 졸업 후에도 공무원이 되기 위해 고시공부를 하거나 자격증을 따고자 학원을 수강하는 사례가 늘어나고 있다. 경쟁과열 사회에서 취업 준비 기간이 길어지고 '스펙 쌓기'가 강화되는 현상이 나타나는 것이다. 취업연령이 높아짐에 따라 한국의 청년들도 '성인 진입기(emerging adulthood)'라고 불릴 정도로 애매한 세대로서의 특징을 보이게 되었다(Arnett, 2004:2-5). 안정된 일자리를 찾기 힘든 젊은이들은 본인의 의지와는 관계없이 부모 의존도가 높아지거나 부모에게 신세지는 기간이 길어지게 되었다. 일찍이 부모로부터 자립적인 생활을 해온 일본 젊은이들 중에서도 집세나 생활비 마련이 힘들어져서 부모 집에 들어와 사는 경우가 늘어남에 따라 이른바 '패러사이트 싱글(parasite single)'에 대한 비판이 일기도 하였다(야마다 마시히로, 2004). 최근에는 대학 졸업 후에도 아르바이트를 하며 살아가는 '프리터'의 생활을 벗어나기 힘들 거라는 비관적 전망이 일본뿐만 아니라 한국에서도 부각될 정도로 청년층의 실업문제가 심각해지고 있다(문수현 외, 2010:10).

과거 대학생이 드물었을 때에는 대학생 아르바이트라고 하면 경제적으로 어려운 학생들이 중고등학생을 대상으로 가르치는 과외 수업이 주를 이루었다. 또한 1980년대만 해도 10대 중고등학생들의 아르바이트는 유흥비나 과소비를 위한 비용 마련 정도의 일탈로 여겨지기도 했다. 하지만 IMF 통치 하의 외환위기를 경험한 이후 1990년대부터는 아르바이트가 더 이상 소수 대학생에게 국한된 경험이 아닌 경제활동으로 변모했다(백지숙, 2006:4-5). 아르바이트의 급속한 증가는 '아르바이트의 대중화' 현상을 초래하였다. 이와 같은 청년 아르바이트의 증가는 한편으로는 '신자유주의시대 노동시장의 유연화'(김현미·손승영, 2003:68-69)와 밀접한 관련성을 지닌다. 평생 전일노동이라는 경직된 규범이 깨지면서 유연하고 다원화된 저고용체계가 형성됨에 따라(울리히벡, 1997:228-231), 유휴노동력으로 여겨지던 청소년, 여성, 노인들이 아르바이트 인력으로 폭넓게 활용되기 시작하였다(한경혜, 2000). 다른 한편으로는 청소년들의 소비욕구 증가 현상과 맞물리면서 용돈벌기 목적의 아르바이트가 꾸준히 늘어나는 추세이기도 하다(임서정, 2003:7-10).

2000년대 이후 대학생 아르바이트에 대해 진행된 연구에 따르면, 강원도 소재 한 대학 재학생의 경우 66.7%가 아르바이트를 한 경험이 있고(전일우, 2002:75-77), 서울 소재 한 대학의 신입생은 80% 이상이 아르바이트를 희망하는 것으로 나타났다(최연실 외, 2004:5–7). 또한 통계청 자료를 분석한 연구에 따르면, 대학 재학생의 경제활동 참여는 약간씩 증가해오고 있다(조혜영 외, 2012:46). 대학 재학생의 종사상 지위를 살펴보면, 2011년의 경우 임시직 비율이 가장 높고(43.9%), 그 다음이 일용직(35.1%) 순이었으며, 상용직은 8.6%에 불과하였다. 더욱이 상용직 비율은 해마다 감소하는 추세에 있었다(조혜영 외, 2012:48). 대학생들의 아르바이트 동기로는 용돈이나 데이트 비용마련, 취미오락비, 여행경비, 의복비 등을 포함하여 '현실 만족형(51.7%)', '경력 추구형(34.2%)', '생계형(14.2%)' 순으로 나타났다(이승계, 2007:134–136).

　　대학생 아르바이트의 종류는 판매서비스, 서빙, 주유, 배달, 건설현장 노동 등 단순 업무에 집중되어 있어서 직업세계 이해를 위한 태도 형성에는 도움이 되지만, 진로설계나 커리어 형성을 위한 전문지식 쌓기와 숙련 개발기회까지는 제공하지 못하고 있다. 또한 아르바이트 시간이 길어질수록 학업적응이나 정서 적응을 포함한 대학생으로서의 소속감 형성에는 부정적인 영향을 미친다는 연구결과가 있다(백지숙, 2006:13). 대학생 400명을 대상으로 한 2011년 조사에서는 아르바이트 도중 70% 정도가 사고 경험이 있었고 사고 유형은 충돌, 온도접촉, 넘어짐, 협착 순이었다. 상해유형도 다양해서 아르바이트 작업 현장으로 안전하지 못한 곳이 상당수 있는 것으로 나타났다(김우진 외, 2011:247–248). 2016년 12월 14일 새벽 3시경 경북 경산의 한 편의점에서는 야간에 혼자 일하던 아르바이트생이 '비닐봉투 20원 받기' 본사의 정책으로 인해 무상으로 비닐봉투를 지급하지 못한다고 취객과 실랑이를 벌이다 칼에 찔려 숨지는 사건이 발생했다(SBS, 2020.12.18). 이 사건 이후 가맹본사가 편의점 노동자 안전에 책임져야 한다는 목소리가 높았다. 특히 편의점 계산대가 문제였는데, 막혀 있는 계산대 앞에 서 있던 아르바이트생은 위협을 당했지만 도망갈 탈출구가 없었다고 한다. 최근 5년간 편의점에서 벌어진 강력범죄나 폭력범죄 발생 횟수가 적지 않았다는 점은 경찰청 범죄 통계를 통해서도 알 수 있다. <표 1>에서 제시된 바와 같이 1년 평균 300건 이상의 강력범죄가 발생했고 평균 2천 건 가량의 폭력 범죄가 편의점에서 발생하였다.

<표 1> 편의점에서 벌어진 강력범죄 및 폭력범죄					
	2015	2016	2017	2018	2019
강력범죄	323	266	306	381	360
폭력범죄	1,543	1,659	1,614	2,501	2,448

출처: 경찰청 범죄 통계.

02 아르바이트 시작 동기와 일 경험

1) 아르바이트를 시작한 이유

아르바이트를 하고 있는 재학생들 중 소수의 경우는 중·고등학생 때 아르바이트를 시작하기도 하지만, 대부분 수능을 치른 후나 고등학교 졸업 직후 또는 대학생이 되어서 아르바이트를 시작했다. 아르바이트를 하는 이유는 개인적 차이가 있지만, '부모님의 학비 부담을 덜어드리기 위해서'나 '용돈을 스스로 벌어서 쓰기 위해서'나 '보다 여유 있는 소비생활을 위해서'의 세 가지 이유로 구분된다(손승영, 2014:102-103). 첫째, 가정형편이 어려운 대학생들의 경우에는 등록금 액수 자체가 부모님께 부담이 되므로 학비의 일부라도 보태야 한다는 목적이 강하다. 특히 가족 중 자녀가 많거나, 대학생이 두 명 이상인 경우는 학비 부담이 더욱 크므로 부모의 경제적 짐을 덜어드려야 한다는 생각이 강할 수밖에 없다. 둘째, 자신의 용돈 마련을 위한 목적으로 아르바이트를 시작하는 경우가 많은 것으로 파악된다. 집이 지방에 있는 대학생들은 방세나 기숙사비 등으로 생활비 비중이 크다보니 용돈과 생활비의 일부를 충당하기 위해서 아르바이트를 하고 있다. 후배나 친구 만날 때나 데이트 시의 비용과 전화비가 많이 들어서 아르바이트를 시작한 경우가 상당수 있으며, 친구들이 아르바이트하는 것을 보고 호기심에 시작한 경우도 있다. 셋째, 부모로부터 일정액의 용돈을 매달 받고 있지만 콘서트 관람, 고가품 장만, 유흥비나 여행경비 마련 등의 목적으로 여유 있는 생활을 위해 아르바이트를 하는 경우들도 있다. 사고 싶은 물건 모두를 부모께 사달라기 힘들어서 용돈을 초과하는 비용에 대해서는 스스로 벌어서 쓰려고 아르바이트하는 대학생들이 이에 해당된다.

2) 아르바이트 현장에서의 경험

아르바이트를 계속하고 있는 대학생들은 현장에서 가게 경영이나 일에 대해 배우고 경험의 폭을 넓히게 됨과 동시에 일을 통한 보람을 얻게 되는 것을 중요한 장점으로 꼽고 있다. 뿐만 아니라 용돈을 타서 쓸 때는 몰랐던 돈의 소중함을 깨닫게 되고 바쁜 삶을 살면서 인내심과 타인에 대한 배려를 키우는 등 평소와는 다른 생활 자세를 배우게 되는 점을 소중한 경험으로 인식한다. 이와 같은 여러 측면에서의 장점에도 불구하고 아르바이트 일 자체가 힘들어서 돈을 번다는 것이 쉽지 않다는 것 또한 체험하고 있다고 했다. 대학생들이 아르바이트를 하면서 경험하고 있는 고충들은 다음과 같다.

첫째, 대학생들은 '장시간 노동과 고된 업무'가 아르바이트하면서 겪는 가장 큰 고충이라고 했다. 요즘 커리어를 쌓기 위한 아르바이트 자리를 찾기가 힘들다 보니, 이들은 전공과 관계없는 일을 하게 되고 공부할 시간이 부족하다는 점을 불만이자 어려움으로 꼽고 있다. 또한 장시간 일하는 경우에는 학교 축제나 엠티 등 중요한 학교 행사에도 참여할 수 없어서 대학생활을 제대로 즐길 수 없는 점이 불만이다. 물류회사에서 일하는 남학생은 대체근무를 하게 되면 장기간 쉬지 않고 일해서 피로가 쌓이는데, 최장 한 달 이상 휴무 없이 일한 경험이 있기도 했다. 물류센터 아르바이트의 경우에는 출고 물량이 많은 날에는 잔업이나 야근까지 해야 하므로 장시간 노동의 고충이 크다. 또한 퇴근을 늦게 하다 보니 막차를 놓쳐서 시간 연장으로 번 돈보다 택시비가 더 나갈 때도 있고, 바쁠 때는 식사시간이나 간식시간조차 없이 계속 일을 해야 한다. 대형마트 판매 도우미의 경우에는 한 장소에 장시간 서 있어야 하는데다가 매일 실적 보고를 해야 하므로 스트레스를 많이 받는다고 했다. 대형서점에서의 도난감시 업무는 하루 13시간을 같은 장소에 서 있어야 해서 고통스럽다고 한다. 영화관 아르바이트생은 주말에는 손님이 몰려와서 힘들고 평일에는 일하는 사람이 적어서 자리를 비울 수 없다보니 휴식 시간이 없는 점을 가장 큰 고충으로 꼽았다(손승영, 2014:103 – 104). 이와 같은 장시간 노동 외에도 노동 강도가 강하고 육체 노동을 요구하는 일의 성격 자체가 문제가 되기도 한다. 삼계탕 식당에서 뚝배기를 몇 개씩 나르는 일이나 웨딩홀에서 음식을 쟁반 가득히 계속 나르는 일은 체구가 작은 여대생으로서는 힘든 일이었고, 과일 공장에서 박스 접는 일은 몇 시간씩 단순반복적인 일을 해야 하므로 힘들었다고 한다. 택배 일을 하는 남학생은 '지옥의 알바'라고 불리는 만큼 노동 강도가 엄청 세다고 했다. 배당된 택배물량을 채우기 위해서는 화장실 갈 시간도 아껴야 할 정도로 바쁘게 움직여야 한다. 또한 선술집이나 바에서 일하면 시급을 더 주기 때문에 밤에 나가서 일을 하다 보니 생활리듬이 깨지고 식생활 습관도 불규칙하게 바뀔 뿐만 아니라 자신의 의지와 관계없이 술을 마셔야 하는 경우들이 많아서 몸이 망가지는 경험을 하게 된다.

둘째, 아르바이트생들 중 일부는 '임금 체불이나 떼먹기' 등 부당한 대우를 겪기도 한다. 아르바이트생들은 임금이 낮아서 최저임금 수준의 시급을 받고 일하지만, 업주의 결정을 따를 수밖에 없는 열악한 위치에 있다. 임금 체불이나 떼먹기 사례가 더러 있었는데, 식당일을 관두고도 아르바이트 월급을 주지 않아 끈질기게 연락해서 한 달이 지나서야 받아낸 사례, 과외업체에서 밀린 임금을 주지 않고 사이트를 폐쇄한 경우, 인터넷 학원 강사로 일할 때 사장이 제때 월급을 주지 않고 야반도주해버린 경우 등이 있었다. 잠깐 일했던 의류가게에서 한 달을 안 채우고 관뒀다는 이유로 일한 수당을 못 준다고 한 사례가 있었고, PC방에서 일했는데 네가 온 이후로 수입이 줄어든 것을 보니 돈이 없어진 것 같다고 의심하면서 월급을 안줘서 부모님을 대동하고 와서야 월급을 받아낸 사례도 있었다. 또한 시급 12시간 계약보다 매일 2시간씩 더 일했으나, 초과 수당을 쳐주지 않은 사례도 있었다. 이와 같이 엉망인 대우나 임금 체불은 아르바이트생의 나이가 어릴 때 더 빈번하게 발생하는 경향이 있다.

셋째, 최저임금 상승으로 인해 아르바이트 자리를 구하기도 힘들어졌을 뿐만 아니라 부당해고나 꺾기 등의 편법이 늘어나서 대학생들이 어려움을 겪고 있다. 최근 코로나 사태로 인해 자영업자들이 폐업하는 경우가 늘어남에 따라 아르바이트생들이 겪는 어려움은 더욱 커지고 있다. 따라서 임금 체불, 해고, 꺾기, 휴식시간 확보 등의 문제들을 해결하기 위해서 알바노조의역할이 매우 중요해졌고 개인 아르바이트생들은 반드시 근로계약서를 작성한 후 아르바이트에 임해야 할 것이다.

넷째, 대부분 판매서비스직에서 일하는 아르바이트생들은 고객과의 관계에서 을의 위치에 있기 때문에 억울한 상황이 벌어지더라도 참아내야 하는 감정노동을 강도 높게 하고 있었다. 헬스장에서는 물건을 막 사용하거나 쓰고 나서 제자리에 두지 않는 경우들이 있고 영화관에서는 음료수를 흘리고 음식을 쏟고 나서는 치우지 않고 가는 사례들이 잦다. 술집에서는 다른 손님에게나 아르바이트생들에게 행패 부리는 고객들이 있고, 술잔이 맘에 안 든다고 따지거나 술이 가짜가 아니냐는 등 이상한 트집 잡는 손님들도 있는데, 이럴 경우 트집인지 알면서도 아르바이트생이라는 이유로 사과해야 하거나 친절하게 대응해야 하는 것이 너무 힘들었다고 한다. 식당이나 카페에서는 주문을 늦게 받았다는 이유로 화를 내는 고객부터 욕을 하는 사람까지 다양하다. 대형마트에서는 술 취한 고객이 매장의 보안요원에게 화를 내는가 하면 마감 직전에 와서 장을 보겠다고 우기는 고객들도 있다. 바에서 일하는 아르바이트생들은 자신의 기분은 아랑곳하지 않는 고객을 친절하게 맞이해야 하므로 사람 대하는 일이 가장 힘들다고 한다. 고객 외에도 매장에서 오래 일한 사람이나 직원으로부터 차별대우를 경험하는 사례도 빈번하다. 윗사람들이 아르바이트생을 낮게 보기 때문에 자신이 매우 하찮은 사람처럼 느껴지기도 한다. 대형마트에서는 동일 품목을 파는 다른 회사 도우미끼리 판매 실적을 높이려고 서로 경쟁하는데, 그곳에서 오래 일한 도우미들은 신입 아르바이트생에게 텃세를 부리기도 한다. 이와 같이 아르바이트 현장에서 부정적인 경험이 쌓이게 되거나 인간관계에서 부당한 대우를 받게 되면, 앞날의 취업에 대해서도 희망을 갖기 힘들고 자연히 미래의 일 자체에 대해서도 부정적인 생각이 들 수밖에 없다.

03 여성이 경험하는 젠더 특수성

아르바이트 현장에서도 여자 대학생들은 남성과는 하는 일의 종류가 다르며, 채용기준도 차이나며, 우대받는 측면이나 차별받는 부분에서도 차이가 있다. 뿐만 아니라 여성이기 때문에 일터에서 성희롱을 겪는 경우도 종종 있는 점이 다르다(Adkins, 1994).

1) 하는 일의 종류와 채용 시 경험

남녀 대학생들은 모두 대형마트, 커피숍, 호프집 등에서 일하고 있지만, 다른 업종들의 경우에는 차이가 난다. 여성은 커피숍, 의류가게, 음식점 등 주로 판매서비스직에 종사하는 반면, 남성은 택배, 물류센터, 주차관리, 술집 등에서 일하는 편이고 여성들이 잘 하지 않는 배달이나 창고 정리 등의 일을 맡는 경향이 있다. 게다가 동일한 대형마트에서 일하더라도 여성들은 시음행사나 판매를 주로 담당하는 반면, 남성들은 여성이 하지 않는 주차관리나 카트정리를 도맡아 해옴으로써 직종과 업무 내용에 있어서 성별 차이를 보여주고 있다.

아르바이트 일은 남녀 대학생 모두 특별한 기술이나 경력이 없더라도 할 수 있는 일들이 많지만, 여자나 남자를 우대하는 아르바이트는 직종에 따라 다르게 나타난다. 대형마트에서의 시음 및 시식 행사나 판매도우미 일, 제과점이나 아이스크림 가게 등 판매직에서는 젊은 여성을 선호한다. 서비스직에서는 외모나 태도를 우선시하기 때문에 여학생을 선호하므로, 남학생은 주간 아르바이트를 구하기 어렵다보니 주로 야간시간대의 일을 찾는 경향을 보인다. 과외 선생님을 구할 때도 배울 학생이 여학생인 경우는 예외 없이 여자 선생님을 원하지만, 남학생일 경우는 여자 선생님이어도 무방한 경우들이 있어서 과외 일은 여대생들이 더 찾기가 쉽다. 반면 힘든 일에 대해서는 남성을 우대하므로 닭강정 가게에서 닭 튀기는 일처럼 힘을 요하는 일은 남성에게 더 높은 시급이 적용되어 홀 서빙보다 시급이 높고 대우를 잘 받는다고 느끼게 된다. 실제 아르바이트 공고에서도 군필자를 찾는다는 광고가 올라오기도 하는데, 여대 앞 커피숍이나 무거운 맥주잔을 날라야 하는 호프집에서는 남자를 선호한다. 또한 술집에서는 주사가 심한 손님들의 행패가 잦으므로 이를 제지할 목적으로 남자 대학생 아르바이트생을 채용하게 된다고 한다.

이처럼 아르바이트 일에 있어서도 여대생은 여성적인 업무로 구분되는 서빙, 안내, 사무직, 판매직과 같은 서비스직에 종사하는 경우가 많고 남자 대학생은 택배, 오토바이 배달, 주차요원 등 물리적인 힘이 많이 필요한 일을 하는 경향을 보여서 비교적 젠더 구분이 뚜렷하게 나타나는 편이다. 아르바이트 일은 여성적 특성과 남성적 특성을 요구하는 일로 구분되며, 노동시장에서의 젠더 특성을 일정 부분 반영하는 경향을 보인다. 하지만 시간제 일자리인

만큼 젠더에 따른 서열이나 위계질서는 다소 약하다는 점에서 일반 노동시장과는 차이가 난다.

2) 외모와 여성성이 중시되는 여자 아르바이트생

남성과 비교했을 때 여대생 아르바이트생에게는 높은 수준의 외모를 요구하는 경우가 많고 채용 시부터 외모가 중요한 기준으로 작용하게 된다. 대학교 앞 벽보에 붙어있는 광고에는 '알바 구함, 만 20세 이상 용모단정'과 같은 문구가 쓰여 있는데, 이는 여대생에 대한 외모 중시 현상을 여실히 보여주고 있다. 여자 아르바이트생은 외모로 뽑는다고 단언해도 좋을 정도로 예쁘고 키 크고 친절할 것이 요구된다. 한 여대생은 채용사이트에 실제로 올라온 광고를 보고 제일 높은 시급을 준다는 레스토랑에 전화로 문의했더니 제일 먼저 물어본 것이 몸무게와 키였다(손승영, 2014:108)고 한다.

외모에 대한 요구는 채용 후에도 계속된다. 영화관에서 아르바이트하는 여대생은 짧은 치마로 된 유니폼을 입어야 할 뿐만 아니라 긴 머리는 망에 넣어야 하며, 앞머리는 모두 올리고 잔머리도 보이지 않게 젤로 고정해서 단정한 모습을 유지해야 한다. 립스틱 색깔은 빨간색으로 지정되어 있고 스타킹이나 구두도 정해진 색깔만을 사용해야 한다. 심지어 영어학원에서 보조 선생님으로 일한 경우에도 원장이 여선생님의 복장이나 외모에 대해 수시로 지적을 했다고 한다. 화장을 하고 있을 때에도 학부모가 왔다 갔다 하니 메이크업을 더 표시 나게 하라고 요구하고 안경을 벗고 렌즈 착용을 하라고 권하기도 한다. 선술집이나 퓨전술집에서 젊은 여성에게 가해지는 꾸밈노동에 대한 강요는 훨씬 더 노골적이다. 사장은 매일 머리나 복장에 대해 단정해야 한다면서 체크하고 입술에 립스틱을 진하게 바를 것을 요구하는데, 꾸미고 나가도 왜 안 꾸몄냐는 식으로 질책을 당하기도 한다.

여자 아르바이트생들에게는 복장이나 화장뿐만 아니라 얼굴과 몸매에 대한 평가가 일상화되어 있다. 주변에서 여대생에게는 쉽게 몸무게가 얼마인지 노골적으로 물어보거나 "50kg은 넘겠는데…."라는 식으로 대답을 유도하기도 한다. 레스토랑에서 서빙할 때에 다리가 굵다는 이유로 남자 주방장이 종종 신체약점을 들먹이면서 '하마'라고 놀린 사례도 있고, 여성 아르바이트생의 얼굴이 마음에 안 든다는 이유로 "못생겼으면 일이라도 잘해야지!" 하고 사장이 대놓고 얘기한다는 경우도 있었다. 또한 여성 아르바이트생 앞에서 사장이 "남자가 못생긴 건 용서가 되지만, 여자가 못생기고 뚱뚱한 건 용서가 안 된다"는 말을 스스럼없이 장난치듯이 자주 해서 결국 그 여성이 아르바이트를 관둔 사례도 있다. 외모 평가는 사장, 동료뿐만 아니라 고객에게서도 자주 찾아볼 수 있는 반응이다. 사장, 동료뿐만 아니라 고객들도 남성 아르바이트생들 사이에서 외모를 비교하는 일은 거의 없지만, 여성에 대해서는 외모평가를 자주 하는 편이다. 여성 아르바이트생에 대해서는 옆의 아르바이트생과 비교하면서 누가 더 예쁘다거나 누구는 이런 부분이 문제라는 식으로 장난치는 경우가 많다(손승영, 2014:109).

이와 같은 외모주의가 팽배한 사회적 풍토를 반영하듯, 업체에 따라서는 판매직원의 유니폼 사이즈를 먼저 정해놓고 유니폼에 여성의 몸을 맞추는 형식으로 직원을 선발하기도 한다. 한 여성은 전화 통화로 면접 약속을 잡을 때는 동일 업종인 도넛 가게에서 판매한 경력이 오래됐다면서 무척 반겼다고 한다. 전화상으로 바로 일을 시작할 수 있다고 했고 시급도 많이 주겠다는 약속을 해서 믿고 면접을 보러갔지만, 매장에서 만나자마자 키가 170cm나 되니 맞는 유니폼이 없겠다면서 작은 사이즈 유니폼들만 내놓았다고 한다. 결국 가게 사장은 맞는 옷이 없다는 이유로 같이 일을 할 수 없으니 가보라면서 왜 그렇게 크냐고 오히려 불평을 했다고 한다. 사실 짧고 타이트한 치마 유니폼은 일을 하는 데 방해가 되고 불편하다. 그럼에도 불구하고 유니폼이 여성성을 높이고 단정해 보인다는 점에서 선호되고 있는 것이다. 동시에 유니폼은 일하는 여성이 더 이상 살찌지 못하도록 관리하거나 뚱뚱하고 몸이 큰 여성을 거부하는 방안으로도 활용된다. 일하는 여성들이 지니고 있는 몸에 있어서의 특징이나 다양성을 인정하기보다는 여성의 전형적 몸 이미지가 노동현장에서도 그대로 투영되고 있음을 알 수 있다. 판매직원의 유니폼은 여성의 마른 몸을 이상화된 몸으로 생각하고 그 사이즈에 맞춰 제작된 것이기 때문이다. 이처럼 서비스 직종에서 여성 아르바이트생을 채용하거나 지속적으로 일하게 하는 기준의 최우선 순위로 외모가 중요하게 작용하고 있다. 일에 대한 능력보다는 외모 위주로 젊은 여성들을 선발하고 평가하는 외모지상주의 풍토는 노동시장에서의 여성 차별 요소로 규정할 수 있다. 한국사회에서 일상적으로 통용되고 있는 심각한 외모주의는 '연령차별주의(ageism)'와도 연결되어 있다. 여성의 젊음이 매력자본으로 치환되는 현실에서 나이 어린 미혼 여성에 대한 선호는 일하는 여성들 사이에서 연령이나 혼인상태에 따른 서열을 만들어내기도 한다. 대형마트에서는 젊거나 미혼 여부에 따라 시급이 책정되곤 하는데 대체로 미혼이면 급여가 높다. 이와 같은 논리는 다른 서비스직에서도 적용되고 있는데, 미혼여성을 구할 수 없을 때 기혼여성을 선발하고 이때 기혼여성 중에서 나이가 어린 여성을 뽑는 편이다. 현재는 일할 사람이 기혼여성밖에 없기 때문에 일을 시키고 있지만 젊은 여대생이 지원하면 즉각 교체하고 싶다는 의사를 지닌 업주를 어렵지 않게 볼 수 있다.

여대생들이 하는 일은 손님에게 친절하고 미소 지을 것이 요구된다는 점에서 여성성이 강조되며 감정노동의 특성이 강하게 부각되고 있다. 하지만 이와 같이 여자에게만 강요되는 여성성 요구가 일터의 분위기를 결코 여성들에게 우호적으로 만드는 것은 아니다. 첫째, 남자에 비해 여자의 외모가 중요한 기준으로 작동하다보니, 여성들은 외모 때문에 일하고 싶은 곳에서의 일자리를 구하지 못하는 경우가 많다. 일단 일을 구하더라도 젊음이 자원으로 통용되는 현실에서 여대생에게는 외모 중심의 매력자본이 우선되고 일터에서 외모와 젊음을 함께 팔도록 요구되고 있다. 상품가치로서의 여성 외모에 대한 요구는 제과점, 아이스크림 가게, 서점, 학원 등 서비스직과 관련된 대부분의 매장에서 통용되는 것이 우리의 현실이다. 따라서 외모를 인정받아 일을 구하더라도 매일 일상적으로 외모를 체크당하며 몸매 관리를 강요받는다는 점에서 외모주의는 여성 아르바이트생들을 불편하게 만들고 있다. 이와 같은 요구에 대해 젊은 여성들은 자신이 물건을 파는 아르바이트생에 불과한데 왜 꾸미고 오라고 강요받는지 이해하기 어렵고 의아해할 수밖에 없다. 둘째, 여성이기 때문에 남성 동료들보다 상냥한 태도로 손님맞이를 해야 한다는 요구도 강하다. 술집이나 바에서 일할지라도 남성 직원처럼 단정하게 입고 일하면 되는데, 왜 사장들은 자신을 술집여자처럼 느끼게끔 짙은 립스틱 치장과 웃음을 요구하는지에 대해 젊은 여성들은 불만이 클 수밖에 없다. 셋째, 여성들의 외적 아름다움과 꾸밈이 서비스에 포함된다고 생각하는 많은 업체들은 여자 아르바이트생들에게 화장을 하고 짧은 치마와 꽉 끼는 유니폼을 입고 손님들에게 밝은 미소를 제공할 것을 지시한다. 대형마트에서 일하는 여자 아르바이트생들은 상품박스를 날라야 하고 높은 곳에서 물건을 꺼내는 일도 함께 해야 하는데, 짧은 치마와 타이트한 유니폼을 입는 것은 일에 방해가 되고 불편할 수밖에 없다. 또한 대형서점이나 영화관 등에서 종일 서서 일해야 하는 경우 굽 높은 구두를 신고 장시간 서 있으면 피곤하고 힘이 드는데도 여성들은 규정을 따를 수밖에 없는 입장이다.

따라서 여성성을 강조하고 일하는 데 전혀 도움이 되지 않는 복장을 입도록 하는 일터의 분위기는 과연 누구를 위한 규율인가 질문하게 된다. 남성 중심의 시선을 기준으로 한 유니폼과 화장은 젊은 여성의 성적 매력을 높이는 방식으로 일하는 여성의 행동을 통제하는 데 활용되고 있다. 여성의 소비권이 신장됨에 따라 마트나 가게 등에서 물건을 사는 사람들 중에서 여성들이 많음에도 불구하고 남성 중심의 요구와 시선을 존중하는 관행이 지금까지도 계속되고 있는 것이다. 맞지 않는 유니폼에 자신의 몸을 끼워 맞춰야 하는 행위는 여성의 마른 몸을 이상화하는 사회 전반의 분위기를 그대로 드러내고 있다. 표준체중인 여성들마저도 자신을 뚱뚱하다고 느끼며 무리한 다이어트를 해서라도 날씬한 몸을 만들도록 요구하는 외모주의는 많은 여성들에게 강한 스트레스 요인으로 작용하게 된다. 친절과 미소가 동반되는 여성성에 대한 요구는 일하는 여성들에게 심한 스트레스를 줘 일을 관두게 하는 주요 요인으로 작동하기도 한다. 최근에는 사회적 약자의 권리실현을 위한 법률 플랫폼 '화난사람들'에서 백화점 대리주차 지원 부서에서 일했던 한 여성의 유니폼과 구두 착용의 문제점 지적 사항을 수용한 다음, 이 여성을 대신해서 국가인권위원회에 진정을 해놓은 상태이다. 여성 직원을 남성과 차별하고 있으니 이를 시정하라는 내용이다. '화난사람들'에서는 한국판 '구투 운동을 기획하게 되었는데, 구투 운동은 지난해 일본에서 일어난 운동을 적용한 것이다. 구투는 '구두', '고통스럽다'와 '미투'가 합쳐진 단어로 트위터를 통해 직장 내 '하이힐 금지법'을 만들어달라는 서명을 받고 후생노동성에 청원하면서 여성 차별적 복장 규정을 고발하는 운동으로 확산되었다(한겨레, 2020.12.28). 이와 같은 사회적 분위기를 감안하여 판매서비스직에서 만연해있는 아르바이트생들의 여성성을 상품화하고 남성 중심적인 가부장적 분위기를 수용하게끔 강요하는 우리 사회의 노동환경으로부터의 탈피가 시급히 요구된다.

3) 일터에서의 차별과 가부장적 풍토

아르바이트 현장에서 여성은 우대받는 측면이 있지만, 동시에 차별받는 경우들도 있는 것으로 나타났다. 먼저 여성이 우대받고 있는 예들은 남성들의 불만 사항들에서 유추해볼 수 있다. 남성들에 따르면 편의점에서 물품들이 배달되어서 박스를 날라야 하는 날은 남성 아르바이트생들이 근무하게끔 하는 점, 밤늦게까지 일이 있는 경우에는 남자를 우선적으로 남도록 하는 점, 남자 아르바이트생들은 화장실 청소와 바닥 솔질처럼 힘든 일을 전담하는 편이고 음식 쓰레기 폐기 등 무겁고 더러운 일들을 도맡아 해야 하는 점들을 예로 들었다. 또한 손님이 주는 팁을 여자 아르바이트생들이 많이 받고 있고, 남자 사장은 남자 아르바이트생보다 여자 아르바이트생에게 선물이나 회식비 등을 더 많이 챙겨준다고 생각하고 있었다.

이처럼 배려의 대상이 되거나 편한 일을 하는 경우들도 있겠지만, 인격적인 모욕을 당하거나 무시당하는 부정적 경험도 많이 하는 것으로 여성들은 느끼고 있었다. 여성 아르바이트생들은 판매직이나 서비스직에서 일할 때 막말을 하거나 시비를 거는 손님들이 종종 있다고 했다. 빵을 구매 후 며칠 뒤에 갖고 와서는 빵 맛이 이상하다고 불평하여 교환이 불가능하다고 하자 여성 아르바이트생에게 욕설을 퍼부었던 고객이 다음 날 남자 사장에게는 빵 맛에 대해 괜찮았다고 웃고 넘겨서 몹시 당황했었다는 사례도 있었다. 식당에서 서빙할 때 음식 맛을 불평하거나 편의점에서 술을 마시고 와 반말하고 돈을 던지는 등의 진상 손님으로부터의 갖가지 무시와 멸시를 젊은 여성들은 견뎌내야 한다. 고객들이 여성 아르바이트생을 무시하는 태도는 물품 관련 지식이나 전문성을 의심하는 행위에서도 잘 나타난다. 규모가 큰 미술관에서 나이가 지긋한 고객들은 여자 스텝이 있어도 무시하고 무조건 남자 스텝을 찾고는 한다. 등산복 매장에서는 주 고객이 남자들이다보니, 여자가 등산복에 대해 잘 모를 것이라는 편견을 갖고 있어서 여직원이 제품을 설명하는 중인데도 어떤 고객들은 남자 직원을 찾곤 한다. 헬스장에서는 남녀 회원 모두 남자 선생님을 선호해서 여자 선생님에게 수업받는 것을 흔쾌히 선택하지 않는 편이다. 서빙을 하는 여자 아르바이트생들의 경우에는 '손님은 왕'이라는 과도한 친절 요구로 인해 실수할 경우 심한 인격적 모욕을 당하기도 한다. 선술

집에서는 항상 손님 기분에 맞춰야 하다 보니 언짢은 말투나 행동도 웃어넘겨야 한다. 여자인 사장에게 이런 고객의 불편함에 대해 전달해도 사장조차 자신이 여자이면서도 여자 아르바이트생들의 불쾌감을 이해하지 못했다고 한다. 사장은 손님들 말씀이 과격하더라도 웃어넘겨야 팁을 많이 받고 매상도 오른다는 식으로 가르치기 때문에, 여자 아르바이트생들은 불쾌하더라도 표시조차 내지 못하고 참아야 하는 무기력한 상황에 처해 있다. 최근 감정노동을 하는 콜센터 여직원들에게 쏟아지는 욕설과 폭언에 대한 대책이 필요하다는 여론이 일기 시작했지만, 젊은 여성들은 고객과의 통화나 대면 서비스 중 화나고 불쾌한 일이 생겨도 "죄송합니다."라고 응대해야 하는 자신을 생각해 보면서 자신이 받는 임금이 '죄송하다'는 말을 해준 대가인 것 같다는 자조적인 얘기를 할 정도이다.

또한 여성 아르바이트생에 대한 고용주들의 차별적 태도도 쉽게 찾아볼 수 있다. 학원에서 함께 일하던 직원이나 원장이 남자 교사에게만 예의를 지키고 먹을 것을 잘 챙겨주고 여자 선생님은 만만하게 생각한다는 사례가 있었다. 또한 다른 학원에서는 간식을 사와서 선생님들끼리 함께 나눠먹는 날이 있는데, 분식가게나 제과점에 가는 일은 꼭 여자 선생님의 몫이었다고 한다. 카페에서는 여자 매니저가 남자 아르바이트생은 혼내지 않고 여자만 자주 혼냈고, 회식할 때 여자 아르바이트생은 빼고 직원들과 남자 아르바이트생만 데리고 나가는 등 차별적 대우를 받았다고 한다. 한 PC방에서는 사장이 여자 아르바이트생에게만 손님맞이로 인사하고 시중드는 일을 시켰는데, 손님들에게 접대할 물이나 커피를 준비시키고 심지어 식사까지도 준비시켜 일하는 내내 스트레스를 많이 받았다고 한다. 여성 아르바이트생들이 받는 차별 대우 중에는 임금 차별도 포함되어서 남자들이 받는 임금 우대를 차별로 꼽는 사례들이 있었다. 남자들은 야간 근무를 하고 군필자는 고장난 것을 직접 고치는 능력을 인정받기도 하고, 군대 얘기가 잘 통하고 군대 경력을 높이 사기 때문에 남자들이 월급을 더 많이 받기도 한다. 설사 처음에는 여자 아르바이트생보다 임금을 더 적게 받았던 경우에도 2~3개월 지나면 남성 아르바이트생들이 더 많이 받게 되었다는 것이다(손승영, 2014:111).

여대생들은 어리다는 점과 여자라는 이유로 이중적인 성차별을 경험하고 있다. 고객이나 상사는 여자 아르바이트생이 어리다는 이유뿐만 아니라, 여자인데 정이 없거나 애교가 없다는 식의 용어를 사용하면서 여성성을 강요한다는 점에 대해 여성 아르바이트생들은 이를 성차별이라고 인지하고 있다. 앞서 살펴본 바와 같이 영어학원에서 여자니까 간식을 잘 고를 거라면서 여교사에게만 심부름을 시키거나, 미술관이나 컴퓨터 판매 매장에서는 여자이기 때문에 지식이 부족하거나 무지할 것이라는 평가를 받고, 헬스장에서는 운동 기술이 부족할 것이라는 선입견의 대상이 된다. 아르바이트 일터에서 경험과 차별은 여대생들로 하여금 앞으로의 일자리에 대한 기대를 저하시키고 부정적인 기억을 쌓게 한다. 아르바이트 일을 하면서 겪은 불안정성과 위험 요인 때문에 자아성취를 추구하고 커리어를 쌓는 일환으로 일을 시작했던 여대생들은 나쁜 일자리에서의 경험으로 인해 졸업 후의 노동시장 참여에 대해 회의를 갖게 될 가능성을 배제할 수 없다.

┌─ 04 일터에서의 성희롱

판매서비스직에 몸담고 있는 여성 아르바이트생들은 일상적으로 성적 농담에 노출되어 있고 성희롱에도 시달리고 있다. 여성에게는 힘든 일을 안 시키고 배려하고 봐주는 척하기도 하고 종종 팁을 주기도 하지만, 이러한 배려와 보호의 뒷면에는 강압적인 요구가 자리 잡고 있다. 여성의 몸에 대한 폭력을 행사하거나 성희롱을 하는 사람은 고용주와 상급자뿐만 아니라 고객도 포함된다. 여직원들은 고객들로부터 성적 농담을 듣거나 신체 접촉을 당했던 적이 있고 직원들끼리 회식할 때 남자 사원이 술을 먹고 여성 아르바이트생의 허벅지나 엉덩이를 만져서 문제가 되기도 한다. 어떤 손님들은 횟집에서 서빙하는 여자 아르바이트생이 옆에 있으면 일부러 들으라는 식으로 성적 농담을 크게 아무렇지도 않게 하기도 한다. 한정식 집에서는 서빙하러 룸에 들어가 아버지뻘 되는 나이 지긋한 손님이 "딸 같아서 그러니 한 잔 따라보라."고 술잔을 내밀기에 어쩔 수 없이 따라주었더니, 그 다음에는 딱 한 잔만 마셔보라는 식으로 계속 술을 권하고 손을 만지는 행동을 경험한 적이 있다고 한다. 여성 아르바이트생에게 함부로 대하고 옆에 앉아서 술을 따르라고 요구하는 손님들 중에는 대학생 또래가 많다고 했는데 이는 듣는 이에게는 매우 충격적인 얘기였다. 뿐만 아니라 바에서 취한 손님이 섹시해 보인다면서 자고 싶다고 노골적으로 들이밀기도 해서 놀라서 뛰쳐나온 적이 있다는 여성 아르바이트생도 있었다. 또한 밥 사주겠다면서 전화번호 달라고 조르는 손님들도 종종 있다고 한다. 게다가 몸매가 드러나는 타이트한 유니폼을 입고 있는 판매도우미들은 자신의 신체부위를 언급하면서 지나가는 손님들이 있었고, 손이나 엉덩이 등 신체부위를 스치는 척하면서 슬쩍 만지는 고객들도 있다고 한다. 회사 사무실에서 일한 적이 있는 아르바이트생은 근무 중에 직장 상사가 컴퓨터 화면에 성인 사이트를 띄워놓고 뭔지 아느냐고 물어서 얼굴이 화끈거리고 성희롱을 당했다는 느낌이 들었다고 한다. 다리가 섹시하다거나 얼굴이 예쁘다는 등의 언어적 성희롱을 경험하는 사례들도 종종 있다. 이런 성희롱에 대해 여자 사장이나 매니저한테 상의를 하면, 같은 여성임에도 불구하고 "나도 그런 얘기를 들을 수 있으면 좋겠다."고 하거나 "사회생활의 과정이니 참고 지내라."는 조언을 들었다고 한다. 이런 반응들을 겪으면서 여성 아르바이트생들은 배신감을 느끼게 되고 일을 하면서 경험하는 성희롱은 혼자 감당해내고 전혀 문제 삼지 말라고 충고하는 것 같아서 불쾌했다고 한다(손승영, 2014:112).

아르바이트 현장에서 여대생들이 경험하는 성희롱의 공포는 2012년 여름에 발생한 서산 피자집 아르바이트생의 자살 사례에서 극명하게 드러난다. 피자집 사장에게 성폭력을 당한 후, 나체사진을 공개하겠다고 협박하는 사장 때문에 죽어서 진실을 알리겠다는 의지로 생을 마감한 사건이다(한국일보, 2012.8.20). 이 사건 직후에는 아르바이트하는 여대생의 성희롱이나 성폭력 관련 사건들이 가시화되는 듯했다. 하지만 잠시 언론의 반짝 조명을 받다가 곧 사건이 잊혀져가니 여성 아르바이트생이 경험하는 성희롱을 불식시키고자 하는 노력 또한 정책적 대안 모색으로까지 발전되지 못한 채 사그라졌다.

이상 살펴본 바와 같이, 남녀 대학생 모두 아르바이트 일의 속성상 불안정 고용을 경험하다 보니 일반 노동시장에서와는 구분되는 젠더 특수성이 나타나고 있다. 대학생 아르바이트의 경우 판매서비스직에서는 주로 여자를 선호하고 힘을 요하는 직종에서는 남자를 선호하는 등 업무분담에 있어서 젠더차이를 보이고 있으나, 아르바이트 특성상 채용 시의 여성 차별은 정규직에 비해 약한 편이다. 또한 직접 손님을 상대하는 업무에서는 여대생을 선호해서 임금이 높은 경우가 있으나, 다른 종류의 일에 있어서는 남자들의 시급이 더 높은 편이다. 특히 군대를 제대했다는 점을 사회경력으로 인정하는 면에서 임금 차별은 있으나, 일반 노동시장에 비해서는 임금 격차가 그리 크지는 않다. 하지만 여대생의 아르바이트에서 가장 크게 부각되는 젠더 특성은 '여성성'에 대한 강조와 성희롱 관행이었다. 여대생들은 젊다는 이유로 외모에 대한 기대가 커서 많은 일터에서 여대생에게 친절과 미소를 요구할 뿐만 아니라 화장과 복장 관련 기준을 제시하고 있었다. 한편으로 여대생 아르바이트생들은 고용주나 손님들로부터 더 많은 배려를 받는 듯이 보이지만, 다른 한편으로는 여성이라는 이유로 막말을 하고 업무 외의 서빙을 요구하는 등 친절과 무시가 뒤섞여 있는 이중적인 대우를 받고 있다. 뿐만 아니라 성희롱을 경험하는 여성 아르바이트생의 비율이 예상 외로 높게 나타났다. 일반노동시장에서는 임금, 고용, 승진에서의 여성 차별이 주를 이루지만, 여대생 아르바이트생에게는 성희롱을 비롯한 성적 요구가 젊은 여성들로 하여금 일에 대해 실망하게끔 만들거나 심할 경우에는 일터에서 내모는 위험요인으로 작용하고 있다. 언어폭력과 성희롱 등 각종 위험에 노출되어 있는 여대생 아르바이트생들에게 일터는 결코 안전한 곳이 아니다. 다른 여성들이 일터에서 성희롱이나 성추행을 종종 경험한다는 사실 자체가 여성 아르바이트생들의 불안감을 가중시키는 위험요인으로 작용하고 있는 것이다.

일의 중요성을 확신하고 있는 한국의 젊은 여성들은 점차 성평등을 요구하고 있고 일터에서 실력으로 인정받기를 희망한다는 사실과는 달리, 이들이 체험하는 노동세계는 지나치게 여성성을 강조하거나 가부장적 관계에의 순응을 강요하고 있다. 여대생 아르바이트생들은 이중노동시장에서의 배제와 차별이라는 관점에서 제시된 일반노동시장의 열악함뿐만 아니라(박기남, 2011), 젊다는 이유로 과도하게 요구되는 외모지상주의와 여성성에 대한 요구 및 성희롱의 위험에 대해 불만과 불안감이 함께 표출되고 있다. 한국사회에서 남녀가 공히 일을 통해 자아를 성취하고 일에 대한 만족도를 높이기 위해서는 성평등한 관점에서의 성찰과 비판이 필요하다. 특히 젊은 여성이라는 이유로 업무와 무관하게 요구되는 여성성에 대한 기대나 성차별적 관행에서 조속히 탈피해야 할 것이다. 무비판적으로 그리고 일상적으로 가해지고 있는 남성 중심의 가부장적 문화와 관행에서 벗어날 때 비로소 일터에서 여성의 인권과 노동권이 보장될 수 있을 것이다.

❝ 생각해보기 ❞

01 여자 대학생이 아르바이트 노동을 하고자 할 때 채용과정에서 외모를 중시하고 채용 이후에 일을 하는 과정에서도 외모를 많이 평가한다. 이러한 외모차별주의가 여성노동에 미치는 영향을 생각해보자. 그리고 외모지상주의를 극복하기 위해 개인적으로나 사회적으로 어떠한 노력과 실천이 필요할지 고민해보자.

02 본인 또는 지인이 아르바이트 노동을 했을 때 겪은 차별이 있는지, 차별을 겪었을 때 어떻게 대처했는지 생각해보자.

03 알바노조가 형성되고 난 후, 최근 여성 차별에 대한 문제를 가시화시키고 성평등 노동에 대해서도 관심을 기울이기 시작하였다. 알바노조의 활동으로는 구체적으로 무엇이 있는지 찾아보고 노조 차원에서 아르바이트생의 권익을 보호하기 위해 함께 전개할 수 있는 활동이 무엇인지 토론해보자.

◆ 참고문헌

김우진·정예슬·정병용(2011), "아르바이트 경험: 대학생의 사고특성 분석", 대한인
  간공학회 학술대회 논문집. 246~248쪽.

김현미·손승영(2003), "성별화된 시공간적 노동개념과 한국 여성노동의 유연화", 『한
  국여성학』 제19권 2호, 63~96쪽.

문수현 외(2010), 『이십대 전반전: 불안을 강요하는 세상이 던지는 옐로카드』, 골든
  에이지.

박기남(2011), "20~30대 비혼 여성의 고용 불안 현실과 선택", 『한국여성학』 제27권
  1호, 1~39쪽.

백지숙(2006), "대학생의 아르바이트 경험이 대학적응에 미치는 영향", 『한국청소년
  시설환경학회 논문집』 제4권 1호, 3~17쪽.

손승영(2014), "여대생 아르바이트 경험의 젠더 특수성과 성차별적 관행", 『담론201』
  제17권 2호, 95~121쪽.

야마다 마시히로(2004), 『패러사이트 싱글의 시대』, 김주희 역, 성신여대 출판부.

울리히 벡(1997), 『위험사회: 새로운 근대(성)을 향하여』, 홍성태 역, 새물결.

이승계(2007), "대학생의 노동경험과 직업선택의 관련성 연구", 『인적자원관리연구』
  제14권 1호, 3~7쪽.

임서정(2003), "청소년 아르바이트 경험 수용에 관한 연구: 패스트푸드점을 중심으
  로", 서울대학교 대학원 석사학위 논문.

전일우(2002), "본교 재학생의 아르바이트 현황 및 스트레스에 관한 연구", 『학생생
  활연구』 제8권 2호, 71~92쪽.

조혜영·김지영·정상진 외(2012), "후기청소년세대: 생활의식 실태조사 및 정책과제
  연구1", 한국청소년개발원 연구보고서.

최연실·박한샘·김희숙(2004), "2004학연도 신입생 실태조사", 『학생생활연구』 17호,
  1~73쪽.

한경혜(2000), "청소년 아르바이트 관련 변인에 대한 탐색적 연구", 『청소년학연구』
  제11권 2호, 153~180쪽.

한국교육개발원(2018), "교육기본통계 보도자료."

Adkins, Lisa(1994), *Gendered Work: Sexuality, Family, and the Labour Market*, Open University Press.

Arnett, Jeffrey Jensen(2004), "Emerging Adulthood", *Chronicle of Higher Education,* Vol. 51, No. 12. pp. 1−8.

⟨신문기사 및 방송⟩

한겨레(2020.12.18.), "치마는 짧게, 구두는 높게... '일터의 복장규정을 고발합니다.'

SBS뉴스(2020.12.18.), "20원 때문에 죽은 편의점 알바생."

찾아보기

─────── 저자 소개

손승영

손승영은 연세대학교 사회학과를 졸업한 후 미국 예일대학교 대학원 사회학과에서 석사 학위를 받고 코네티컷대학교 대학원 사회학과에서 박사학위를 취득했다. 현재 동덕여자대학교 교양대학 및 대학원 여성학과 교수로 재직 중이며, 여성노동과 가족 분야에 관심을 갖고 연구를 수행해왔다.

주요 저서로는 『한국가족과 젠더: 페미니즘의 정치학과 젠더 질서의 재편성』(단독, 2011), *Korean Families: Continuity and Change*(공저, 2011), 『가족과 친밀성의 사회학』(공저, 2014), 『일상의 여성학: 여성의 눈으로 세상읽기』(공저, 2017) 등이 있다. 또한 "양육미혼모의 당사자조직 참여경험과 인식변화"(2017), "결혼에 대한 태도 변화"(2018), "해외로 내몰린 미혼모의 자녀들: 배타적 가족문화와 국가의 책임 방기"(2020) 등 다수의 논문을 발표했다.

박옥주

박옥주는 서울대학교 지리학과를 졸업한 후 숙명여자대학교 대학원 여성학협동과정에서 석사학위를 받고 동덕여자대학교 대학원에서 여성학 박사학위를 취득했다. 현재 동덕여자대학교 교양학부에서 강사로 일하고 있다. 여성노동, 가족, 일-가족 양립정책과 워라밸(Work and Life balance) 등에 관심을 갖고 있다.

주요 논문으로는 "무기계약직 전환 여성의 '중규직' 경험: 사무직과 판매서비스직을 중심으로"(공동연구, 2011), "비정규직법 시행 이후 기업의 대응방식과 성 차별적 관행"(공동연구, 2012), "청소용역 여성노동자의 노동조건과 일 경험"(2016) 등이 있다.

여성노동과 페미니즘 - 보호라는 이름의 차별과 배제의 논리

초판발행   2021년 2월 28일

지은이   손승영 · 박옥주
펴낸이   안종만 · 안상준

편 집   최은혜
기획/마케팅   이영조
표지디자인   이미연
제 작   고철민 · 조영환

펴낸곳   (주) **박영사**
             서울특별시 금천구 가산디지털2로 53, 210호
             (가산동, 한라시그마밸리)
             등록 1959. 3. 11. 제300-1959-1호(倫)
전 화   02)733-6771
f a x   02)736-4818
e-mail   pys@pybook.co.kr
homepage   www.pybook.co.kr
ISBN   979-11-303-1226-2 93330

정 가   17,000원